AROUND

Vol.103
2025 October

전주 Jeonju

ISSN 2287-4216
ISBN 979-11-6754-044-7
KRW 18,000

KB232714

Moa, Mujigae Salad Family, Ko Woori & Lee Banggeul,
Jung Eunjung, Ohim, Nomadic Brewing Co., Jieun Oh, Aesop,
Seoul Urban Manufacturing Hub, Choe More

9 791167 540447

03070

어라운드는 매년 하나의 지역을 소개하고 있습니다. 여러 후보를 두고
고심을 하는데, 선택에 있어 가장 중요한 건 오래됨과 지금이 얼마나
조화를 이루고 있느냐입니다. '온전한 마을'이라는 의미를 담고 있는
전주는 관광객으로 붐빌 것 같지만 막상 한 블록만 지나도 분위기가
사뭇 다릅니다. 친구들이랑 전주의 붐비는 거리를 지나 고요한 거리에서
카페나 상점을 발견할 때면 보물이라도 발견한 듯 기뻐했던 기억이 납니다.
그렇게 한 곳만이라도 내 마음에 쏙 들면 되었지요. 전주는 느긋하며
여유 있는 느낌이었습니다. 오랜 역사와 전통 때문인지 책과 영화를
누구보다 사랑하는 흔적도 곳곳에 존재합니다. 우리는 문화, 책, 음식으로
주제를 나눠 전주의 이모저모를 살펴보았습니다. 우리가 발견한 골목길의
보물 같은 장소처럼 누군가에게도 그런 곳이 발견되길 바라며.

김이경―편집장

전주 Jeonju

Contents

Pictorial   006   도시에 놓인 우연

최모레

Culture   Interview   020   삶과 뭍을 향한 애정의 기록

모아 — 모악산의 아침

032   알록달록 우리가 사는 법

무지개샐러드 가족 — 정안에디·제타·가람·산·풀잎

Culture   042   고요히 변화하는 도시에서 / 백강현

050   누구나 예술가가 되는 마을 / 서학동 예술마을

056   경계를 넘는 영화의 도시 / 전주국제영화제

Food   Interview   062   마땅히, 달콤한 존재에게

정은정 — 워커비

074   오래도록 힘을 내는 방법

오힘 — 작가

Brand   082   미시간에서 전주까지, 치얼스! / 노매딕 브루잉 컴퍼니

Place   090   맛으로 기억하는 전주

Book　　Interview　096　전라북도 동물의 숲에 살고 있습니다

오지은 — 작가·뮤지션

110　종이 위에 새긴 경쾌한 사랑

고우리·이방글 — 레터터

120　우리, 서점에서 만나요

서점 카프카, 한가네 서점, 프롬투, 에이커 북스토어

Place　130　초록을 담은 서가에서

136　나의 사적인 전주

Brand　148　천연하게 물드는 가을밤 / Aesop

156　오직 만드는 사람을 위해 / 서울도시제조허브

Essay　162　[뜻밖의 다정함] 선운사에 갈래?

166　[친구 많은 K씨의 일상] 나무 아래 소년

170　[Music Around Us] 여행은 돌진

174　[멀리 달아나며 늘 함께] 똑같은 삶

178　[세상에 없는 마을] 이 도시의 특별한 표정

186　[행복하고 싶어요] 당신을 위한 것이나 당신의 것은 아닌

190　[Movie & Book] 질문과 빛의 여행

Unexpected

Moments

In The City

도시에 놓인 우연

히모레

에디터 황진아

여행을 가기 전, 전주를 떠올렸을 때 가장 먼저 그려진 이미지는 무엇이었어요?
아무래도 한옥이 가장 먼저 생각났어요. 시골의 전통 한옥보다는 한옥마을처럼 관광지의
풍경이 그려지더라고요.

아마 많은 사람들이 그 모습을 먼저 생각하지 않을까 싶어요. 전에 와본 적 있나요?
곰곰이 기억해 보니 10년 전쯤 친구 결혼식에 다녀오면서 잠깐 들른 적이 있더라고요.
이곳이 여행지는 아니었고, 다른 지방에 내려가는 길에 들른 거라 기억이 선명하진 않아요.
그런데 이번에 촬영을 하면서 전주를 꼼꼼히 둘러보니, 확실히 헤리티지가 탄탄한 도시라는
생각이 들었어요. 오래된 식당도 많고요.

**이번 지역 호에서는 도시를 조금 다른 시각으로 담고 싶었어요. 이방인의 시선으로
바라본 전주의 모습도 궁금했고요. 직접 여행하면서 발견한 풍경이 궁금해요.**
일단 유명한 장소들을 하나씩 찾아봤어요. 한벽굴, 남천교 그리고 한옥마을까지요. 사실
관광지는 사람들이 많고 예상 가능한 장면이 반복돼서 촬영지로 선호하진 않는데, 평일에
방문했더니 한산해서 좋더라고요. 자전거로 이동하면서 눈에 띄는 풍경이 있으면 잠시 멈춰
사진을 찍고, 힘들면 한옥이 내려다보이는 카페에 들어가 커피를 마시며 여유를 즐겼죠.
관광지에서도 현지의 삶이 묻어나는 순간을 놓치지 않으려고 노력했어요.

자전거를 타고 다녔군요! 또 다른 재미를 느꼈겠어요.
서울에서 전주까지는 자차로 이동했는데, 사진을 찍으려면 아무래도 걷는 게 좋더라고요.
그런데 도보로만 다니다 보면 일정이 조금 빠듯할 것 같았어요. 한벽굴에 도착해 주차를 하고
한옥마을까지 걸어가려는데, 뜬금없이 자전거 대여소가 있더라고요. 주변에 사람도 없어서
마치 저를 위해 준비된 것처럼 느껴졌죠(웃음). 전주의 공영 자전거 이름은 '꽃싱이'인데요.
가격도 천 원으로 저렴해서 바로 대여하고 구석구석 돌아다녔어요. 선선한 바람을 느끼며
지나가는 풍경을 눈에 담았던 그 순간이 가장 기억에 남아요. 꽃싱이가 없었다면 하루를 더
머물러야 했을 것 같아요.

**여행에서는 작은 우연조차 특별한 즐거움으로 다가오곤 하죠. 모레 씨의 평소
여행 스타일은 어때요?**
저는 확실히 지방 도시로 떠나는 걸 좋아해요. 예상치 못한 장면이 많거든요. 서울이나
큰 도시는 정보와 콘텐츠가 넘쳐나서, 블로그 여행기나 유튜브만 봐도 마치 가본 것처럼
느껴질 때가 많잖아요. 반면 지방 도시에 가면 처음 보는 낯선 곳이 많아 새롭고 흥미로워요.

도시를 더 깊게 느끼는 나만의 여행법이 있다면요?

도보로 다니는 걸 권해요. 운전을 하면 앞만 보게 되어서 주변 풍경을 놓치기 쉽거든요.
그리고 블로그에서 추천하는 맛집도 좋지만, 계획 없이 거닐다 우연히 마주친 가게에 들어가
보시는 건 어떨까요? 예상치 못한 전개 속에서 여행의 재미를 더 느낄 수 있거든요.

**사진 속에서 거리 위 자전거, 녹음, 낡은 간판 등 도시의 자연스러운 모습이 많이 보여요.
주로 어떤 순간에 카메라 셔터를 눌렀나요?**

저는 오래되거나 낡은 것, 촌스럽거나 버려진 것, 쓸쓸하지만 아름다운 장면을 주로 찍어요.
전주에는 그런 풍경이 많더라고요. 도시에선 드문 조용한 거리나 활기찬 시장, 낡은 건물들을
많이 담았어요.

그런 장면이 모레 씨 마음에 유난히 남나 봐요.

아름다운 것을 아름답게 찍는 건 누구나 할 수 있어요. 개인적으로 그런 작업은 재미도
덜하고요. 저는 사람들이 잘 주목하지 않는 것들에 제 시선을 더해 사진으로 새롭게 보이게
하는 걸 좋아해요. 마치 피사체를 치유해 주는 느낌이라고 할까요.

**그러게요. 무엇이든 피사체가 될 수 있다고 생각하면, 결국 무엇이든 의미 있는 존재가
될 수 있다는 거니까요. 촬영 다니면서 생긴 소소한 에피소드도 있어요?**

전주는 참 다정한 도시라는 생각이 들었어요. 자전거 길에서 할아버지가 지나가시길래
비켜드렸는데, 큰 소리로 "고마워요!"라고 하시는 거예요. 어쩌면 당연한 일이어서 고맙지
않을 수도 있는데 말이죠. 자전거 대여소나 식당에서도 사장님들이 인사를 건네고, 장난도
치면서 농담을 나누었어요. 예를 들어 계산할 때 3만 3천 원이 나왔는데 33만 원이라고
장난치는 싱거운 농담 같은 것도 즐거웠고요.

전주 하면 음식으로도 유명하잖아요. 맛있는 음식도 드셨어요?

친구 추천으로 진미집이라는 곳에 갔어요. 전주 출신 데프콘 님이 유튜브에서 추천했다고
하더라고요. 밥집인 줄 알았는데 술집이라 오픈이 오후 5시였어요. 늦은 점심을 먹기 위해
갔는데, 메뉴는 많지 않았지만 얇게 썬 돼지불고기를 숯불에 구워 김밥과 함께
싸 먹는 게 유명하더라고요. 자극적이지 않고 평범하지만 정감 있는 맛이랄까요. 운전하고
가서 술을 못 마신 게 아쉬울 정도였어요(웃음).

이번 촬영을 다녀오면서 전주라는 도시에서 받은 인상은 어땠어요?

홍상수 감독 영화의 배경이 떠오르는 분위기였어요. 홍상수 감독 영화에는 빌딩이나 세련된
장소보다는 조용하고 낮은 건물, 오래된 가게가 많이 나오잖아요. 그런 느낌이 전주와 잘
어울린다는 생각이 들었죠. 촬영 전에는 전주에 대해 아는 정보가 많지 않았는데, 생각보다
알찬 도시였어요. 유명 관광지도 있고 오래된 식당도 많고, 한편으로는 자연을 느낄 수 있는
공간과 조용한 골목도 곳곳에 숨어 있고요. 팍팍한 현실 속에서 숨을 고르고 싶을 때 다시
들르고 싶어요. 촬영으로 와서 여유롭게 머물지 못한 게 아쉬워요. 다음에는 숙박도 하면서
천천히 여행하고, 현지인들이 가는 식당에서 술 한잔하는 낭만도 즐기고 싶네요.

Culture

옛 자리 위에 수놓은 이야기

020

모악산의 아침 모아

032

무지개샐러드 가족

042

후로기오피스 백강현

050

서학동 예술마을

056

전주국제영화제

Love For Our Lives And Land
삶과 뭍을 향한 애정의 기록

모아—모악산의 아침

몇 해 전, 모아의 앞으로 덜컥 집이 생겼다. 전주를 감싸안은 형상의 모악산과 나란히 앉은
그 집은 가족의 오랜 기억이 스민 곳이었다. '모악산의 아침'이라는 이름 아래 부지런히
쓸고 닦으며 이곳에서의 달가운 밤을 보내는 이들을 맞이하는 모아는 그 집에서 몇 가지를
빼기로 한다. 바로 필요 이상으로 쓰이는 일회용품과 플라스틱. 이윽고 생긴 틈에는 초록을
바라보는 휴식과 건강한 삶의 방식을 채웠다. 나아가 쓰레기 만들지 않는 장터 '불모지장',
각자의 시선이 존중 아래 공유되는 '지향집'을 꾸리는 그의 씩씩한 걸음을 보며 예상했다.
그건 분명 자신의 삶과 나고 자란 이 뭍을 향한 애정에서 비롯되었으리라고.

에디터 이명주 포토그래퍼 강현욱

전주는 볼수록 애정이 생겨요. 세상은 사람과 사람이 연결되어
톱니바퀴처럼 굴러간다는 걸 깨닫게 해줬어요.

그 대신 할 수 있는 것

**바로 여기가 모악산의 아침이군요. 들어서자마자
나무 냄새가 풍기는 게 좋은데요?**
그런가요? 저도 얼마 전까지 호주에서 휴가를 보내고
한 달 만에 집에 온 거라 반갑네요. 일단 노래를 좀 틀고….
(거실에 자리한 오디오의 재생 버튼을 누른다. 곧 음악이 흐른다.)
아마 마지막으로 숙박하신 분이 넣어둔 시디일 거예요.
오시느라 고생하셨어요. 모악산의 아침을 한번 같이
둘러볼까요?

좋아요. 1층과 2층으로 이루어진 독채죠?
맞아요. 모악산의 아침은 모든 이의 접근성을 중요하게
생각해요. 입구에 경사로를 설치하는 등 보다 접근성을
원활하게 만들 방법을 계속 고민 중이죠. 들어오면 바로
보이는 오른편에는 환경 관련 아이템이나 모악산의 아침이
나온 기사를 모아두었는데 여기, 88호《AROUND》도
보이네요(웃음). 부엌 맞은편, 안방에 큰 장롱을 비롯해
어릴 적부터 집에서 쓰던 가구를 많이 남겼어요. 부엌
왼편엔 서재방이 있고요. 제가 책과 기록을 좋아하다 보니
모든 방에는 책상과 책이 꼭 있어요.

2층으로 올라가는 계단에 사진들이 붙어 있네요.
저와 동생들의 어릴 적 사진이에요(웃음). 이 집에 누가
살았는지 보여주고 싶었거든요. 2층에는 시인의 방이라는
공간이 있는데, 2018년도쯤 이곳에 머문 한 사진작가님이
아늑한 공간과 책장, 창 밖의 대나무들, 단출한 침대를
보고 시인이 쓰는 방 같다며 말씀해 주신 게 기억에 남아서
그대로 쓰고 있어요. 또 한편엔 새소리가 잘 들리는 넓은
테라스와 비밀 공간처럼 빈백과 책장을 가진 방도 있어요.
보시면 아시겠지만 모악산의 아침에 놓인 가구는 쓰던
것들이 대부분이에요. 환경적인 관점에서도 물론이고
집부터도 사연이 있는데 번쩍번쩍한 새 가구가 있다면
어색할 것 같았어요. 스스로 '당근' 첫 번째 이용자라고

생각할 만큼 가입하자마자 이 집과 잘 어울리는 중고
가구들을 구해 왔죠. 혹여 실수로 가구가 상해 너무나
미안해하는 손님들에게는 마음 쓰지 말고 편안하게
머무시라고 해요. 사람이 쓰는 가구라면 사용감은 오히려
자연스러운 거니까요.

**한 바퀴 같이 둘러보니 재미있어요. 모악산의 아침에
대해 더 자세히 들어보고 싶은데, 그 전에 가벼운 소개를
부탁해요.**
저는 전주에서 제로웨이스트 숙소인 모악산의 아침을
운영하는 모아입니다. 이외에도 전주를 중심으로 커뮤니티
공간 '지향집', 쓰레기 만들지 않는 비건 장터 '불모지장'을
꾸리고 반려동물 임시 보호도 하며 지내고 있어요. 오늘
제가 입은 옷 어떤가요? 이 대화가 독자분들께는 10월쯤
닿는다고 해서 아직 좀 덥지만 가을옷 입고 기다렸어요.
계절마다 인터뷰나 사진 촬영할 때 입는 옷이 한 벌씩
있거든요. 아마 찾아보시면 전부… 똑같은 옷을 입고
있을지도 몰라요(웃음).

**(웃음) 가을 그리고 집과 잘 어울리는 모습이라고
생각했어요. 호주에서의 휴가는 즐거우셨나요?**
호주에 머무는 가족들이 있어서 곧잘 다녀오곤 해요.
갈 때마다 자연스레 존재하는 다양성을 보면서 시야를 넓힐
수 있죠. 예를 들어 어느 식당에 가든 비건이나 알레르기,
이동 수단의 접근성 등 선택지가 주어지고, 강아지나
아이들의 입장에 '노'를 말하지 않아요. 숲과 바다, 맑은
하늘을 보면서 자연의 힘도 느끼고요. 갈 때마다 제가
전주에 돌아와서 할 수 있는 일이 무얼까 영감을 받게 돼요.

**모아 씨는 전주에서 나고 자랐나요? 머무는 동안
동네 풍경의 변화를 전부 지켜봤을 것 같아요.**
저는 바로 옆 완주에서 태어났고 유치원 다닐 때부터

전주에서 살았어요. 2층 유리창 너머로 여기 중인동 마을이 다 보이는데요. 이사 올 때만 해도 '중인리'라고 불렸고, 우리 가족이 이 동네의 첫 이방인이었다고 해요. 어머니가 고른 이 땅에는 원래 작은 초가집만이 있었는데 집 앞으로 너른 전경이 펼쳐지는 게 마음에 드셨대요. 당시에는 빌라나 아파트 같은 건 물론이고 편의점도 없었어요. 초등학생 때는 친구들이랑 냇가에서 놀다가 해가 지면 바로 잠들었고, 버스 정류장 앞에 있던 방앗간에서 고소한 기름 냄새 맡고, 절에서 들려오는 목탁 소리 듣는 게 소소한 재미였죠. 이제는 완전히 달라졌어요. 방앗간이나 절은 사라졌고 냇가는 막혀서 길이 되었죠. 오래 살던 사람으로서 변화를 지켜보는 게 아쉽지만 한편으로는 편의시설 등이 생기면서 손님분들이 좀더 편하게 지내시게 되어 그 점은 다행이에요.

볼을 맞대는 것만큼 가까운 자리에 모악산이 있더라고요. 말 그대로 이곳에서 맞이하는 모악산의 아침 풍경은 어떤지 궁금해요.
모악산은 굉장히 큰 산이에요. 이름에 '어미 모母'를 써서 전주를 끌어안는 형상이라고도 말한대요. 그 덕에 전쟁이나 큰 재해가 없던 평화로운 곳이지 않겠느냐면서요. 저는 특히 비 오는 날의 모악산을 좋아해요. 산과 안개, 구름이 어우러지면서 새랑 풀벌레 소리를 들을 수 있고 아침이라 인기척이 없으니까 혼자 고립된 것 같은 느낌이 좋거든요. 근처 편백나무 숲을 걸으면서 사색에 잠길 때도 있고, 차 한 잔 마시면서 거실에 앉아 산 바라보며 오디오를 듣기도 해요. 피아노도 뚱땅뚱땅 치고요.

그러고 보니 이곳의 이름은 어떻게 지은 건가요?
어머니가 10여 년 넘게 약학 블로그를 운영하셨는데 그 이름을 따온 거예요. 아침에 거실 큰 창 앞에 앉아 컴퓨터를 하시다가 문득 올려다본 자리에 있는 모악산을 이름으로 쓰신 게 아닐까 싶어요(웃음). 본격적으로 스테이를 열기 전에 써도 되냐고 물어보니 아주 '쿨'하게 그러라고 하셨어요.

가족이 살던 독채를 개조해 스테이를 시작하게 된 계기도 어머니와 연결되어 있죠?
어머니가 일하시며 삼남매를 키우시고 이 큰 집의 관리도 도맡으셨어요. 벅찬 일상이셨을 텐데 정말 대단하시죠. 첫째인 저와 둘째가 성인이 되니까 열 살 차이가 나는 막둥이를 생각해서 아파트로의 이사를 고민하시더라고요. 저희는 적극 찬성했는데 이 집을 파는 건 주저하셨어요. 그러던 와중에 어머니가 친구들과 난생처음 프랑스

여행을 가서서 '에어비앤비'라는 걸 알게 된 거죠. 갑자기 카톡으로 "수연아, 너 에어비앤비 해라." 이렇게만 보내셨어요. 아, '수연'은 제 본명이고요.

어머나! 그런데 그 마음도 조금 알겠는 게, 해외에는 살던 이의 취향이 보이는 에어비앤비가 많잖아요. '이거다!' 싶으셨나 봐요.
당시 스물두 살 대학생이던 제가 미래에 무얼 하며 살까 고민하던 때라 무엇이든 다 경험이라고 생각하셨대요. 처음엔 조금 주저했는데 그렇게까지 말씀하시니 '장녀'의 책임감이 발동되었달까요(웃음)? 그 이야기를 나눌 때 저도 배낭여행 중이었는데 돌아와 보니 이미 공사가 진행 중이더라고요. 집의 뼈대는 그대로 두었지만 데크를 넓히고 화장실을 손보고, 잔디를 깔고 가구를 빼거나 채우고 벽지 색깔이며 싱크대, 타일 등… 무수한 일을 해나갔어요. 인테리어를 공부한 사람이 아니니까 제 취향을 빠르게 찾아가려 노력했고요. 중학교 때부터 알고 지낸 오랜 친구이자 연인인 초이까지 손을 보태주어서 문을 여는 데 3개월 정도 걸렸죠.

모악산의 아침은 다른 곳과 비교해 '없는 게' 눈에 띄어요. 제로웨이스트 숙소로 운영되기에 샴푸나 바디워시를 담는 통은 보이지 않고 티백이나 새하얗게 표백된 휴지도 없죠. 흔히 제공하는 페트병 물도 없어요.
운영을 시작한 뒤 가장 놀랐던 게 한 팀이 머물고 간 숙소에서 나오는 어마어마한 쓰레기였어요. 숙소에 누구든 쓸 수 있는 그릇을 두어도 일회용품과 플라스틱이 수북해요. 바비큐를 하고 나온 음식물이나 플라스틱 등을 한 봉지에 넣고 가버리시는 경우도 있는데, 그 안을 보면 먹다 남은 쌈장이 한데 뒤엉켜 묻어 있고요.

아, 상상만 해도….
그걸 제가 공강 시간에 잠시 들러 수돗가에 앉아서 전부 닦고 분리해서 버려야 하는데요. 그 시간도 마음도 아까웠어요. 당시 저는 환경 문제에 대해 지금처럼 고려하지 못했어요. 그런데도 이만한 쓰레기를 보는 게 너무 버겁더라고요. 아무리 무지하더라도 누구든 산처럼 쌓인 쓰레기를 보면 죄책감이 느껴지잖아요. 그걸 어떻게 해결할 것인지 꽤 오래 고민하다가, 하나를 없애면 하나를 드리는 방식의 부드러운 제안을 떠올렸죠.

지난 88호 《AROUND》에 기고하신 글을 보면 사라진 것 중 한 가지를 알 수 있죠.
"바비큐로부터 해방되었다."(웃음). 다른 펜션만 가도 충분히 할 수 있는 걸 제로웨이스트 숙소에서도 똑같이

할 필요는 없다고 생각했어요. 탄소 배출 원인 중 하나인 축산업에 일조하고 싶지도 않았고요. 대신 요가 매트와 싱잉볼, 소분된 잎차나 무포장 커피 원두처럼 초록을 보며 온전한 휴식을 취할 방법을 마련했어요. 덩달아 손님들께 드릴 페트병 물 대신 정수기도 설치했죠. 쓰레기는 없이 원하는 만큼 먹고 돈을 아낄 수 있도록요. 샴푸나 린스, 바디워시는 용기 대신 바 형태의 제품을 적당량 잘라 나누어 드렸고, 남은 조각은 휴지갑에 가져가시거나 저와 동료들이 사용해요. 주방과 세탁 세제는 '꽃마리'라는 제주 브랜드를 사용하는데 별도 포장이 없는 벌크 통으로 받은 후 다 쓰면 햇볕에 말려서 다시 브랜드로 보내는 방식이에요. 락스 대신 과탄산소다나 구연산 등을 활용하고요.

하나를 없애면 하나를 준다는 모아 님만의 제로웨이스트 방식이네요. 포기하거나 금지하는 대신 다른 방법을 제안하는 거죠.
맞아요. 누군가에게는 살기도 바쁜데 이것까지 신경 써야 하나 귀찮고 피곤할 수 있다는 걸 이해하거든요. 각자에게 주어진 상황이 다 다르다는 걸 알기에 부드러운 방식으로 대안을 제안하고 싶어요. 제로웨이스트의 사전적 정의는 "폐기물이 전혀 발생되지 않는 것"이라고 해요. 하지만 그건 개인의 선에서 가능한 게 아니잖아요. 마트에만 가도 모든 제품이 다 포장되어 나오는데 내용물만 쏙 빼서 가져갈 수도 없는 노릇이고요. 그렇기 때문에 개인을 탓하기보다 이런 방법이 있다는 걸 보여주면서 같이 해보고 싶다는 마음을 불러일으킨다면 좋겠어요.

그 생각에 공감하며 와주는 손님들을 보며 기쁨을 느낄 것 같은데, 기억에 남는 에피소드가 있다면요?
(잠시 생각한다.) 정말 많은데요. 저기 옆에 모악산의 아침 로고를 담은 스테인드 글라스 장식이 보이세요? 여기서 두번 정도 머무신 손님이 계신데요. 개인적으로 힘든 일을 겪으셨는데 지내는 동안 위로를 받은 기분이라며 작은 선물을 보내주셨어요. 또 어떤 작가님은 시인의 방에서 원고의 퇴고 작업을 하셨고 출판된 후에는 그 사인본을 선물해 주기도 했죠. 집이 아닌 다른 공간에서 하루든 며칠이든 묵는다는 게, 추억을 만드는 일이잖아요. 여기서 즐거웠다는 후기를 보면 제가 누군가의 삶 속 추억 한 장면을 만들어 줬다는 생각이 들어서 보람을 느껴요. 언제까지나 모악산의 아침은 어른과 아이, 반려동물까지 모두가 환영받는 곳일 거예요.

하나에서 둘로, 둘에서 여럿으로

나의 자리를 만든 모아 씨의 이후 행보는 같은 지향점을 가진 사람들을 모으는 방향으로 나아갔다고 생각해요. 불모지장을 시작했잖아요.

불모지장이라는 이름은 '불편한 모험을 통해 지속 가능한 지구를 만드는 장'이라는 의미에 환경 불모지 전주를 비옥지로 만들고 싶다는 바람까지 담은 거예요. 2020년 모악산의 아침 앞마당에서의 1회를 시작으로 열한 번째 장터가 열렸고, 최근엔 전남 영암으로 향해 '영암숲숲환경영화제'와 함께 진행하기도 했죠. 사실 거창한 마음으로 시작한 건 아니고요. 가까운 사람들끼리 1인 가구로서 장을 볼 때 양이 과한 점, 쓰레기가 많이 나오는 점에 대해 아쉬움을 토로하다 그렇다면 새로운 장터를 열어보자는 아이디어가 나왔어요. 마침 지원 사업이 올라온 걸 보고 겁도 없이 지원했고 운이 좋게 선정되어 1회를 열게 된 거죠. 비건 먹거리와 제로웨이스트 생활용품, 중고 소품을 구할 수 있고 캠페인, 장기자랑까지 열어서 와글와글 재미있어요. '노매딕 브루잉 컴퍼니'의 맥주도 있고요(웃음)!

그렇다면 불모지장에 오는 이들은 어떤 방식으로 장터를 즐기나요?

장터에서 판매되는 모든 것은 무포장이 원칙이라 알맹이를 제외한 부가적인 포장은 전부 벗겨내야 해요. 그렇기에 손님들은 다회용기나 장바구니, 먹거리를 즐길 수저 등을 챙겨야 하죠. 만약 준비하지 못했다면 현장에서 대여하거나 구매하면 되니까, 불모지장을 둘러보다 보면 곳곳에서 자신의 용기와 사고 싶은 것의 크기를 요리조리 맞춰보는 모습을 목격할 수 있어요. 잘 익은 사과나 오이 같은 식재료를 원하는 만큼, 딱 한 개라도 살 수 있고요. 불모지장은 단순히 많이 사고 많이 팔기 위한 장터가 아니에요. 우리가 지향하는 방식으로 이루어진 물건 중 필요한 걸 적당히 사면 되는 거죠. 이 장터의 운영이 기획자인 저와 동료들, 자원해서 참여해 준 스태프의 몫이라 생각할 수도 있지만, 그 바탕에 있는 공통의 진행 의도를 이해해야 하니 실은 판매자와 구매자까지 함께 운영하는 거예요.

환경을 생각하며 행동하는 커뮤니티 활동을 통해 전주 안에서도 인식의 변화가 이루어졌을 것 같아요.

처음에는 무엇 한 가지에 공감하는 사람들이 모여 이루는 '커뮤니티'라는 의미를 잘 알지 못했던 것 같아요. 그런데 조금 뒤늦게 돌아보니 한 사람 한 사람을 모으고 우리답게

즐길 거리를 만드는 것 자체가 커뮤니티더라고요. 불모지장의 운영 매뉴얼을 정리해서 배포한 이후로 전국에 쓰레기를 만들지 않는 장터가 늘어났어요. 전주에서 비건이 가능한 식당을 찾아 지도를 만드는 과정에서 인식도 높아져서 '오트 옵션'을 찾아보기 쉬워졌고요. 우리가 지향하는 것에 점점 더 많은 사람이 힘을 실어준다는 걸 선명하게 느껴요.

어떤 이들에게 제로웨이스트나 비건은 '포기하는 것'으로만 느껴질 때가 있어요. 그 두 가지를 삶의 지향점으로 삼는다면 반대로 '얻은 것'이 무엇인지 듣고 싶어요.
일단 삶이 단순해져요. 그게 일상에서 얼마나 에너지를 아끼는 일인지 아세요? 먹는 게 정해져 있고 소비할 수 있는 걸 정해둔다면, 나아가 오늘 제가 입은 것처럼 쓰임이 명확한 옷가지가 많을 필요도 없이 몇 벌만 있다면, 어떻게 살아야 할지 혼란한 삶 속에서도 방향성이 조금은 또렷해진다고 생각해요. 그렇게 챙긴 에너지를 내가 좋아하는 쪽으로 좀더 쏟을 수 있잖아요. 취미나 휴식, 자기 개발 같은 거나 하물며 '오늘 저녁에 어떤 영화를 볼까?'에 대한 고민일 수도 있죠. 저는 무엇을 '지키기 위해' 이런 삶을 사는 게 아니에요. 지금까지 환경이나 지구의 실체를 본 적도 없으니 그저 이웃을 위해, 사실은 나를 위해 하는 거죠.

그럼 모아 씨는 아낀 에너지를 어디에 쓰고 있나요?
음… 전주의 커뮤니티를 만드는 데 쓰는 것 같은데요. 제가 잘 살기 위해 안전 지대를 만드는 거예요. 이제는 커뮤니티를 꾸리고 굴려가는 일에 점점 요령이 생겨서 처음보다 덜 어렵기도 하고요. 만약 생각이 비슷한 사람들을 모아 꾸린 커뮤니티를 지속 가능하게 운영하고 싶다면 내가 모든 걸 다 해야 한다는 마음을 내려놓으세요. 모인 이들에게 분명한 역할을 나눠 줘서 주인의식을 갖고 도움이 될 기회를 만들어 줘야 해요. '이렇게 해주실 수 있을까요?'라는 말보다 '이거 한번 해볼래요?'가 훨씬 설득력 있으니까요.

지향집에 오신 걸 환영해요. 대문이 닫혀 있어서 당황하셨나요? 지향지기가 아침마다 문을 열어두나, 바람이 세게 불면 닫히기도 해요. 당황하지 말고, 오른쪽으로 조금 가셔서 나무 문을 열고 들어오시면 돼요. 다른 분들을 위해 들어가셔서 대문을 열어주시면 감사하겠습니다.

—지향집 노란 대문 앞에 붙은 메모

이 지점에서 인터뷰에 앞서 들른 모아 씨의 두 번째 공간 지향집이 떠오르네요. 지향하는 가치들을 모은 공간이자, 누구나 운영자가 될 수 있는 곳이라 설명하셨죠. 노란색 대문과 현관이 활짝 열려 있어서 놀랐어요, 보통은 닫혀 있기 마련인데.
신뢰를 바탕으로 하는 무인 공간이라 오전 10시부터 오후 8시까지 활짝 열려 있어요. 그곳은 어머니가 어릴 적 사시던 집을 이어받아 가꾼 공간인데요. 안에는 화장실과 주방, 냉장고, 가벼운 세면도구와 세탁기, 책과 넓은 테이블이 있고 요가 매트나 빈백, 한 사람분의 침구도 있어요. 비건 식품을 구매할 수 있는 방도 꾸려두었고요. 만약 들어왔는데 아무도 없다면 당황하지 말고 그 공간에 있는 것들을 자신의 방식으로 즐기면 돼요. 그 집에서 얻은 것이 있다면 자율적인 후원과 재능 기부로 교환하면 되고요. 머무는 동안 공간 수리나 정리는 누군가에게 허락받지 않고 자유로이 할 수 있는데요. 식물에 물 주는 거랑 청소는 적극적으로 해주면 해줄수록 더욱 좋아요(웃음). 얼마 전엔 서울에서 이사 오신 분이 칼 가는 취미가 있다며 지향집에 있는 모든 칼을 갈아주셨어요.

재미있네요(웃음). 사실 직접 보기 전까지는 어떤 방식으로 그 공간을 쓰는지 상상하지 못했어요.
사람마다 지향하는 게 다르잖아요. 누군가는 비건이나 단순함을, 또 다른 이들은 함께하는 것 아니면 혼자 살아가는 것을 지향할 수도 있죠. 자신이 바라보는 것을 어떤 경계나 주저 없이 꺼내 두고 교류하는 공간이길 바랐어요. 이를 테면 한 사람의 재사회화 경험이랄까요? 그래서 지향집 안에서는 서로 나이와 신분을 묻지 않는 게 규칙이에요. 누구나 모임을 만들 수 있는데, 지향집의 소식을 가장 먼저 알리는 카톡방에 200명이 넘게 들어와 계시거든요. 저는 그분들을 일일이 다 알지 못하지만 '해볼까?' 싶은 것들을 서로 쉬운 마음으로 제안하시더라고요. 예를 들면 독서 모임이나 북토크, 전주로의 이주를 꿈꾸며 한 달 살이를 하는 분들도 계셨죠. 자신이 그저 참여자의 역할에만 머무르지 않고 주도할 수 있는 공간이 있으니 소속감과 소속된 곳에 대한 애정을 더욱 크게 느끼시는 것 같아요. 이야기를 나누는 오늘이 월요일이잖아요. 지향집에서 월요일은 요가 모임에 이어서 '지향집밥'이 열리는 날이에요. 아까 비건 월남쌈을 다 같이 준비하고 먹는 거 보셨죠?

저희를 위해 챙겨 주신 월남쌈도 정말 맛있었어요. 제 건 두부랑 채소가 듬뿍 들어 있었거든요.
아침에 간단히 밥을 먹었는데도 또 먹을 수 있을 정도로 맛있더라고요(웃음). 지향집밥은 지향집의 오래된 프로그램인데 한 끼에 3천 원을 내면 구비된 재료들로 끼니를 챙겨 먹을 수 있어요. 오늘처럼 원하는 날짜를 정해 한자리에 모여 재료를 썰거나 볶고, 수저를 놓고, 안부를 물으며 식사를 하기도 하죠. 뒷정리는 물론이고 메뉴도 투표해서 함께 고르는 거예요.

지금까지 이야기를 들으니 전주에서 더할 나위 없이 북적이고 즐거운 나날을 보내고 계신 것 같은데요. 문득 삶과 지향점이 움튼 이 도시는 모아 씨에게 어떤 의미를 가진 곳일까 궁금해요.
전주는 볼수록 애정이 생겨요. 세상은 사람과 사람이 연결되어 톱니바퀴처럼 굴러간다는 걸 깨닫게 해줬어요. 제가 한옥마을 안에서 고등학교를 다닐 땐 그 동네가 매번 시끄러우니까 별로 안 좋아했는데요. 불모지장 같은 활동을 하면서 다시 그곳으로 가 포스터를 붙이고, 그 동네에 있는 가게들과 안면도 트고 그분들이 우리 장터의 판매자로 나오는 경우도 있더라고요. 그러면서 친구가 되기도 하고요. 관계의 폭이 두터워지면서 사람과 사람이 연결된다는 감각이 없으면 제가 하는 모든 것들은 굴러가지 않는다는 걸 알게 됐죠. 그렇게 '연결됨'을 느끼면 저 자신이 괜찮은 사람이라는 것도 느껴져요. 다시 보니 한옥마을도 어찌나 예쁘던지(웃음).

우리가 혼자 살아가지 않는다는 걸 알게 해준 도시인 거군요.
맞아요. 여길 좋아할 수밖에 없는 이유가 정말 많아요. 요즘은 사람이 돈을 줘야만 들어갈 수 있는 공간이 대부분이잖아요. 하지만 전주에는 도서관이나 공원 같은 공공시설이 많아서 문득 쉼이 필요할 때 앉을 수 있는 벤치의 역할을 해줘요. 독립 서점도 많은데 그들끼리의 연대도 두텁고요. 그뿐인가요? 바다는 없지만(웃음), 산이 있고 기후가 온화하고 큰 천이 세 갈래로 흘러서 산책하기도 좋고 콩나물도 유명하죠. 맛집도 얼마나 많은데요! 한마디로 표현하기 어렵지만 이렇든 저렇든 저는 전주를 굉장히 좋아해요.

긴 목록을 듣다 보니 저도 덩달아 좋아질 것 같네요(웃음). 언젠가… 여길 떠나고 싶은 날도 올까요?
(아주 잠시 고민한다.) 없을 거예요. 제가 사는 집이 여기 있는걸요. 살아갈 터전을 고르고 그 위에 집을 하나 세우는 게 얼마나 힘들어요. 어딜 봐도 이만한 데가 없는데…. 제가 있는 곳이 곧 집이니까 어디서든 잘 살 수 있겠지만, 전주가 좋아요. 정 마음이 싱숭생숭하다면 좋아하는 여행으로 달래볼래요.

끝으로 문턱에 들어선 가을, 전주에서 느낄 수 있는 모아 씨만의 즐거움에 대해 알려주실래요?
가장 먼저 전주천에서 자전거를 타보세요. 전주시의 공유자전거 이름이 '꽃싱이'인데 천 원이면 하루 종일 빌릴 수 있어요. 커플용 자전거도 있고요. 천천히 달리면서 갈대가 흔들리는 모습도 보고 물소리나 새소리를 듣는 거죠. 김밥 같은 거 챙겨서 벤치에 앉아 먹어도 좋고요. 가을의 향교도 좋고 아침 4시부터 9시까지만 반짝 열리는 도깨비시장도 있어요. 맛있게 생긴 흙당근에 가지, 사과… 온갖 식재료가 보기 좋게 손님들을 기다리는데 거기가 정말 장관이에요. 모악산의 아침 말고도 아름다운 숙소가 많으니까, 근처 도서관이나 서점에서 마음에 드는 책 한 권 골라 하얀 침구에서 뒹굴거리며 읽는 가을 휴가도 즐거울 것 같아요.

오늘의 대화를 읽은 독자분들이 잠시라도 전주로 훌쩍 향해보길 바라요.
저도 그렇게 생각해요. 멀리서 오셨는데 긴 이야기 들어주셔서 감사해요. 혹시 출출하지 않으세요? 초이의 부모님이 끓여주신 단호박죽이 있는데 같이 먹을까요?

벌써부터 달콤한 냄새가 나는데요? 좋아요!

우리의 지향,
이모저모

이토록 낮은 문턱의 공간이 어디 또 있을까. 다른 이의 중심을 존중할 마음만
있다면 이곳으로 훌쩍 뛰어들 수 있다. 우리가 만난 늦여름의 어느 날, 모아의
안내를 다시금 떠올리며 활짝 열린 노란 대문 사이로 엿보이는 이모저모에 대해
적어둔다. 언젠가 다시 들를 그날을 위해.

1.

2.

3.

1. 여전히 흐르는 집의 시간

모아의 어머니와 조부모님이 살던 집을 지향집의 공간으로
가다듬었기에 그 흔적이 보이는 게 반갑다. 어릴 적
할머니집에서 본 것만 같은 유리창의 무늬도, 나무로 만든
큰 장롱과 뻣뻣해진 그 문도 사라지지 않고 여태 자리를
지킨다. 그때와는 달리, 이 집은 더 이상 어떤 이에게
종속되어 있지 않지만 더 많은 사람이 오가며 여전히
이곳에서 흐르는 시간을 지켜보고 있다.

2. 어디에서 왔건 우리가 만나는 곳

하교 후 쉬러 오는 초등학교, 중·고등학교 친구들을
비롯해 나이 지긋한 동네 어르신들, 서울에서 먼 길
달려와 전주에서의 한 달 살이를 꿈꾸는 이들, 내 친구의
친구까지. 어디에서 왔건 그들은 모두 지향집에서 만난다.

현관 옆쪽에 걸어둔 메모 패드에는 이곳에 머물다 간
이들의 메모지가 빼곡히 붙여져 있다. 하나씩 짚어주는
모아의 손가락을 따라 수수한 기록들을 읽다 보면 낯설던
이곳이 더할 나위 없이 친근해진다.

3. 단란하고 맛있는 한 그릇

공간 한편, 펼쳐진 노트에는 오가는 방문자들이 기록한
기부 목록이 쓰여 있다. 보이차, 메리골드, 김과 식용유,
오렌지 등 나에겐 필요 이상이던 게 지향집에 도착하면
부족한 것을 채우는 몫이 된다. 매주 월요일 점심,
지향집밥 동료들은 기부 받은 음식과 식권에 포함된
재료비를 바탕으로 미리 요리를 정해 일손을 나눈다.
뚝딱뚝딱, 척척, 얼마간의 시간이 흐르면 금세 부엌에는
맛있고 따끈한 음식 내음이 흐른다.

평범하지 않은 가족을 만났다. 그 이름도 무지개샐러드 가족! "드레스코드는 알록달록입니다."라는
요청에 충실히 화답한 다섯 식구가 카페 '나무라듸오'에 모였다. 전주 객사를 11년 동안 지키다, 올해 4월
풍남동에 다시 문을 연 바로 그곳이다. 카페를 중심으로 모였다 흩어지는 부부와 삼남매는, 어디서도 본 적
없는 나만의 삶을 살아간다. 전주와 논산, 서울과 덴마크를 무대 삼아 누가 뭐라든 꿋꿋하고 자유롭게.

알록달록 우리가 사는 법

무지개샐러드 가족—정안에디·제타·가람·산·풀잎

에디터 차의진
포토그래퍼 Hae Ran

무지개샐러드 가족 인물 소개

엄마 제타
수선공예가. 생명체가 살고 있다 전해지는 우주의 별 '제타 레티쿨리'에서 이름을 따왔다.

아빠 정안에디
정안은 바른 언덕이라는 뜻의 호. 발명과 수리를 좋아해 뽀로로의 발명가 캐릭터 '에디'의 이름을 빌렸다.

큰딸 가람
커피하는 알록달록 예술가. 가족 사업의 디자인을 도맡는다. 덴마크 대학 입학과 워킹홀리데이를 준비 중.

둘째 산
관심사가 많아 하고 싶은 건 다 해보는 아들. 얼마 전 군복무를 마쳤다.

막내 풀잎
열네 살. 언니·오빠와 각각 열세 살, 열한 살 터울이다.

대가족을 만났네요! 다섯 식구는 '무지개샐러드 가족'이라고 불려요. 무슨 뜻이에요?

가람 무지개는 알록달록하고, 샐러드는 다채로운 재료를 넣어서 만들어요. 각자의 색이 확실한 우리 가족과 비슷하다고 생각해서 지은 이름이에요.

가족은 전주를 본점으로 둔 카페 브랜드 '나무라듸오'를 운영하고 있죠.

정안에디 지금 우리가 이야기를 나누는 이곳은 풍남동 본점이지만, 원래 나무라듸오는 전주 객사 영화의 거리에 있었어요. 개업 날짜도 또렷이 기억합니다. 2007년 12월 21일(웃음).

제타 그러다 2018년에 가게를 정리하고 논산 시골 마을로 이주했어요. 원래 전주의 산자락에서 살았는데, 주변이 도시화되면서 자연스럽게 귀촌을 꿈꾸게 된 거예요. 그러다 올해 막내 풀잎이 열네 살이 되면서 도심에서 친구도 만나고 놀고 싶어 했죠. 논산 집에서 전주까지는 차로 근 한 시간이 걸리니, 풀잎이를 위해 다시 카페를 열까 고민이 되더라고요. 가람이랑 산이는 어릴 때 카페에서 노는 게 일상이었는데, 풀잎이는 일곱 살에 논산으로 떠났으니 카페에 관한 기억을 더 많이 갖게 해주고 싶었거든요. 그때 지인이 이 건물을 소개해 줬고 마음에 들어 올해 풍남동에서 나무라듸오를 다시 시작했어요.

정안에디 역시 개업일을 정확히 기억해요. 2025년 4월 29일!

제타 (웃음) 전주국제영화제를 앞두고 속도를 내서 오픈했어요.

나무라듸오 본점이 잠시 쉬어갈 무렵, 분점들은 활발히 손님을 맞았다고요.

정안에디 전주 객사 시절부터 많은 사람들이 나무라듸오라는 브랜드명을 사용하고 싶어 했어요. 당시에는 우리가 아니면 나무라듸오의 철학과 느낌을 유지하기 힘들 거라 생각해서 제안을 모두 거절했죠. 세월이 지나면서 이제는 이 이름을 다른 사람들이

사용하게 해도 괜찮겠다는 이야기를 제타와 했는데, 은퇴를 앞둔 한 부부가 완주군 봉동읍에서 분점을 하고 싶다고 찾아왔어요. 그래서 최초의 분점 '나무라듸오 봉동점 다오'가 탄생했죠. 그분들이 원래 카페 이름으로 '다오'를 염두에 두고 있었거든요. 서울에서는 3년째 한국외국어대학교 통번역대학원 안에서 '나무라듸오 한국외대점'을 운영 중이에요.

제타 올해 친조카들은 전주 태평동에 '나무라듸오 보라빛보따리'를 열었어요. 봉동점과 마찬가지로 커피 컨설팅, 교육을 꾸준히 해오고 있죠. 집이 있는 논산 연무읍에는 남편이 맡은 로스팅 공장이 있고요.

카페를 둘러싼 각자의 역할이 있나요?

산 한국외대점은 첫 오픈 때부터 제가 운영을 맡았다가 군 입대로 잠시 떠났어요. 얼마 전 전역했으니 곧 다시

매장으로 돌아가요. 이번 학기는 아버지가 많이 도와주실 예정이에요. 평일에 서울에서 지내시다가 다시 주말에 전주로 내려가시는 일정으로요.

제타 산이가 군대 가 있는 동안 가람이가 한국외대점을 맡아줬어요. 가람이는 평소엔 포스터나 라벨처럼 디자인이 필요한 영역을 담당해 주고 있고요. 저는 홈스쿨링하는 풀잎이랑 전주 본점에 같이 출근하고, 풀잎이는 요즘 케이팝 댄스 스튜디오를 다녀요. 남편은 원두를 이곳저곳에 공급하고 전반적인 나무라듸오 관리를 도맡고요. 아, 홍보도 제 담당이네요. 우리는 각자 자기 일을 열심히 하다가 카페를 중심으로 모이고 또 흩어져요.

브랜드 이름은 어떻게 짓게 되었어요?

제타 나무라듸오 이전에는 전북대 구정문에서 파스타 가게 '올리브가든'을 운영했어요. 그곳에서 오래 아르바이트하던 친구가 나무라듸오라는 이름을 선물해 준 거예요. 나무와 라디오라는 단어가 잘 어울린다고, 또 카페 건물이 한옥이니까 나무에서 라디오가 흘러나오는 느낌이라고도 했죠.

정안에디 그때 카페 건물은 지은 지 60년이 넘은 한옥이었어요. 지금도 전주 객사에 그대로 남아 있고요. 이름에서도 예스러운 분위기를 살리고 싶어서 '디'에 획을 하나 더해 '듸'로 쓴 거예요.

오늘 무지개샐러드 가족을 꼭 만나고 싶던 이유는 삼남매 모두 홈스쿨링을 받으며 전주와 논산에서 성장했다고 접했기 때문이에요. 보기 드문 이 삶이 무척 궁금했는데, 어릴 땐 일과를 어떻게 보냈어요?

산 다른 친구들이 학교에서 공부할 때 저는 밖에서 뛰어놀고, 새총 만들어서 새 잡으러 다니고, 근처 할머니댁 놀러 가고, 공부하고 싶으면 학원도 가고 그랬죠. 하고 싶은 걸 자유롭게 경험해 볼 기회가 많아서 넓은 세상을 일찍 배웠어요. 압박을 받고 자라지 않았으니 진짜 내가 하고 싶은 게 생기면 기회가 닿는 대로 시도해 보게 되었고요.

가람 저희가 매일 해야 할 것들이 있긴 했어요. 영어 CD 듣기, 바이올린 연습 같은 것들이었는데 강력한 의무는 아니라 잘 지키진 않았지만요(웃음). 그때 열심히 했다면 얼마나 좋았을까 싶을 때도 있는데, 어쨌건 그때의 제가 원치 않았던 거니까요. 이제는 제가 꼭 필요하다고 느끼는 건 자발적으로 잘 지키고, 지속하게 돼요.

자유로운 삶의 방식이 준 또 다른 영향이 있나요?

산 카페에 자주 드나들다 보니 어린 나이부터 자연스럽게 어른들과 대화할 기회가 많았어요. 그래서 친구들이 어른 앞에서 어려워할 때도 저는 좀더 편안하게 대할 수 있었던 것 같아요.

가람 음… 이건 성향에 따라 다를 것 같아요. 저는 외향적인 산이와 달리 어른들 대하기가 어려웠거든요. 그래도 그 과정에서 확실히 느낀 건 친구는 나이 제한이 없다는 거예요. 당시 친구가 없어서 외롭지 않냐는 질문을 많이 받았는데, 사실 만나는 모든 사람이 친구일 수 있더라고요. 어느 날은 또래 친구가 너도 학교라는 작은 사회를 경험해 봐야 하지 않겠냐고 물었는데요. 생각해 보니 저는 이미 학교 밖에서 사회생활을 하고 있었어요!

정말 그렇네요? 자유로운 일상 덕에 또래에겐 낯선 일도 많이 경험해 봤을 것 같아요. 나 이것까지 해봤다, 있어요?

산 가깝게 지내는 대학 교수님이 축구를 좋아하세요. 교수님 안식년을 맞아 1년 동안 전국에서 열리는 축구 경기를 같이 보러 다녔어요. 열일곱에 일본에 사는 전 핸드볼 국가대표 삼촌 권유로 혼자 일본으로 떠나 3주 정도 살면서, 대학생 핸드볼 선수들과 운동도 하고 여행도 했죠. 언어가 통하지 않아도 잘되겠지 하는 마음으로 지내다 왔어요.

가람 저는 열여섯에 첫 머리 탈색을 해봤어요. 사촌 언니가 갑자기 탈색을 하고 나타나서 저도 해보고 싶었거든요. 화장도 원 없이 해봤고요. 그땐 인스타그램이 지금보다 순수하던 시대라 (웃음) '#패션' 해시태그도 걸고 사진을

올렸는데요. 그때 해시태그 타고 들어온 친구랑 친해져서 아직도 연락해요. 인스타그램에서 친구 사귄다는 게 당시엔 흔치 않았는데, 저는 남들과 다른 방식으로 친구를 사귀어본 거예요.

우와! 전부 학교 밖이었기에 가능했던 일들이네요.
제타 물론 이런 특별한 경험들도 있었지만, 저는 오히려 아이들의 사소한 일상이 더 멋지다고 생각해요. 눈이 많이 내린 새벽, 늦게 퇴근한 아빠와 눈싸움도 하고 이글루도 만들었어요. 예전에 살던 주택 뒷산 비탈에는 소방도로가 나 있었는데요. 우리는 이곳을 바람의 언덕이라고 부르면서 겨울이면 썰매를 타곤 했죠. 그 언덕이 중학교 근처라 창 너머로 학생들이 수업하는 모습이 보였어요. 기분이 왠지 묘하더라고요(웃음). 그리고 가끔 제가 카페 일로 잠시 외출하면, 가람이와 산이는 유모차에 풀잎이를 태워 전주천을 따라 나무라디오까지 걸어와 직접 만든 샌드위치를 깜짝선물로 건네주기도 했어요.

이렇게 자유로운 방식의 홈스쿨링을 시작한 이유가 궁금해요.
제타 아이들의 순수함을 지켜주고 싶었어요. 돈이 없어도 당당하고, 자기 자신을 사랑하며, 매일 행복하게 살아가는 사람이 되길 바라서요. 그런데 학교에서는 이런 저의 바람이 실현되는 걸 기대하긴 어렵더라고요. 가람이가 초등학교 1학년을 다니는 동안 많이 아팠어요. 긴장을 많이 하다 보니 배가 자주 아프고 힘들어했죠. 어느 날은 혹시 꾀병이 아닐까 싶어서 조심스레 의사 선생님께 여쭤봤는데, 단호하게 말씀하시더라고요. 아이가 아프면 정말 아픈 거라고. 그때 너무 부끄러웠어요. 그 이후로는 단 한 번도 아이들을 의심하지 않았어요. 가람이를 지키려면 학교를 그만두는 수밖에 없다는 결정을 내린 뒤로는 먼 미래까지 미리 걱정하지 않아요. 지금 행복하게 사는 게 더 중요하다고 생각하죠. 내가 좋아하는 일을 하며 기분 좋게 살아가면, 아이들이 살아가는 데 필요한 만큼의 돈은 자연스럽게 따라올 거라 믿어요.

가람 씨는 학교 다닐 때를 기억하나요?
가람 친구들과의 관계가 조심스럽고 힘들었던 기억이 많아요. 그런 거 있잖아요, 분명 어제까진 친했는데 다음 날 갑자기 나를 째려본다거나(웃음). 결국 내가 뭘 잘못했는지 모른 채로 끝나버리곤 했죠. 어릴 땐 사람의 마음을 혼자 파악하려 하고, 내가 뭘 잘못했는지 살피는 성향이어서 관계가 더 어려웠던 것 같아요. 그런데 홈스쿨링을 하면서는 긴장이 많이 풀리고, 스스로를 들여다볼 시간이 많아졌어요.

여덟 살 가람이의 어려움에 공감해요. 이제 막 관계를 배우는 아이에게 학교가 참 어려운 공간이 될 때도 있잖아요. 그런데 삼남매의 삶의 방식은 전주는 물론이고 우리나라 어디에서도 보기 어려운데, 주변의 우려는 없었어요?
제타 어떤 분들은 아이들한테 "너희가 정말 원하는 삶은 엄마의 지향점과 다른 게 아니냐?"라고 묻기도 했고, 오랫동안 지켜본 분들조차 미래 계획을 계속 캐묻곤 했어요. 그럴 땐 속상하고 화도 났죠. 그런데 어느 날 가람이가 이렇게 말하더라고요. "저는 행복하게 살 거예요. 그리고 저한테는 엄마가 있어요." 그 말에 정말 큰 감동을 받았어요.
가람 사실 지난 20년 동안은 우리의 홈스쿨링이나 제 삶이 세상에서 환영받지 못한다는 느낌을 종종 받았어요. 그런데 요즘엔 엄마의 교육 방식을 궁금해하는 분들이 늘었어요. 제가 나에 대한 확신이 생기면서 하고 싶은 일을 자신감 있게 해나가고 있으니까요. 물론 이 길을 선택하게 된 건 엄마 영향이 크지만, 이제는 사람들이 '저런 삶도 있구나.' 하고 조금씩 인정해 주는 것 같아요. 그래서 오늘 같은 인터뷰 자리가 더 뜻깊고 신기해요. 열심히 나의 길을 개척하다 보니 이런 기회도 찾아오는구나 싶어요.

가람 씨가 지금의 모습으로 도약하게 된 결정적인 계기가 있었다고요.
가람 네, 열아홉 살에 덴마크 인생학교 '호이스콜레(성인을 대상으로 하는 평생교육 기관으로, 삶에 필요한 지식과 경험을 배우고 공유하기를 목표로 한다.)'에 다녀왔어요. 호이스콜레는 삶을 배우는 곳이에요. 쉼을 누리기도 하고, 예술이나 스포츠 같은 다양한 활동을 경험할 수도 있죠. 정말 행복했어요. 세상은 넓고, 내가 살아갈 곳도 많으니 내가 하고 싶은 걸 찾아가면 된다는 걸 깨달으면서 자신감이 생기더라고요. 그리고 덴마크에서는 누군가 말하지 않는 사실을 굳이 캐묻지 않고, 상대가 나와 다른 삶을 살아왔다면 그냥 그랬구나 하고 받아들여요. 거기서 큰 위로를 받았어요.
제타 호이스콜레는 아이들의 배움을 위해서 세계 곳곳의 기관들을 알아보다 찾은 곳이에요. 가람이 입학 전 가족 모두 가봤는데 저도 다니고 싶더라고요. 18.5세 이상 누구나 입학이 가능하고, 사람을 그 자체로 바라봐 주는 느낌을 받았거든요. 저도 제가 가고 싶은 호이스콜레를 정해두었어요. 60이 되면 가보려고 해서 그때가 기다려져요.

가람 씨는 호이스콜레에서 기억에 남는 순간이 있나요?
가람 퍼커션 수업에서 연주를 어려워하는 제게 선생님이 그러셨어요. 처음부터 모든 걸 잘할 순 없고, 성장하려면

실수가 반드시 필요하다고요. 스키를 타다 넘어져도 그냥 누워 있으면 눈이 쌓여 고립되니 일어나는 법을 배워야 한다는 거예요. 하지만 그만큼 넘어짐도 꼭 필요하다고 말씀해 주셨죠. 크로키 시간에도 저는 자꾸 페이지 안에만 그림을 그리려고 했는데, 선생님이 "좀 더 크게 표현해도 돼, 페이지가 넘쳐도 괜찮아."라고 하시더라고요. 그 말에 괜히 눈시울이 붉어졌어요(웃음). 한국 사회는 실수가 없어야 할 것 같은 분위기라 저도 모르게 완벽을 추구하게 됐거든요. 그런데 호이스콜레에서는 오히려 완벽하면 바보가 되는 것 같았어요. 세상에 완벽은 없다고 말하는 사람들 사이에서 큰 위로를 받았고, 저는 더 단단해졌어요. 다른 사람을 대하는 태도도 한결 편안해졌고요.

덴마크는 위로를 안겨준 고마운 곳이네요. 그럼 가람 씨에게 전주는 어떤 의미예요?
가람 소소한 대답이지만, 정말 집 같은 곳이에요. 나무라디오 한국외대점을 돌보면서 서울에서 1년 6개월간 살다 보니까 전주로 내려가는 길이 너무 좋았어요. 내가 돌아갈 곳, 편안하게 느끼는 공간이 있다는 것 자체가 위안이 됐죠.

제타 씨도 같은 질문에 답해볼까요?
제타 어떤 지역이든 우리의 무대가 될 수 있는데, 저한테

전주는 데뷔 무대 같은 곳이에요. 언제든 다시 와서 또 공연해도 되는 무대.

무지개샐러드 가족처럼, 여러 도시를 무대로 나만의 삶을 살아가고 싶은 이들에게 전하고 싶은 말이 있나요?
제타 음, 사실 많은 분들이 이미 그렇게 살아가고 있다고 생각해요. 생각보다 한국인들은 모험심과 용기가 많거든요. 재능도 정말 많죠. "원한다면, 절실히 원한다면 이루어진다." 저는 이 말을 믿어요. 그냥 해보세요. 궁금하다면 앞서 그 길을 걸어본 이들에게 주저하지 말고 물어보세요. 혹시 거절을 당하더라도 다시 다른 이를 찾아보세요. 한 걸음씩 나아가다 보면, 언젠가 자신만의 길을 당당히 걸어가고 있는 나를 발견하게 될 거예요.
가람 저는 엄마와 달리 확신이 없으면 쉽게 망설이고, 영화 〈인사이드 아웃2〉(2024)의 '불안이' 캐릭터처럼 머릿속에 수많은 계획을 떠올리는 편이에요. 세심한 고민은 장점이 될 수 있지만, 끝없는 걱정은 결국 시간 낭비일 뿐이었죠. 시간이 지나면서 엄마처럼 생각하고 행동해야 무엇이든 할 수 있다는 걸 깨달았어요. 우리가 집중해야 할 건 '잘했다, 못했다'가 아니라 '내가 했다'는 사실이에요. 첫발을 내딛는 건 언제나 두렵지만, 그 작은 걸음들이 모여 삶을 완성한다고 믿어요. 행복해할 미래의 나를 그리며, 오늘도 천천히 한 걸음 내디뎌보세요.

무지개샐러드 가족의 기억이 담긴 물건들

엄마 제타 · 아빠 정안에디의 소장품

제타 | 추억의 사진

나무라듸오 이전에 운영했던 파스타 가게 올리브가든 내부를 찍은 사진이에요. 아빠 정안에디의 젊은 시절 모습이 담긴 사진도 보여드릴게요. 둘 다 나무라듸오 본점 선반에 두었어요.

정안에디 | 오크통

남편이 처음 커피를 시작했을 때부터 사용해 20년 정도 된 물건이네요. 핸드드립 커피를 내릴 때 원두를 갈아 담는 통인데, 많이 닳았지만 여전히 쓰고 있어요.

제타 |《야누슈 코르차크의 아이들》

삼남매를 키우면서 많이 참고했던 책이에요. 깊게 마음에 닿은 책 속 한 구절은 제가 쓴《수선의 기쁨》에도 실렸어요.

정안에디 | CD

오래전부터 나무라듸오에서는 진공관 앰프를 통해 커다란 스피커로 음악을 틀었어요. 추억의 CD가 많지만 그중에서도 제일 좋아하는 앨범을 소개할게요. 〈냉정과 열정 사이〉(2001) OST와 에디 히긴스Eddie Higgins 피아노 연주 앨범이에요.

큰딸 가람·둘째 산·막내 풀잎의 소장품

가람 | 디지털카메라
가족이 가는 곳이라면 어디든 함께하던 카메라예요.
렌즈를 360도 회전해서 셀프 카메라로도 쓸 수 있어요.

산 | 축구복
전국 축구 여행을 함께 떠났던 교수님이 선물해 주신
축구복이에요. 선수들 사인도 그려져 있고, 추억이 많이
묻어 있답니다.

가람 | 맥북
열일곱 살 때 처음으로 선물 받은 맥북이에요. 이 맥북이
생기고 일러스트도 처음 다뤄봤어요. 디자인에 관심을 갖게
해준 고마운 물건이에요.

풀잎 | 애착 인형
어릴 때 어디서나 꼭 들고 다닌 백호 인형이에요. 손때 묻고
낡았지만 언제나 사랑스러워 보여요.

몇 년 전부터 전주의 공기는 분명 달라졌다. 카페는 단순히 커피를 마시는 기능적 장소에서 다양한 사람이 교류하는 문화 공간으로 바뀌었고, 전례 없던 실험적 행사들이 도시에 소소한 활력을 불어넣고 있다. 변화는 조용하지만 확실하게 전주의 일상에 스며들었다. 이 흐름에는 기획자 백강현, 그리고 자신의 자리를 지키는 젊은 주인장들이 있다. 그들은 오래된 도시에서 새로운 이야기를 쓰고, 이곳의 지도를 다시 그려간다.

고요히 변화하는 도시에서

백강현—후로기오피스

에디터 차의진
포토그래퍼 박은비

매년 전주국제영화제가 열리는 전주 영화의 거리. 이곳엔 흡사 오래된 병원처럼 보이는
거대한 상가 건물이 우뚝 서 있다. "전주 객사 cgv 옆 건물 뉴롯데오피스텔 오른쪽
엘리베이터 이용하고 4층 417호 까꿍." 주인장이 인터넷 지도에 게시한 설명 글을
들여다봤다. 정말 이런 곳에 후로기오피스가 있단 말이지. 4층으로 올라가는 버튼을
눌렀다. 적막이 흐르는 복도를 따라가다 마주친 건 후로기오피스의 개구로 로고가 붙어
있는 호실. 문을 열자 주인장 백강현 씨가 나를 맞는다.

그의 직업은 하나로 특정하기 어렵다. 후로기오피스와 독립 출판사 '닌겐 페이퍼 프레스'
운영부터 디자인, 디제잉, 브랜딩, 이벤트 기획까지 취향에서 파생된 다양한 활동들에
손을 뻗고 있기 때문. 다재다능한 그의 여러 얼굴 중에서도 나는 기획자로서의 백강현을
들여다보고 싶었다. 그는 공간이 문화로 기능할 수 있도록 전략을 세운다. 그 구체적인
방법은 공간들의 내부 구조와 콘셉트, 디자인 요소를 디렉팅하거나 이벤트를 열어 문화적
이야기가 파생될 수 있도록 기획하는 것.

이를 위해 그가 선택한 방법은 친구로서 오랜 연을 맺어왔던 공간 운영자들과의 풍성한
대화였다. 많은 대화를 통해 주인장의 취향을 깊게 파악하고, 그들의 다양한 요구를
일관성 있게 정리했다고. 그 과정에서 도출한 콘셉트를 공간 곳곳에 불어넣어, 완성도
높은 브랜딩을 이끌어 냈다. 주인장을 똑 닮았으나 '백강현식 기획'이 한 스푼 섞인
공간들은 전주 곳곳에 하나둘 문을 열었다.

각 공간은 카페, 바 등으로 원래 목적에 충실하게 운영되면서도 때때로 새로운 모습을
갖춘다. 강현 씨가 하나의 주제로 행사를 열어, 다양한 사람들이 어울리는 문화의
장이 되는 것이다. 그래서 선물 가게는 뮤지션이 함께하는 파티 공간이 되고, 카페는
시기적절한 요리를 내어주는 식당으로도 변모한다. 그가 이런 재미난 일을 벌이는 동안,
전주는 조금씩 새로워졌다. 낯선 문화적 움직임을 수용한 이 도시는 분명 이전과는 다른
얼굴이다. 나는 강현 씨가, 각자의 자리에서 자신의 분야를 사랑하는 이들이 좋아하는
일을 더 잘 해낼 수 있도록 고민한 흔적을 좇아 보기로 했다.

그의 손이 닿은 공간들

전주든 서울이든, 그가 디렉팅한 공간에서는 특유의 분위기가 느껴진다. 무심한 듯 보이지만 방문객을 철저히 고려하며 계획되었다는 느낌. 직접 방문해야만 경험할 수 있는 분위기 이면에 그가 담았던 의도와, 각 공간에서 연 이벤트를 소개한다.

후로기오피스

전주 객사에 자리한 선물 가게. 주인장은 강현 씨. 세계 곳곳의 음반과 의류, 소품부터 그가 운영하는 독립 출판사 '닌겐 페이퍼 프레스'의 출판물 등을 판매 중.

A. 전북 전주시 완산구 전주객사3길 62, 417호
O. 금-일요일 15:00-19:00, 월-목요일 휴무

"수집하는 생활을 하고 있습니다. 세상의 레코드, 기발한 책들, 오래된 기업 티셔츠, 사용법이 궁금해지는 독특한 물건들…. 후로기오피스는 그런 저의 생활이 모인 공간입니다. 번듯한 가게로서 돈을 벌고 싶었다기보다는 취향이 중요했던 것 같습니다. 가게에서 소개하는 것 중 제 취향이 아닌 것은 하나도 없는 듯합니다. 대체로 누군가 어떤 물건을 파느냐고 물어본다면, '쉽게 살 수 없는 것, 사람들에게 소외된 것'을 판다고 해요. 이건 가게 문을 닫기 전까지 지켜내고 싶은 신념 중 하나이기도 합니다."

후로기오피스 제2회 야간 뮤직 프로그램
2025. 05. 02 - 05. 05

영화계, 클럽, 베뉴, 스테이지 등 다양한 채널에서 활동하는 음악 커뮤니티 속 인물들과 4일간 프로그램을 함께했다. '웰빙 댄스 디제이'부터 올해로 2회를 맞이한 '닫힌 음악회 라이브', '클리크 레코드 일동의 단합 세션' 그리고 10년의 우정을 지켜온 '신도시와 우주만물 친구들의 디제잉 소풍'까지 편성했다.

포도시커피

주인장 김정인 씨가 운영하는 전주 객사의 카페.
가게 뒤편에서 직접 로스팅한 커피콩과 더불어 '두유
참깨 푸딩', '산딸기 스쿼시' 등 독특한 메뉴가 존재한다.
간단한 점심 메뉴와 주류도 함께 제공한다.

A. 전북 전주시 완산구 전주객사2길 92, 1층
O. 목−화요일 12:00−20:00, 수요일 휴무

"포도시커피는 오래전부터 알고 지내왔던 운영자 정인 씨로
시작한 공간입니다. 공간을 차리기 이전부터 정인 씨는 여러
지역을 돌아다니며 커피를 내려주는 활동을 해왔습니다.
그때 처음으로 여우를 상징하는 로고를 그려주게 되었고,
당시의 인연으로 지금의 포도시까지 이어졌어요. 포도시는
정인 씨와 많이 닮아 있다고 생각합니다. 그녀가 자기
일을 대하는 신념과 태도, 그리고 살아가는 방식까지도요.
포도시를 만들어 줄 때, 그런 정인 씨를 생각하며 수더분한
동네의 커피점을 상상했고, 그녀의 이름표가 새겨진 커피
한 잔이 사람들을 설득할 수 있을 거라 생각했습니다.
지나치게 멋 내지 않아 수수한 듯 정갈한 메뉴들, 사장님의
분주함을 가까이서 지켜볼 수 있는 주방과 가까운 바
테이블, 또 어딘가 취향이 확실해 보이는 여러 나라의
지역 음악까지. 이런 작은 부분들이 손님들에게 마음으로
전해지도록 설계하고, 전략을 세웠습니다."

	A	B	C
1	연말 팥죽 사업		
2	2024년 12월 29일 ~ 2024년 12월 31일		
3			
4			
5			
6			
7		매일 20그릇 씩	
8	요리사 : 백강현		
9	장소 : 포도시 커피숍		
10	{ 지출내역 }		
11	국산 팥 2kg	45,600원	
12	떡 2kg	21,080원	
13	백설설탕 1kg	4,230원	
14	소금 여덟꼬집	???	
15	부탄가스 4개	6,390원	
16	합계 : 77,300원		

연말 팥죽 사업

2024. 12. 29 - 12. 31

연말을 맞아 강현 씨가 직접 요리한 팥죽을 매일 20그릇씩 내어주었다. 한 그릇은 오천 원,
국산 팥을 썼다는 후문.

바이아커피스토어

주인장 양석원 씨가 직접 볶은 원두로 커피를 내어주는
로스터리 카페. 이름은 무언가를 경유한다는 뜻의
'Via'처럼 동네를 거닐다 편하게 들를 만한 공간이 되길
바라는 마음이 담겼다.

A. 전북 전주시 완산구 현무1길 21-15, 1층
O. 수~일요일 08:00-16:00, 월·화요일 휴무

"포도시와 마찬가지로 석원 씨도 가까운 친구였습니다.
바이아커피스토어는 가게의 이름부터 며칠 동안 함께
고민하며 같이 정하곤 했었죠. 석원 씨는 로스팅을 위주로
운영될 수 있는 공간을 원했고, 작업실과 같이 '자신이
생활하는 영역'에서 취향이 공유되는 사람들과 커피를
마시며 담소를 나누는 것을 좋아했습니다. 그런 석원
씨의 신념과 개성이 돋보일 수 있는 공간을 계획했어요.
저는 그를 보며 '로스터가 내려주는 커피집'이라는
개념을 떠올렸고, 그 상상이 공간으로 발전할 수 있도록
운영자 양석원 그리고 목공 디자이너 이주광 씨와 꾸준히
소통하고 협력하여 이곳을 만들어 갔습니다. 저는 공간
최초의 구조를 발상하고, 로고 및 코어 그래픽 디자인과
상품 개발, 소품 스타일링으로 참여했습니다. 나아가
원두를 숫자와 색상으로 구분해, 손님들이 원두 종류를
쉽게 이해하고 주문할 방법을 제안했죠."

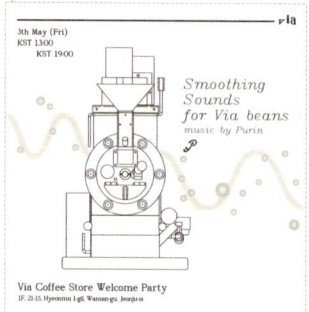

Via Coffee Store Welcome Party with Purin
: smoothing sounds for via beans

2024. 05. 03

정식 오픈을 기념해 리스닝 모임 '푸린'이 바이아 로스팅룸을 찾아 원두를 위한 태교 음악을
들려줬다. "까다로운 로스팅 환경에서 긴장감을 풀어주는 부드럽고 섬세한 소리가 왠지
커피를 조금 더 맛있게 해주리라 기대했다"는 행사 소개 문구가 흥미롭다.

매튜

"코어그래픽 리뉴얼을 맡았습니다. 매튜는
바이아커피스토어와 꾸준히 협력하는 가게로,
바이아보다는 디저트와 서비스에 더 무게를 두고 손님들을
맞이하고 있습니다. 매튜를 리뉴얼 하기 전 떠올랐던
건, 하얀 건물의 상징적이고 편안한 분위기도 있었지만,
운영자들의 가까운 접객, 친절한 배려였습니다. 그런
매튜의 친절한 미소가 공간과 함께 기억되기 위해서는
확실한 아이콘, 직관적인 해석이 필요하다고 느꼈습니다.
단조로운 색상과 matthew의 m과 t를 약자로 삼아
타이포그래피 로고를 제작했고, 전채은 디자이너와 함께
로고를 활용해 디저트 패키지와 서비스 테이블 용품 등을
제작했습니다. 기업 Apple이 90년대에 선행했던 방식,
그리고 교토 기반의 Arabica Coffee의 직설적인 UI·UX
방식에서 도움을 받아 공간에서 활용된 그래픽들이
맥락적으로 접근할 수 있도록 고민했습니다. 그런 균일한
방식이 공간의 품질과 서비스의 인상으로도 남을 수
있도록 노력했어요."

A. 전북 전주시 완산구 중화산동1가 218-12
O. 매일 10:00-20:00

©매튜

스카프

"바 스카프는 제가 서울에서 처음 맡은 공간입니다.
그리고 지금 가장 만족하고 있는 공간 중 하나이기도 하죠.
바텐더로 일해왔던 이도헌 씨는 저에게 언젠가 나만의
가게를 하게 되면, 매일 하얀 셔츠를 입고 바를 지키고
싶다고 이야기했었습니다. 스카프라는 가게의 이름도
거기서부터 시작되었습니다. 번화가에서 살짝 비껴간
어느 좁은 골목에서 우연히 발견한 작은 술집에, 지키고
싶은 신념이 있다는 듯 매일 하얀 셔츠를 입고있는 주인을
마주친다면, 어째설까 홀린 듯 들어가게 될 것 같다고
생각했습니다. 8평 남짓한 공간에 좌석은 단 아홉 석 밖에
준비되어 있지 않지만, 갖출 수 있는 모든 것을 꽤 적절하게
갖추고 있습니다. 스카프는 그런 겸손하고 욕심 없는
도헌 씨의 태도를 반영한 공간입니다. 이번 공간을
구상하고 디렉션을 줄 때 가장 기본의 것에 집중했던 것
같습니다. 이번 공간도 바이아커피스토어를 함께 작업했던
목공 디자이너 이주광, 그리고 이번에 새롭게 일하게 된
안용찬, 문상호 씨와 함께했습니다."

A. 서울 성동구 성덕정19길 10, 1층
O. 수-목요일 18:00-24:00, 금-일요일 15:00-24:00,
　 월·화요일 휴무

©스카프

백강현

후로기오피스

기획자로 활동하게 된 계기가 있나요?

처음부터 기획자가 되어야겠다고 생각한 건 아니었어요. 후로기오피스 전에는 1평 남짓한 사무실을 사용하며 복식 문화를 중심으로 사람들에게 소개하는 일을 하고 있었죠. 어쩌다 보니 오래된 일본의 패션 잡지를 모으게 되었고 또 어쩌다 보니 그렇게 수집된 취미들로 이뤄진 작은 팝업을 열게 되었습니다. 그 이후로 이벤트 자체에 관심을 두게 되어 전시 연계 행사를 주최하거나 상품을 만들어 팝업 스토어를 꾸리는 것을 반복하게 되었죠. 이전의 경험들이 후로기오피스, 그리고 기획자로 활동하는 지금의 저에게 좋은 발판이 되었던 것 같습니다. 지금 생각해 보면 그때의 제가 때로는 부끄럽고 창피하기도 하지만, 일찍 이것저것 가리지 않고 경험해 봐서 다행이라고도 생각해요.

공간, 이벤트, 브랜드 전략을 세울 때 가장 중요하게 생각하는 부분은 무엇인가요?

어떤 프로젝트든 그것이 문화적으로 기능하는 걸 중요하게 생각해요. 단순한 카페, 작업실의 개념에서 벗어나서 그곳이 문화적으로 해석될 수 있는가에 집중하죠. 공간은 본래의 목적 이외에도 음악, 미술, 영화와 같은 예술을 매개로 사람들과 연결될 수 있다고 생각합니다. 예를 들어 카페를 기획한다고 했을 때, 손님들이 커피 마시기 외에도 다양한 목적을 가지고 카페를 찾을 수 있도록 만들어 주는 것이 제가 하는 일인 것 같아요.

강현 씨가 기획한 프로젝트의 특징이 있다면요?

모두를 설득할 수 있고, 여러 분야의 소비자들이 어울릴 만한 것을 기획하려고 해요. 특정한 커뮤니티의 사람들만 즐길 수 있는 걸 만들고 싶지 않아요. 그런데 요즘엔 국소적인 타기팅으로 편향적인 곳들이 많이 생기고 있는데요. 그런 방식은 사업적인 성공을 불러올 수는 있지만, 사회가 문화로 순환하고 개성이 발전하기 위해서는 그렇게 좋은 방향이 아닌 것 같아요. 요즘엔 20-30대 젊은 여성의 소비만을 목표로 설정하는, 다시 말해 사진 찍기 좋은 장소와 음식을 제공하는 공간이 한 거리에 대부분을 차지하고 있다는 점이 아쉽다고 생각합니다. 개성과 신념을 유지하면서도 세대와 성별이 자연스럽게 공간과 어우러질 수 있으면 좋겠어요. 다행히도 지금까지 제가 맡아온 공간들은 비교적 제가 꿈꿔온 대로 운영되고 있습니다만, 앞으로 그런 영역이 더 발전하길 바라요.

이벤트는 음식이 소재인 경우가 많아요. 직접 요리도 하던데요. 이유가 궁금했어요.

음식을 좋아하거든요(웃음). 사실 식당을 너무 하고 싶은데, 다른 일로 바빠서 할 수가 없어요. 그나마 음식을 소재로 할 수 있는 건 가게 메뉴 컨설팅, 이벤트마다 맛있는 음식을 잘 내어드리는 일인 거죠. 물론 북페어처럼 규모 있는 이벤트는 전략적으로 접근하지만, 음식을 소재로 한 작은 이벤트들은 그냥 좋아서 하는 거예요. 그래서 상황과 맥락에 적합한 요리로 이벤트를 열어요. 예를 들어서 작년 말복에는 후로기오피스에서 치킨 스튜와 인삼주를 내어줬어요. 인삼주는 행사 한 달 전에 직접 담갔는데, 그냥 소주로 만들면 재미없으니까, 인삼과 어울릴 수 있는 다른 주종 진Gin으로 담갔죠.

이벤트는 시기와 메뉴, 맥락이 적절히 맞아떨어져서 모두의 공감을 끌어내는 게 중요하겠어요.

맞아요. 말씀하신 요소에 더해 공간의 특성까지 모든 박자가 다 맞았을 때 하나의 이벤트가 탄생할 수 있어요. 단순한 수익을 위해서가 아니라 내가 정말 하고 싶어 해야 하고요. 이 모든 것을 하나하나 따져가며 기획하진 않아요. 반복된 경험 덕분에 '응당 그렇게 해야 한다'고 자연스럽게 여기는 부분이 늘어났죠. 이번 추석 연휴에는 재방송을 키워드로 한 이벤트를 계획 중이에요. 명절에 영화 전문 채널에서 재방송 많이 하잖아요. 이 이벤트는 전주에 있는 후로기오피스에서 하기 좋을 거고, 수도권 거주자들이 고향에 내려와서 재밌는 이벤트를 경험할 수 있겠죠. 이렇게 계속 다양한 일들을 기획하면서 한 해를 꾸려가고 있어요.

내가 생각해도 잘했다, 싶은 이벤트도 들어보고 싶어요.

재작년 겨울 후로기오피스에서 '오뎅과 재즈'라는 행사를 했어요. 그때 되게 추운 날이었는데요. 공간 중앙에 가스버너 두 개를 켜놓고, 오뎅을 여러 종류 끓여서 손님들이 골라 먹게 했어요. 친구들 몇 명이 재즈를 틀어줬고요. 그러다 창가를 봤는데 안이 너무 더워서 창이 뿌예지더라고요. 그래서 영하의 날씨에 창문을 열어놓고 행사를 했어요. 그런데 사람들로 온기가 가득 찬 그 느낌이 무언가 돈독하게 느껴졌죠. 제가 만든 장에서 다양한 사람들이 어울리는 모습을 보면 돈독함을 느끼고, 그런 행사를 열었을 때 좋았다 싶어요. 그 돈독함을 신경 쓰다가 아쉬웠던 순간도 있어요. 최근 후로기오피스 3주년에 뷔페를 하겠다고, 잠도 못 자고 혼자 엄청나게 많은 음식을 만든 거예요. 결국 수익도 안 났고, 이번 건 실수했다 싶었어요. 돈보다 구색이 중요한 사람이라 어쩌다 한 번 그런 실수를 하는 것 같아요.

진짜 고생하셨겠네요(웃음). 이런 일을 처음 시작할 때 사람들 반응은 어땠나요? 특히 전주에서요.
이 일을 한 지 6년 정도 되었는데요. 이벤트든 공간이든, 처음엔 다들 낯설어했고 반응이 차가웠어요. 그래서 저는 설득에 굉장히 익숙해요. 작은 도시에서, 수도권 사람들이 즐길 법한 것들을 전해야 하니까요. 초반엔 힘들었고 그만하고 싶다고 생각한 적도 많지만, 2020년의 전주와 2025년의 전주는 너무 달라요. 받아들이는 태도가 달라졌어요. 이 일을 몇 년간 지속했고, 제가 참여한 공간들도 생겨나면서 설득할 사람이 이제는 늘어난 덕분이라고 생각해요.

다른 일들로 서울과의 왕래도 잦은 것 같던데, 전주에 계속 머무는 이유도 궁금해요.
서울은 문화적 인프라가 많아서 좋지만, 너무 복잡해요.

도시 분위기가 왠지 저를 힘들게 해요. 전주를 꼭 지켜야겠다는 사명 의식까진 없어요. 그냥 날 때부터 살아온 지역에서 활동하고 싶을 뿐이지, '내가 전주의 문화 혁명을 일으키겠다.' (웃음) 뭐 그런 건 아니에요. 사실 어디 사는지는 중요하지 않아요. 내가 있는 곳으로 사람들을 오게 만들면 된다고 생각해서요. 중요한 건 역시 전략이에요. 서울에 이미 있는 걸 전주에 가져온다는 얄팍한 생각을 하면 안 돼요. 한국에 없는 걸 전주에 만들어야 서울 사람들이 전주까지 발을 내딛어요. 저는 바이아커피나 포도시커피가 그런 공간이라고 생각해요. 그곳들을 대체할 수 있는 공간이 서울에 딱히 없어요.

앞으로 전주에서 꼭 해보고 싶은 기획이나 실험이 있을까요?
전주에서 더 많은 공간을 디렉팅하고 싶어요. 언젠가 엑스포 같은 형태의 거대한 음악 행사도 만들어 보고요. 당분간은 웬만하면 전주를 지키려 해요. 이곳이 계속 바뀌는 모습이 너무 재미있거든요. 황무지에 내 땅을 조금씩 늘려가는 재미랄까요(웃음). 서울은 이미 레드오션이라 제가 있다고 뭐가 달라지겠어요? 그래서 여기서 후로기오피스도 차리고, 공간도 같이 만들면서 해마다 달라지는 사람들의 반응을 체감하며 사는 거죠. 전주가 문화적 인프라가 꽤 괜찮은 도시가 될 때까지는 여기 있고 싶어요.

누구나 예술가가 되는 마을

이곳에서는 누구나 예술가가 될 수 있다는 믿음, 오래 지켜온 마을의
신조 덕분에 서학동 예술마을에 들어선 이들은 저마다의 색으로 마을을
물들이고 있다. 하나둘 모여든 예술가가 터를 지키고 있던 주민과 어우러지며
마을 길은 그 자체로 작은 무대가 된다. 여름의 기운이 선연하던 어느 날,
그 무대 위를 거닐며 동네가 다정하게 품은 작업실 네 곳의 문을 두드렸다.
이 글은 서학동 곳곳에 뿌리내린 사람들이 피워온 순간들에 대한 기록이다.

에디터 황진아 포토그래퍼 김혜정

한 마을을 지켜내는 일

전주한옥마을에서 개천 하나를 건너면 닿는 서학동
예술마을. 번화한 관광지의 소란함을 뒤로하면, 다리
너머에는 사뭇 다른 분위기의 느긋한 풍경이 펼쳐진다.
한때 '선생촌'이라 불리며 교사들과 학생들의 보금자리
역할을 했던 이곳은 세월의 흐름 속에서 상권이 쇠락하고
주거 시설이 낡아가면서 차츰 활기를 잃었다.
그러던 2010년, 음악을 만들고 글을 짓는 한 부부가
이곳에 정착해 '벼리채'라 이름 붙인 한옥에서 창작 활동을
시작했다. 그 뒤를 따라 화가, 도예가, 사진가, 음악가 등이
하나둘 모여들었고 갤러리와 작업실이 들어서며 마을은
자연스레 예술촌의 색깔을 띠기 시작했다. 지금은
50여 명의 예술인들이 주민들과 어울려 이곳의 시간을
함께 물들이고 있다.
서학동 예술마을을 취재하기 위해 가장 먼저 찾은 이는
한숙 촌장이었다. 그를 처음 본 건 마을을 소개하는
한 다큐멘터리 프로그램에서였다. 단정한 생활 한복을
입고 동네를 부지런히 오가다 카메라를 향해 옅게 웃는
그의 모습을 보니, 어쩐지 이방인의 두드림에도 흔쾌한
환대로 맞아줄 것 같은 작은 기대가 생겼기 때문이다.
그에게 연락해 마을 이야기를 책에 담고 싶다고 전하자
촌장은 주저 없이 길동무가 되어주겠다 했고, 미처 연락이
닿지 못한 예술가들까지 친히 이어주었다.

한숙 촌장의 작업실인 '초록장화'에서 우리는 첫인사를
나눴다. "조금 더워도 잠시 기다려 볼래요? 여기가 우리
집에서 제일 바람이 잘 드는 곳이거든요." 그는 부엌 한쪽
긴 테이블에 나를 앉히고 직접 원두를 갈아 아이스커피를
내주었다. 막바지 여름 열기가 여전하던 날, 가시지 않을
듯하던 더위도 활짝 열린 창으로 들어온 바람 덕분에 차츰
누그러졌다.
"제가 말이 너무 많죠." 그는 웃음을 띠며 연신 이야기를
이어갔다. 선배 예술인들에 대한 존경과 촌장으로서의
고단함, 마을을 향한 애정, 예술에 대한 쉼 없는 열망까지.
내가 본 다큐멘터리에서 그는 자신을 "잘하는 건 없지만,
안 하는 것은 없는 작가"라고 소개했다. 그러나 그의 말을
듣고 있자니, 마을에는 이토록 애정 어린 눈짓으로 동네의
면면을 살피고자 하는 사람 하나쯤은 꼭 필요하지 않을까,
섣부른 짐작을 하게 됐다. 대화를 마친 뒤 우리는 자리에서
일어나 촌장의 안내를 따라 마을의 작업실들로 향했다.

작은 정원에 피어난 모란처럼

몽유화원

몽유화원의 마당에는 해마다 청아한 백모란이 핀다. 꽃이 피면 부부는 이웃들에게 소식을 전하고, 작은 마당에서 피어난 환희는 어느새 마을 사이사이로 번져간다.

게스트하우스 몽유화원의 주인은 부부 이희춘, 임현정 작가다. 두 사람은 화실에서 처음 만나 인연을 맺었고 이후 전주에서 함께 생활해 왔다. 2012년, 서학동의 빈집 한 채를 구매하면서 이곳 예술마을로 들어섰다. 폐타이어가 쌓여 창고처럼 방치된 집을 고쳐 '몽유화원'이라 이름 붙였다. 처음에는 남편 이희춘 작가의 작업실로 사용했다. 이름처럼 꿈속의 정원을 가꾸듯 그림을 그리던 공간이었다.

그러던 어느 날, 한옥마을을 찾은 여행객들이 근처에서 묵을 곳을 찾으며 서학동으로 걸음을 옮겼다. 작업실 한편의 방을 손님에게 내어주는 일이 계기가 되어 몽유화원은 자연스레 숙소로 자리를 잡았다. 일정하지 않은 작가 생활의 수입을 보태기 위한 선택이기도 했지만 단순한 상업 공간은 아니었다. 곳곳에 작가의 작품과 흔적이 배어 있는 집, 예술이 일상처럼 놓인 숙소였다.

이희춘 작가는 몽유화원 근처에 따로 작업실을 구해 지금도 꾸준히 그림을 이어간다. 아내 임현정 작가 역시 게스트하우스에 손님이 없을 때면 붓을 든다. 오래 품어온 개인전의 꿈도 2년 전 마침내 실현했다. 서학동 예술마을에서의 삶이 또 다른 자극이 된 것이다.

"예술마을에 오니 내가 그리고 싶었던 그림을 그리게 됐어요. 혼자 있으면 내가 1등인 것 같은데, 다른 작가들의 전시나 늦게까지 불 켜진 공방을 보면 자연스레 자극이 돼요. 더 열심히 하게 되고요. 서로 발전하는 느낌이죠."

이제는 마을의 터줏대감이 된 부부는 몽유화원과 바로 이어진 작은 전시장 '선재미술관'도 운영한다. 10평 남짓한 크지 않은 공간이지만, 이곳에서 신진 작가들에게 해마다 한두 차례 무료 전시 기회를 열어주고 있다. 이날도 한 젊은 작가의 작품이 공간을 가득 채우고 있었다. 몽유화원을 중심으로 예술가의 작업이 이어지고 여행자가 드나들며, 새로운 작가들이 자신만의 작품을 선보인다. 매해 작은 정원에서 피고 지는 모란처럼, 이곳에서는 새로운 이야기들이 끊임없이 꿈처럼 스러지고 다시 피어나고 있었다.

A. 전북 전주시 완산구 서학3길 85-1

골목에 흐르는 음악과 커피 향

적요숨쉬다

곧게 뻗은 길 끝에 붉은 글씨가 새겨진 간판이 보였다.
'적요숨쉬다'. 이적요 화가가 운영하는 카페이자
작업실이다. 안으로 들어서면 벽과 선반 가득 쌓인
수천 장의 CD와 LP가 시선을 사로잡는다. 음악을
사랑하는 그는 한때 전주 교통방송에서 디제이를 맡으며
세계 음악을 소개하기도 했다.

젊은 시절, 그는 학생들에게 미술을 가르쳤다. 정년퇴직
뒤에는 서학동 예술마을에서 애정하던 커피를 본격적으로
내리며 또 다른 길을 걸었다. "마을에서는 어떤 접속도
하지 않은 채, 단독자로 살겠다는 각오로 이곳에 왔어요.
그간 예술가들이 함께하는 작업에도 참여하지 않았죠.
그 대신, 멀리서 지켜보며 마을과 다른 예술가들을 늘
지지하고 응원해 왔어요."

카페 안쪽에는 그의 오랜 작업실이 자리했다. 바늘과 실,
물감과 캔버스. 이곳은 30년이 넘도록 이어진 그의 바느질
드로잉 작업 공간이다. 군 시절 처음 시작한 거칠고
투박한 바느질이 어느새 그의 작업을 만들어가는 도구로
자리 잡은 것. 그는 바늘과 실로 캔버스 위에 선을 올리고
그 위에 물감을 입힌다. 마르면 다시 바느질을 이어가고

부족하다 싶으면 또다시 색을 덧대면서 작업을 완성한다.
캔버스 100호짜리 작품 하나를 완성하기까지 꼬박 1년이
걸리기도 한다.

작업실 곳곳에 놓인 작품마다 수많은 표정의 얼굴이
비쳤다. "제 작품에는 인물들이 많습니다. 인물 이상의
아름다움은 없다고 생각해요. 예전에는 모델을 앉혀
두고 초상을 그렸지만 지금은 그렇지 않아요. 한 대상을
오래도록 관찰한 뒤, 그 사람의 내면까지 제 방식으로
끌어들이죠. 그리고 화실에 돌아와 제 마음속에 저장된
그 모습을 꺼내어 그림으로 그려요."

그는 큰 욕심을 품지 않는다. 사람 일이란 자기 의지대로
되는 게 없음을 알고 있기 때문이다. 다만 하나, 소망이
있다면 바다가 보이는 찻집에서 여생을 보내는 것이다.
잔잔히 흐르는 음악과 커피 향 사이, 바다를 바라보며
남은 삶을 보내는 상상을 한다. 이적요 화가의 카페와
작업실은 지금도 그의 예술과 삶이 한데 어우러진
공간으로 숨 쉬고 있다.

한 땀 한 땀의 시간이 모여

바느질하는 삐나

삐나 작가는 천을 기반으로 수공예 작품을 만든다. 그는 정식으로 바느질을 배운 적이 없다. 전업주부 시절, 집에 있던 천을 우연히 손에 쥔 것이 시작이었다. 직접 만든 작품을 블로그에 올리자 좋은 반응을 얻으며 길이 열렸다. 그는 자신의 작품이 누구에게 배운 기술을 통해서가 아니라 스스로 길어낸 창작물이기에 신선하게 다가갔을 거라 짐작하고 있다.

그는 전주한옥마을에서 첫 작업실을 꾸렸지만, 늘 북적이는 발걸음 속에서 차츰 집중을 잃었다. 손님들의 취향대로 물건을 만드느라 본연의 작업을 놓치기도 했고 높아지는 임대료 또한 부담이 되었다. 그러던 차에 서학동 예술마을에 먼저 둥지를 튼 지인의 권유로 이곳에 자리를 잡은 지도 어느덧 8년이 됐다.

서학동 예술마을에 오고 나서야 비로소 '내가 좋아하는 작업'을 할 수 있었다. 사람들이 많이 찾는 한옥마을에서는 손님 눈치를 보며 그들의 기호를 따라야 했지만, 이곳에서는 오롯이 자신만의 작업에 몰두할 수 있었다. 무엇보다 함께하는 이웃 작가들의 존재가 큰 힘이 되었다. 고민을 나누고 서로의 어려움을 공감하다 보니 편안함 속에서 자연스레 좋은 작업물도 나오게 되었다.

이제 그는 자기 작업만큼이나 후배들을 응원하는 일에 마음을 쏟는다. "저는 할 만큼 했으니까 이제는 뒤에서 지원하는 역할을 하고 싶어요. 젊은 선생님들이 더 잘될 수 있게 돕고 싶더라고요. 전에는 이런 생각을 한 적이 없는데 시간이 흐르면서 이 마음이 자리를 잡은 것 같아요."

삐나 작가에게 서학동 예술마을은 이제 단순한 터전 그 이상의 안식처가 되었다. "여기에 와서 마음이 가장 편안했어요. 저의 모든 걸 품어주는 곳이고, 저를 예쁘게 봐주는 사람들과 제가 소중히 여기는 선생님들이 함께하는 곳이죠. 이 마을은 저한테 사랑이에요. 사랑 그 자체예요."

작가는 그저 작업실에서 좋아하는 일을 꾸준히 이어가며 책을 읽고, 그림을 그리고, 천을 만지며 살아가고 싶다. 나이 들어서도 늘 무언가를 사부작사부작 만드는 재미있는 할머니가 되는 것이 그의 작은 희망이다. 서학동 예술마을의 사랑 속에서 삐나는 그렇게 천천히 나이 들어가고 있다.

A. 전북 전주시 완산구 서서학동 서학로 14

꿈이 된 작업실

초록장화

한숙 촌장은 마음 한편에 늘 꿈꾸던 집이 있었다. 아이를 안채에서 키우고 살림을 꾸리며, 마당에서는 정원을 가꾸고 바깥채에서는 작업을 하는 삶. 그런 이상적인 공간을 머릿속에 그리며 3년을 보내던 어느 날, 서학동에서 한 한옥을 발견했다. 수국이 피어 있고 옛 시골집 마당을 닮은 공간. 마음속에 품은 꿈을 현실로 만들 수 있을 것만 같은 설렘에 그는 곧바로 신혼 생활을 하던 아파트를 정리하고 이곳으로 들어왔다.

그의 바람대로 안채와 바깥채를 오가며 생활을 가꾸고 작업실 위층은 손님을 위한 숙소로 열어두었다. 누군가 잠시 머물며 작업실 여기저기 놓인 자신의 작품을 감상하길 바라는 마음으로, 촌장은 공간 구석구석까지 세심하게 손길을 더했다.

대학에서 서양화를 전공한 촌장은 나무, 돌, 철 같은 자연 재료를 다루는 설치 작업을 이어왔다. 이곳에서 만난 선배 예술인들은 그의 작업에 큰 자양분이 되었고 음악과 문학에 깊은 조예를 지닌 이들과의 교류는 예술적 경험을 한층 넓혀주었다. 역사와 철학을 나누던 대화는 동학을 주제로 한 전시로 이어지기도 했다. 그가 마을에 입성할

당시 예술인은 네 명뿐이었지만, 지금은 예술을 꿈꾸는 50여 명이 모여 주민들과 함께 공동체를 이루고 있다. "제가 30대 때, 크리스마스 무렵 시내에서 진한 초록색 장화를 발견했어요. 너무 마음에 들어 큰돈을 주고 샀죠. 색이 강렬해서 평범하게 신을 수는 없었지만 그 신발을 중심으로 옷을 맞춰 입는 재미가 있었어요. 주황색 카디건에 초록 치마를 입어 아예 튀는 조합으로 해보기도 하고, 회색이나 무채색 옷에 초록 장화만 돋보이게 하기도 했죠. 2~3년 동안 초록 장화를 위한 코디를 즐겼어요."

신발은 주로 옷을 보조하는 존재로 여겨지지만, 그의 초록 장화는 언제나 중심이 되어 옷차림 전체를 완성시켰다. 그 경험이 그대로 공간의 이름으로 이어졌다. 무겁지 않으면서도 있는 그대로의 자신을 표현할 수 있는, 동시에 새로운 도전과 꿈을 상징하는 이름. 작업실 초록장화는 한숙 촌장의 소담한 생활과 작업 그리고 꿈을 모두 품어주는 든든한 바탕이 되고 있다.

경계를 넘는 영화의 도시

에디터 차의진
자료 제공 전주국제영화제

조금 다른 이야기가
모이는 곳

영화 〈멀홀랜드 드라이브〉(2001)를 만든 데이비드 린치 감독은 말했다. 그의
모든 작품들은 누군가 만들거나 영화로 찍지 않으면 들어갈 수 없는, 이상한
세계들에 대한 것이라고. 그리고 그는 이상한 세계 속으로 들어가는 것을
좋아한다고. 나는 감독들이 구축한 영화 속 세상이 낯설거나 엉뚱할지라도,
일단 발을 들여보는 사람이다. 생소한 형식과 문법, 소재의 도움을 받아 조금
다른 방식으로 인간과 세계를 알아갈 수 있으니까. 내가 무엇보다 좋아하는 건
이러한 영화들이 축제라는 울타리 안에 모이는 장면이다. 매년 봄 전주는
전주국제영화제라는 이름으로 그 든든한 울타리를 세운다. 다양한 영화의 서로
다른 문법과 형식, 소재를 뜨겁게 환영하면서.
전주국제영화제는 부산국제영화제, 부천국제판타스틱영화제와 더불어 지역에서
열리는 대표적인 영화인들의 축제다. 하지만 이 중에서도 전주국제영화제는
조금 발칙하다. "선을 넘고, 경계를 무시하고 새로운 도전을 지속하는 것"이
정체성이라고. 이 축제는 새로운 표현 방식과 경계 없는 상상력으로 영화라는
예술 장르의 영역을 넓히려 애썼다. 이에 호응한 대안적인 독립, 예술 영화를
표방하는 전 세계 영화들은 전주로 모여든다.

첫 시작은 2000년. 현재도 상영 장소로 운영하는 전북대학교 삼성문화회관을
비롯해 9개관에서 관객들을 맞이했다. 키워드는 역시 대안, 독립, 디지털.
당시만 해도 디지털 영화가 일반 관객들에게는 생소한 탓에 이를 방향성으로
삼은 것은 새로운 영화적 흐름을 보여주기 위한 시도였다. 21개국 184편이
모였던 축제는 홍상수 감독의 〈오! 수정〉(2000)으로 막을 열었고, 스와 노부히로
감독의 〈M/OTHER〉(1999)로 끝이 났다. 대안과 독립을 조명하며 어느덧 올해
26회를 맞은 전주국제영화제. 영화를 사랑하는 사람도, 낯선 도시를 여행하고
싶은 사람도 영화제는 전주로 떠나기 위한 즐거운 이유가 된다.

우리는
늘 선을 넘지

제26회 전주국제영화제는 열흘간 열린 뒤 막을 내렸다. 축제 기간 동안 낯선
도시에서 온 손님들은 상영관이 모인 고사동 영화의 거리와 더불어 관람을
위해 전북대, 한국소리문화의전당을 찾았을 것이다. 그 길에서 마주한 도시의
면면은 무척 아름답고 새로웠겠지. 도시가 여행자를 맞이하는 동안 전주
곳곳에서는 영문자 'J'가 그려진 포스터가 나부꼈다. 내년의 영화제를 고대하는
이 시점에서 나는 그 포스터 뒷면의 이야기에 귀 기울이고 싶었다.
전주국제영화제는 21회부터 지금까지 포스터에 'J' 그래픽을 활용하며 축제의
얼굴을 사람들에게 좀더 선명하게 각인시켰다. 손아용 디자이너가 참여한
올해 포스터는 독특하게도 알록달록한 동그라미 26개가 J를 그리고 있는
모습이다. 움직임이 가미된 영상 포스터에서는 이 원들이 끊임없이 움직인다.
다양한 색상은 영화제의 다양성과 포용성을, 여러 형태로 배열·변형되는 형상은
축제가 26년 동안 멈추지 않고 이어졌음을 의미한다고. 실제로 코로나로
많은 오프라인 행사의 열기가 식었을 무렵, 전주에서는 온라인으로 영화제를
지속했다.
올해 개막작은 베를린 영화제 각본상을 받은 라두 주데 감독의 〈콘티넨탈 '25〉.
법정 집행관으로 일하는 주인공 오르솔랴가 노숙자를 강제로 쫓아내야 하는
임무를 맡으면서 벌어지는 이야기다. 모든 장면은 스마트폰으로 촬영했다고.
폐막작 〈기계의 나라에서〉 역시 세상의 깊숙한 곳을 비춘다. 이 다큐멘터리는
교사, 은행원, 기자였던 네팔인이 한국에서 '하급 노동자'로 살아가는 삶을
그렸다.
영화제의 나이테가 26개를 넘어, 까마득하게 느껴지는 20XX해에 닿는다면,
그때의 전주는 또 어떤 얼굴일까. 어찌 되었든 나는 이 도시가 영화라는 이유로
모여든 모든 이들을 기꺼이 환영할 것이라 믿는다. 변두리의 이야기와 존재를
전주에 데려다 놓고, 세상엔 이런 조각이 있다고 잔잔히 들려주면서.

전주국제영화제, 한 걸음 더

전주에서 열리는 영화제는 상영작만 관람하기엔 아쉽다. 영화제 기간 중에도 이후에도 다채로운 부대 행사가 이어지기 때문. 축제를 더 즐겁게 누릴 수 있는 방법 중 올해 마련되었거나 오랫동안 지속되었던 프로그램들을 소개한다.

토크 프로그램

작품 관계자, 영화학자, 프로그래머 등 영화인들과 둘러앉아 이야기 나눌 수 있는 행사가 매해 진행된다. 영화 관계자들이 현장 경험과 막후 이야기로 와글와글 수다를 벌이는 '전주톡톡'은 영화제의 대표 토크 프로그램. 올해는 영화 역사를 배우는 '영화로의 여행', 영화 밖으로 확장된 이야기를 나누는 '영특한 대화' 등이 열렸다.

골목상영

전주의 아름다운 명소를 영화관 삼은 야외 상영 프로그램. 2021년부터 시작되어 관객들이 큰 호응을 보이면서 행사 공간을 전주시 일대로 확대했다. 풍남문, 연화정도서관, 한벽터널 등 운치 있는 장소에서 국내 독립 영화를 감상하는 특별한 경험을 선물한다.

100 Films 100 Posters

2015년부터 진행된 전주국제영화제의 부대 행사. 상영작 100편을 100명의 그래픽 디자이너가 포스터로 디자인해 선보인다. 디자이너들은 자신만의 해석을 담아 포스터를 만들고, 이는 전주 곳곳에 전시되어 도시를 밝힌다. 모든 작품은 영화제 홈페이지에서도 감상할 수 있다.

라이브 필름 퍼포먼스

16mm 필름 상영 행사. 올해는 필름 작업을 꾸준히 선보인 이장욱 감독의 대표작과 신작을 상영했다. 오늘날은 거의 찾아볼 수 없는 필름 영화를, 그것도 영사기가 돌아가는 상영관에서 감상했을 관람객들이 내심 부러워진다.

전주씨네투어

전주시와 전주국제영화제가 함께 진행한다. 전주를 여행하는 이들을 위한 프로그램으로 영화제가 막을 내린 이후까지 계속되고 있다. 9월에 진행된 '전주씨네투어 with 폴링인전주'는 수상작 재상영, 미식 체험, 라이브 음악 공연, 패키지 여행 등과 함께 영화를 중심에 둔 다양한 투어 프로그램을 선보였다.

전주프로젝트

전주국제영화제가 2009년부터 영화산업과의 연계를 강화하고 영화제의 기능을 확장하기 위해 마련한 인더스트리 프로그램. 창의적인 영화 프로젝트를 발굴하고 시상하며, 기획부터 배급까지 모든 과정을 지원한다. 영화 관계자들이 투자나 제작을 위해 교류할 수 있는 장 역시 마련한다.

Food

식탁에서 마주한 도시의 얼굴

062

워커비 정은정

074

작가 오힘

082

노매딕 브루잉 컴퍼니

090

맛으로 기억하는 전주

워커비는 지역의 양봉 농가와 꿀벌 보호에 앞장서는 꿀 브랜드다.
사라져서는 안 될 꿀벌, 함께 일하는 동료, 그리고 워커비가 뿌리내린
이 도시까지. 꿀 한 방울을 품기 위해 분주히 움직이는 벌처럼 정은정 대표는
지키고 싶은 존재들을 위해 오늘도 마땅히 할 일을 해내고 있다.
기꺼운 선택과 사려가 쌓여 한 방울의 달콤함으로 전해질 순간을 위해.

에디터 황진아   포토그래퍼 Hae Ran

How To Bee A Sweet Brand
마땅히, 달콤한 존재에게

정은정—워커비

"저희 전주에 있어요."라고 말했을 때의 발칙함, 그 촌스러움이 좋았어요.
게다가 팀 동료들이 대부분 지역 청년이라, 이곳에 자리 잡는 것은 그들에게도
큰 자부심이 될 수 있고요. 장기적으로, 저희가 기반으로 둔 전주에 뿌리를 내리고
지역색을 밝히는 것이 필요하다고 생각했어요.

꿀벌을 살리는 사람들

**공간이 참 멋있어요. 이곳 '워커비 전주'를 얼마 전
리모델링하셨다고요.**
원래 제품 소개하는 쇼룸 중심으로 운영되었는데요. 손님
입장에서는 "워커비 제품이 어디에서, 어떻게 왔을까?"
궁금해하시더라고요. 그래서 브랜드에 대한 기본적인
소개를 공간 입구 벽 쪽에 배치하고, 브랜드를 좀더
자세히 이해할 수 있도록 소개 영상도 상영하고 있어요.
꿀 생산 과정을 직접 확인할 수 있는 공간도 축소 버전으로
마련하기 위해 차근차근 준비하는 중이에요.

**인터뷰 마치면 저도 소개 영상을 처음부터
봐야겠어요.(웃음). 이제 말씀을 나눠 볼까요? 워커비를
운영하기 전 이야기부터 듣고 싶어요. 돌잔치 연출 업체를
창업해 이어오다가 세계여행을 떠나셨다면서.**
맞아요. 10년 동안 돌잔치 연출 일을 하면서 주말마다 다른
사람들의 중요한 날을 축하하느라 정작 제 가족의 특별한
날에는 함께할 수 없었어요. 그렇게 시간이 쌓이면서 나를
위한 충전이 필요하다는 생각이 들었고, 결국 1년 정도
세계여행을 떠나기로 마음먹었죠. 그때 아들은 초등학교
4학년이었는데, 이 시기를 놓치면 엄마랑 여행하기 어려울
것 같아 아들에게 제안했어요. 아들은 집 없이 비행기를
타고 1년 동안 세계를 돌아다녀야 한다는 생각 때문에
처음에는 두려워하더라고요.

그 상황에서 어떻게 설득하셨어요?
평소 즐기던 부루마불 게임을 활용했어요. 게임판에서
아들이 가고 싶은 나라를 선택하고 지구본에서는 한
방향으로만 이동하도록 규칙을 정해 여행 계획을 짰죠.
예를 들어 크리스마스는 뉴욕에서 보내고, 남태평양과
뉴질랜드도 꼭 가보고, 마지막은 태국에서 마무리하고
싶다는 식으로 게임을 하며 상상해보도록요. 또 게임을
하면서 아들이 자주 사던 땅이나 《먼나라 이웃나라》에서
본 익숙한 도시들도 포함했고요. 흥미와 관심사가 그대로
여행 동선에 반영되었어요. 그렇게 게임판을 따라가듯
여행지를 정해서 1년 남짓 여행을 다녀왔어요.

**관심사에서 출발하다 보니 여행이 더 특별했겠어요.
총 몇 개국을 다녀왔어요?**
13개국, 19개 도시를 다녀왔어요. 아이랑 함께 이동해야
하니 부담이 있어서 짧게 여러 곳을 도는 대신 한 지역에
길게 머무는 방식을 택했어요. 짧게는 일주일, 길게는
한 달 정도 머물면서요.

둘은 서로에게 어떤 여행 메이트였는지 궁금해요.
저 혼자였다면 아마 그 여행을 하지 못했을 것 같아요.
사실 처음에는 제가 아이에게 좋은 경험을 시켜준다는
마음으로 데리고 나갔는데, 막상 나가 보니 정반대였어요.

두려운 상황에서도 아이가 곁에 있다는 사실만으로 의지가
됐고, 보호해야 할 존재라 생각했던 아이에게서 제가
보호받는 순간도 많았죠. 아이가 사춘기를 앞둔 예민한
시기였지만 서로 힘이 되어준 시간이었어요. 물론 많이
싸웠지만 그만큼 대화도 많이 했어요. 둘뿐이니 결국
대화로 풀 수밖에 없었고, 덕분에 깊은 이야기를 나눌 수
있었죠.

**1년이면 꽤 긴 여정이었을 텐데요. 여행 이후 새롭게
자리 잡은 생각이 있었나요?**
일에 쏟던 에너지가 다 소진된 상태에서, 나를 채워줄
무언가가 필요해 선택한 여행이었어요. 사실 떠날 때만
해도 '그냥 충전만 돼도 충분하다.'는 마음이었죠. 그런데
막상 돌아올 때는 달랐어요. 새로운 걸 하고 싶다는 마음,
아이디어들이 자연스럽게 떠오르더라고요. 그때 어떤 답을
찾은 느낌이었어요.

어떤 답이었어요?
당시 부모님이 은퇴하시고 조부모님이 계신 경남 산청으로
귀향하셨어요. 조부모님은 산청에서 양봉업을 하셨는데요.
이전에는 1년에 몇 번 내려가는 정도라 관심이 깊지
않았는데, 부모님이 거주지를 옮기시면서 자연스럽게
그곳을 들여다보게 되었고 관심이 생기더라고요. 그런데
해외에서 본 시골과 산청을 비교해 보니 많이 달랐어요.
외국은 그 지역의 대표 작물이 소도시 전체의 문화와
생활을 움직이는 중심처럼 느껴졌거든요. 축제, 즐길 거리,
관광, 기념품까지 모든 것이 작물을 중심으로 돌아갔고
농부들에 대한 존중도 높았어요. 우리나라에서는 로컬
중심 문화가 최근에서야 활발하지만, 10년 전만 해도
그렇지 않았죠. 부모님이 계신 지역도 벌꿀로 유명하지만,
생각해 보면 제가 실제로 양봉 산업이나 꿀과 관련한
문화·관광적 체험을 한 적은 한 번도 없더라고요.

그 차이는 왜 생겨났을까요?

해외와 달리 우리나라는 유통이 중심을 잡고 있더라고요.
미국·캐나다·호주·유럽처럼 넓은 대륙에서는 생산자를
중심으로 지역에서 난 작물을 가까운 곳에서 소비하는
문화가 자연스러웠어요. 그걸 '로컬 퍼스트'라고 하는데,
지역에서 생산된 것을 지역에서 우선 소비하고, 남은
것은 외부로 유통되는 방식이었죠. 유통 마진도 최소화돼
좋은 식재료와 건강한 생산품이 지역에서 가장 빠르게
높은 퀄리티로 소비되는 구조였어요. 하지만 우리나라는
그렇지 않아요. 지역에서 생산된 것들이 대부분 서울과
수도권으로 집중되면서 유통 마진이 1차, 2차, 3차까지
붙어요. 그렇게 되면 소비자는 비싸게 사고, 생산지에서는
싸게 팔거나 버리는 경우가 많아지는 거예요. 꿀도
마찬가지였어요. 그래서 여행에서 돌아온 뒤 이 부분을
샅샅이 파헤쳐 보고 싶다는 마음이 생겨 부모님 댁에서
3개월 정도 지내면서 양봉 농가 현장을 조사했어요.
양봉업자를 따라다니면서 가장 힘든 부분이 무엇인지 알기
위해서 인터뷰도 하고요.

인터뷰를 통해 어떤 정보를 알고 싶었어요?

처음에는 정말 기초적인 질문부터 시작했어요. 예를 들면
"생산 단계에서는 어떤 점이 가장 힘들어요?", "판매할
때는 어떤 어려움이 있나요?", "혹시 안 팔리면 어떻게
하세요?" 같은 질문이었죠. 또 실제로 꿀을 어디에
판매하고 계시는지, 가격은 얼마인지, 평균 수확량은
어느 정도인지, 흉년이나 풍년일 때는 어느 정도 차이가
나는지, 언제부터 양봉을 시작하셨는지, 대를 이어서 하고
계신 건지, 현재 규모는 어느 정도 되는지, 이런 실질적인
질문을 정말 많이 했어요. 너무 꼬치꼬치 물어봐서 농가
분들이 귀찮아하시기도 했죠. 그래서 할아버지, 할머니
성함을 말씀드리며 인터뷰를 부탁드린 적도 있고요(웃음).

**예상했던 양봉 농가의 힘든 점과 실제 문제가
일치하던가요?**

처음에는 꿀 소비가 감소하고 있으니 판로가 가장 큰
문제일 거라고 생각했어요. 그런데 실제로는 꿀 품질을
의심하는 소비자를 설득하는 것이 가장 어려운 과제였죠.
다른 농사를 짓는 분들도 마찬가지겠지만, 양봉업자들은
워낙 할 일이 많고 바쁘다 보니 추가로 다른 일을 할 여력이
없거든요. 블로그나 네이버 스마트스토어 같은 채널로
혹은 알음알음 판매는 하지만, 소비자들이 "올해 꿀이
작년과 다른 것 같다."고 말하거나 겨울이 되면 하얗게
결정화되는 꿀 특유의 현상을 보고 설탕이 섞인 건 아닌지
의심하면 이런 문의를 처리할 힘이 없는 거예요. 게다가
CS 응대나 판매를 돕는 기획과 마케팅 능력도 부족하고요.

그래서 저는 문제를 해결하기 위해 매뉴얼이나 가이드가
필요하다고 생각했는데, 이미 양봉협회에서 제공하는
포장 상자에는 모든 설명이 적혀 있었어요. 그런데도
소비자들은 여전히 의심을 품는 경우가 많더라고요.

**정보의 부재 때문이 아니라면, 꿀 품질이 의심받는
근본적인 이유는 무엇이었어요?**

단순히 정보가 부족해서가 아니라 판매 과정이나 포장,
제품 자체가 소비자에게 신뢰를 주지 못하고 있었던
거예요. 그래서 브랜딩을 제대로 하고, 제품을 검증
가능한 구조로 만들면 품질에 대한 의심을 덜 수 있겠다고
판단했죠. 무엇보다 꿀 한 방울을 모으는 데 꿀벌과 농부가
얼마나 큰 노력을 들이는지 조부모님을 통해 잘 알고
있었기 때문에 현재 책정되는 꿀의 가격과 가치는 너무
낮다는 생각도 들었고, 품질을 의심받는 상황을 해결하고
싶더라고요.

기꺼운 마음으로 찾는 길

그 결심이 자연스럽게 워커비라는 브랜드 창업으로 이어졌네요. 문제를 해결하기 위해 가장 먼저 어떻게 접근하셨어요?

워커비에서 쓰는 꿀은 모두 축산물품질평가원이나 양봉 농협에서 품질 인증을 받은 등급제 꿀만 사용하기로 했어요. 그런데 농가에서는 이 등급제를 받는 게 쉽지 않아요. 예를 들어 288킬로그램짜리 드럼 한 통 단위로 꿀을 검사받아야 하거든요. 드럼 단위로 꿀을 모으면 밀봉해 아무도 열지 못하게 하고, 평가원에서 드럼을 개봉해 샘플을 채취한 뒤 다시 밀봉을 해요. 마치 비밀 편지에 왁스를 찍어 봉인하는 것처럼 안전장치를 하는 거예요. 검사에서 이상이 없으면 그 드럼에 번호를 붙여 인증서를 발급해 줘요. 저희는 그 인증서를 확인한 뒤 꿀을 매입하죠. 문제는, 이런 과정을 거치면 농가는 비용이 부담돼요. 그래서 일부 농가는 그냥 알음알음 판매하는 걸 선택하는 거죠. 워커비 입장에서는 품질을 인증받는 과정을 꼭 거쳐야 했기에, 저희는 농가가 부담을 느끼지 않도록 인증 비용을 고려해 더 높은 가격으로 구매하고, 결제는 현금으로 즉시 진행하는 방식으로 협의점을 찾은 거고요.

품질을 공인받으면서도 농가에 실질적인 도움을 주는 구조로 만드셨군요. 그럼에도 농가를 설득하는 일은 쉽지 않았을 텐데요.

맞아요. 1년 내내 애써 얻은 귀한 수확을 낯선 사람에게 쉽게 맡기기 어렵죠. "내가 널 뭘 믿고? 이 황금 같은 꿀이 얼마나 소중한데?"라는 마음이 당연히 있었고 다들 자기 꿀이 최고라는 자부심도 가지고 계셨어요. 그런데 정작 파트너가 될 농가 한 곳도 설득하지 못한다면 밖에 나가 제품을 팔 용기가 어떻게 생기겠어요. 그래서 이 과정은 피할 수 없는, 마땅히 넘어야 할 단계였죠. 흥미로운 점은 대부분의 농가가 혼자 움직이지 않고 '작목반'이라는 단위로 연결돼 있다는 거예요. 마을이나 지역 단위로 꿀을 모으고, 이물질을 걸러 드럼통에 담는 공동 시설을 운영하죠. 비상 연락망처럼 서로 긴밀히 이어져 있어요. 예컨대 산청만 해도 작목반이 186개 있거든요. 그러니 핵심은 한 집을 설득하는 거였어요. 특히 작목반 회장님 같은 분을 먼저 설득해 좋은 선례를 보여드리면 다른 농가로의 확산은 훨씬 수월해질 테니까요. 회장님을 여러 번 찾아 뵙고 식사도 하며 신뢰를 쌓다 보니 "저 농가에 한번 가보라."는 소개가 이어졌고, 그곳에서 받은 꿀로

워커비 제품을 만들어 보여드리자 "우리 꿀도 맡겨볼 수 있을까?"라는 요청이 연달아 들어오며 협력이 연쇄적으로 점점 넓어졌어요.

전략적인 접근이네요(웃음). 이어서 워커비 제품 이야기를 해봐요. 대표 제품인 블렌딩 허니는 벌꿀에 바닐라, 모히토, 레몬 등 천연 재료를 더한 제품이죠. 어떻게 탄생하게 됐나요?

사람들이 생각보다 꿀을 잘 안 먹더라고요. 저는 양봉업을 하는 집안에서 자라 설탕 대신 꿀을 쓰는 게 자연스러웠지만, 대부분 가정에서는 꿀보다 설탕을 사용한다는 걸 커서야 알게 되었어요. 게다가 요즘은 당류에 대한 거부감이 크고 '제로 슈가' 시대이기도 해서 꿀을 소비하도록 설득하기가 쉽지 않았죠. 그러던 중 카페 메뉴를 살펴보니 여전히 음료에 단 맛이 나는 시럽이 많이 쓰이더라고요. 그래서 시럽을 꿀로 대체할 수 있겠다고 생각했어요. 수요가 높은 메뉴부터 하나씩 개발하기 시작했고, 마침 코로나 시기에 홈카페 열풍과 맞물려 집에서도 즐길 만한 제품을 제안할 기회가 생겼죠. 그중 바닐라 허니는 바닐라 시럽을 대체하기에 딱 알맞아 큰 인기를 얻었고, 블렌딩 허니를 본격적으로 알리는 계기가 되었어요.

제품군 개발뿐만 아니라 활용성 측면에서도 고민한 흔적이 느껴졌어요. 휴대하기 좋은 스틱형 미니 팩이나 다양한 맛 체험이 가능한 샘플러 세트 같은 제품처럼요.

처음에는 1인 가구에 맞춰 콤팩트하게 355그램 보틀 타입으로 출시했어요. 소비하기 편리하도록 용량을 줄인 거죠. 그런데 저희가 예상했던 것보다 반응이 나오지 않더라고요. 일부 고객은 "정관장에서 나오는 스틱형 꿀은 없나요?"라고 묻기도 했고요. 그래서 나온 게 스틱형 미니 팩이에요. 미니 팩 덕분에 소비자가 선택할 수 있는 폭이 넓어졌지만 여전히 맛 추천 관련 CS가 많았어요. 중년층에는 어떤 꿀이 좋을지, 커피를 좋아하는 사람에게는 무슨 맛을 추천하는지 질문이 끊이지 않았죠. 그러다 휴가 다녀온 동료가 가져온 '미니 잼'을 보고 아이디어를 얻었어요. 여덟 가지 맛을 한 상자에 담아 샘플러 형태로 제공하면 소비자가 여러 맛을 경험할 수 있고, 선물할 때도 취향을 크게 타지 않게 되잖아요. 이렇게 맛 추천 CS를 해결하게 되었죠. 저희 제품은 모두 특정 문제에서 출발했어요. '문제가 무엇인가, 어떻게

KIT-CAN
RKERBEE®
BEE
Make it better
CAUTION : EDGES MAY
EXPLORE
RKERBEE HONEY WIT

JUST HONEY
HOUSE MARKET
Caution, Honey Bees Busy Working!
HOUSE OF B
House of B
Propolis candy
Propolis candy
133
For you
JEONJU
JEONJU

해결할까?'에서 아이디어가 나오고, 실제 제품으로 이어진
거예요.

**벌꿀 외에도 프로폴리스 같은 양봉 산물을 활용한
제품도 출시했죠. 젊은 층에는 다소 낯선 제품일 텐데 실제
반응은 어땠나요?**
프로폴리스 캔디를 출시하기 전에, 소비자 반응을
먼저 살폈어요. 여러 타입 중 고민되는 두 가지를 1층
매장에 블라인드 테스트 형태로 열어두고 스티커로
투표를 받았죠. 한 달 정도 진행했는데 의견이 한쪽으로
딱 몰리더라고요. 저희는 함량이 높은 A 타입을
출시하고 싶었지만 소비자들은 맛을 더 중요하게
생각했어요. 프로폴리스 함량은 상대적으로 낮지만 더
먹기 좋고, 부드럽고, 편하게 즐길 수 있는 B 타입을
선호하시더라고요. 결국 B 타입을 선택했어요. 대부분
기획자가 예상한 것과 다른 결과가 나오지만, 블라인드
테스트와 피드백을 통해 실제로 소비자가 즐길 수 있는
제품으로 만들어 가고 있죠.

**소비자 경험을 늘 가까이 살피는 모습이 인상적이에요.
다수의 긍정적인 반응을 참고할 때도 있겠지만, 반대로
한두 명의 부정적인 의견을 반영해 개선한 사례도 있을 것
같아요.**
물론 있죠. 저희는 환경과 지속 가능성을 고민하면서
제품 라벨을 잘 떼어지는 리무버블 스티커로 사용했어요.
분리배출이 용이하도록 한 거죠. 그런데 저희 제품이
곡선형이라 평소에도 스티커가 너무 잘 떨어지더라고요.
그래서 강력 접착 라벨로 바꿔 재구매가 많은 고객들에게
테스트를 해봤어요. 제품을 보내고, 변경된 패키지를
경험한 의견을 듣기 위해서였어요. 대부분은
"이제 잘 떨어지지 않아서 좋다."는 반응이었는데,
딱 한 분이 크게 싫다고 하셨어요. "이미 잘 떨어져
재활용도 잘되게 만들었는데 단순히 예쁘다는 이유로 바꿀
필요가 있냐. 너무 워커비스럽지 않다."는 피드백이었죠.
열 명 중 한 명의 의견이기 때문에 외면할 수도 있어요.
그런데 저희 팀은 그 하나에 집중하는 스타일이더라고요.
제가 개인적으로 신앙이 있어서 비유해 표현하자면,
성경에서 목자가 양 떼 중에 양 한 마리가 길을 잃으면
나머지를 두고 그 한 마리를 돌보러 가는 내용이 있거든요.
불편하다고 목소리를 내주는 한 명의 고객이 저희에게는
길 잃은 양과 같은 거예요. 다수의 고객을 모두 만족시키는
건 어려워요. 그런데 한 명의 불만족을 해결하면, 되레
그분이 충성 고객으로 돌아오는 경험을 많이 했어요.
저희 팀은 그런 개인의 뾰족한 경험을 소중히 여겨요.
그 경험이 제품에 적용되면 밖에서도 뾰족한 감각을 가진

한두 명의 공감을 진하게 불러일으키더라고요.

그렇다면 고객 만족을 위해 내린 선택이 회사가 지향하는 가치와 충돌한 적은 없었나요?

저희 제품은 선물용으로 많이 판매되다 보니, 좀더 손이 가고 섬세한 작업을 반복하는 경우가 많아요. 그만큼 고객의 만족으로 이어진다는 걸 아니까요. 워커비에는 다양한 형태와 조합의 선물 세트가 있는 만큼 포장 과정에서 물류 팀의 손길이 한 번, 두 번 더 필요하거든요. 예를 들어 보틀과 미니 팩이 함께 들어가는 기본 선물 세트만 해도 맛 조합에 따라 경우의 수가 수십 가지나 돼요. 주문이 들어올 때마다 물류 팀이 이를 소화하려면 굉장히 힘들죠. 명절이나 연말처럼 바쁜 시즌에는 모든 지점 동료가 물류 팀에 붙어 지원할 정도예요. 그동안은 이런 고된 작업을 '고객 만족을 위한 당연한 일'처럼 받아들였는데요. 최근 이사님이 제게 이렇게 말씀하셨어요. "동료들이 한 번 더 힘들게 일해야 고객이 행복해지는 구조가 정말 맞는 걸까?" 쉽게 말해, 동료의 고생이 고객 행복으로 이어지는 구조가 최선일까, 개선하는 것이 환경적·조직적 측면에서도 더 옳지 않을까, 하는 질문이었어요. 이 질문이 하루 종일 머릿속을 떠나지 않더라고요. 그래서 저희는 내년부터 선물 세트 패키지와 기획을, 동료 부담을 줄이면서도 고객 만족은 유지할 수 있는 관점으로 다시 바라보려 해요. 시각의 전환이 필요한 시점인 것 같아요.

그렇네요. 결국 고객을 만족시키는 이들은 워커비를 만드는 동료들이기도 하니까요.

맞아요. 혹시 영화 〈소림축구〉(2002) 보셨어요? 그 영화에 만두를 만드는 소녀가 등장하는데, 그녀의 감정 상태가 만두 맛에 그대로 반영돼요. 소녀가 행복할 때 빚은 만두는 사람들이 줄 서서 먹을 정도로 맛있지만, 아픔으로 눈물을 흘리며 만들면 맛이 없어져요. 식품을 다루는 사람으로서 이 장면에 크게 공감했어요. 저희 동료들은 워커비 제품에 자부심을 갖고 즐겁게 일하고 있어요. 새로운 동료가 와서 "이렇게 분위기 좋은 팀은 처음 봐요."라고 할 정도로 합과 시너지도 좋고요. 그래서 우리가 행복하게 만들기 때문에 제품도 맛있게 완성되고, 브랜드의 에너지도 제품을 통해 전달된다는 확신이 있었는데요. 그런데 이사님 말씀을 듣고 깨달았어요. 이 원칙은 제품 제작 과정뿐 아니라 포장과 유통 과정에도 그대로 적용된다는 것을요. 결국 가장 먼저 지켜야 할 사람은 함께 일하는 동료더라고요.

아까 한 고객의 피드백 중에 "워커비스럽지 않다"는 의견이 있었다고 했잖아요. 대화를 나누면서 동료들과

대표님이 지향하는 '워커비스러움'은 무엇인지 궁금해져요.

워커비가 추구하는 방향은 분명해요. 저희는 빠르게 변하는 식품 트렌드에 편승하고 싶진 않아요. 오히려 그 흐름을 일부러 외면하고, 촌스러운 쪽으로 가고 싶은 마음이 커요. 왜냐하면 꿀이 원래 촌스러운 아이템이거든요. 세련되진 않지만 그렇다고 해서 가치가 없어지거나 사라질 것 같지는 않아요. 천 년 전에도 있었고, 그리스·로마 시대에도 있었듯이 앞으로도 어디선가 꿋꿋이 있을 것 같은, 그런 존재가 꿀이라고 생각해요. 워커비는 세련되거나 힙하지 않아도 그 자리에 묵묵히 있고 싶어요. 예를 들어 일본 여행 가면, 오래되고 촌스러운 매장 있잖아요. 유명하지는 않아도 늘 그 자리를 지키는 매장이요. 저희도 '전주에서 꿀 파는 집' 정도로 기억해 주셨으면 좋겠어요.

여러 지역 후보가 있었을 텐데 그중에서 전주로 거점을 잡은 이유가 있나요?

사실 처음에는 서울을 가장 먼저 고려했어요. 사람이 많은 곳에 있어야 주목도도 높아지고, 판매나 인지도 측면에서도 유리할 테니까요. 실제로 서울 외곽이나 제주도 같은 다른 지역도 검토했죠. 하지만 결국 전주로 결정했어요. 저희 제품이 서울, 부산, 대전 등 대도시에서 많이 소비되긴 하지만 지역 브랜드라고 말하면서 다른 곳에서 돈을 벌고 투자하는 건 맞지 않다고 느꼈거든요. 마치 성공한 자녀가 고향을 외면하고 미국으로 이민 가겠다고 하는 느낌이랄까요(웃음). 재밌는 건, 많은 분이 여전히 워커비를 서울 브랜드라고 생각한다는 점이에요. 미팅 요청을 하면서 서울에서 보자고 하시거나 제품이 서울 물류 창고에서 출고되는 줄 알고 퀵 배송이 가능한지 묻기도 하죠. 그런데 "저희 전주에 있어요."라고 말했을 때의 발칙함, 그 촌스러움이 좋았어요. 게다가 팀 동료들이 대부분 지역 청년이라, 이곳에 자리 잡는 것은 그들에게도 큰 자부심이 될 수 있고요. 장기적으로, 저희가 기반으로 둔 전주에 뿌리를 내리고 지역색을 밝히는 것이 필요하다고 생각했어요.

대표님이 전주에서 느낀 전주만의 뚜렷한 색은 무엇이에요?

제가 전주에 온 지 이제 4년 차인데요. 도시에는 '관광하기 좋은 도시'와 '살고 싶은 도시'가 따로 있는 것 같아요. 전주는 걷고 싶고, 살고 싶은 곳이에요. 전주는 북촌 같은 한옥마을을 품고 있어 관광 요소도 갖추고 있지만 완전히 관광 상권이 아니어서 그 안에서 여유 있게 적응하며 살 수 있어요. 서울에서는 특유의 분주함과 빠름을 외면하기 어려웠는데 전주는 달라요. 대표적인 한국적 관광 도시이면서도 청년들이 와서 '한 번쯤 살아보고 싶다.' 느낄 수 있는 평온함과 여유가 있어요.

특별히 청년들에게 추천하는 이유는요?

제가 이곳으로 내려오기 전에는 서울 잠실에서 지냈어요. 처음에는 송파구청 앞 오피스텔에서 워커비를 시작했는데 당시 서울은 IT나 플랫폼 같은 키워드가 주목받던 시기였죠. 식품 분야는 그 흐름에서 철저히 외면받는 느낌이었어요. 잘하고 못하고의 문제가 아니라, 시류에 맞지 않으면 기회조차 얻기 어렵더라고요. 반면 전북은 식품 특화 지역이라 저희 같은 시도가 오히려 관심을 받을 수 있었어요. 새로운 걸 시도하면 한 번쯤은 쳐다봐 주고 목소리를 낼 기회도 열리더라고요. 서울에서 실패했을 때는 제 탓이라고만 생각했거든요. 내 실력이 충분하지 않아서, 우리 팀이 온전치 못해서, 제품이 부족해서라고요. 그런데 전주에서 같은 프로젝트를 시도했을 땐 반응이 달랐어요. 단지 환경이 맞지 않았을 뿐이라는 걸 깨닫게 되었죠. 그 사실을 전주에서 검증할 수 있었던 거예요. 청년들에게 추천하는 이유도 여기에 있어요.

내 실패를 전적으로 나의 탓으로 돌리지 않고, 원인을 다양하게 바라볼 수 있게 된 거네요.

맞아요. 결국 중요한 건 '어떤 시장, 어떤 환경에서 만나느냐.'였던 거예요. 청년들 다 열심히 사는데도 힘들잖아요. 분명히 자신에게 맞는 판이 어딘가에 있을 거라고 생각하거든요. 그런 의미에서 이곳은 좀 여유를 줄 수 있는 도시가 아닐까 싶어요.

그러고 보니 워커비의 캐릭터 '커비'도 자기 자리를 열심히 찾으며 일하는 젊은이를 비유한 캐릭터죠?

'커비'는 원래 일벌Workerbee을 영어식으로 표현한 단어예요. 한국식으로 성을 떼고 '커비'라고 부르고 있죠. 사실 커비 캐릭터는 워커비를 함께 창업한 저와 동료들의 모습을 바탕으로 만들었어요. 그때 저희는 지금보다 훨씬 젊었으니까 청년에 포함되는 시절이었죠(웃음). 벌통 안에는 여러 종류의 벌이 있어요. 일벌도 있고, 수문장처럼 지키는 벌도 있고, 여왕벌과 그 시중을 드는 벌도 있죠. 그중 커비는 '외출해서 꿀을 따 오는 일벌' 역할이에요. 저희 팀이 딱 그 일벌 같다고 생각한 거죠. 사회에 없어선 안 되는 존재이면서도 열심히 분주하게 일하고 동시에 즐길 줄 아는 유쾌함이 있는 친구예요.

만약 커비가 살아서 이곳에 있다고 가정해 볼게요. 커비의 일과를 그려본다면요(웃음)?

아마 새벽 3시에 일어나서 하루를 시작할 거예요. 가벼운 운동을 하고, 7시쯤까지는 양봉장을 돌며 일을 하겠죠. 그 뒤엔 서양식 아침을 즐겨요. 수란을 곁들인 호밀빵에 땅콩잼과 꿀을 살짝 올리고요. 해가 뜨거울 때는 일 못 하거든요. 그때는 동료들 불러서 티타임을 가져요. 쉬엄쉬엄 얘기하며 여유롭게 낮 시간을 보내다가 해 질 녘쯤 다시 양봉장으로 가서 벌들을 돌보며 분주히 일을 할 거예요. 밤에는 집으로 와 재즈 음악을 틀고 노래를 들으며 샴페인 한 잔으로 하루를 마무리하지 않을까 싶어요.

아, 정말 귀엽고 편안한 일상이에요. 그럼 워커비가 실제로 그런 꿀벌을 보호하는 데 어떤 역할을 하고 있는지 알려 주세요.

꿀벌을 지키는 방법은 여러 가지 있지만, 실제로 꿀벌을 지킬 수 있는 핵심 주체는 양봉 농가뿐이더라고요. 수분을 돕는 양봉벌도 결국 농가가 관리하는데, 농가는 꿀이 많이 팔리면 벌집을 늘리고 안 팔리면 줄이는 방식으로 운영되고 있어요. 그래서 농가가 꿀 판매에 대한 걱정 없이 개체 수를 늘리도록 돕는 게 가장 중요해요. 예를 들어 저희는 농가와 약속한 물량을 무조건 선구매하고, 현금도 먼저 지급해요. 이렇게 해야 농가가 안정적으로 꿀벌을 돌볼 수 있고 개체 수를 유지하고 늘리는 게 가능해지거든요. 그다음 개인적으로 할 수 있는 건 캠페인이나 강연 등을 통해 꿀 소비와 꿀벌 보호를 알리는 일이에요. "설탕 대신 꿀을 드세요."처럼 소비를 늘리는 방향으로 유도하는 홍보 활동도 굉장히 중요하죠. 워커비는 대한민국 농가와 꿀벌을 지키는 일을 가장 중요한 가치로 생각해요. 지역에서 난 꿀이 지역에서 소비되고, 그 농가가 잘되도록 돕는 것. 워커비는 그 생태계 안에서 플러스가 되는 역할을 하는 게 목표예요.

그가 인터뷰 중 자주 꺼낸 단어는 '마땅히'였다. 넓은 길을 택하기보다 스스로 길목을 좁히고 그 안에서 무게를 감당하려는 결연함. 고개를 숙여 마지막 인사를 나눈 후 뒤돌아 담박한 걸음으로 돌아가는 그의 모습을 보며, 마땅함을 무겁게 여기지 않고 흔연히 책임을 안으려는 그 마음은 무엇일지 길게 생각했다.

작가 오힘은 도시의 오래된 풍경, 골목 한편의 일상, 조용히 자신만의 세계를
살아가는 사람들에 주목한다. 그 곁을 서성이며 관찰하고 기록해 독립 출판물
《전주 다방에서 만나》를 발간했다. TV 뉴스 중계가 흐르는 다소 적막한
다방에서 우리는 차갑게 내어온 믹스 커피가 미지근해질 때까지 서로의
시선을 한곳에 모으며 이야기를 나눴다. 좋아하는 일을 꾸준히 이어갈 수
있는 일상의 사소한 조각들을 테이블 위에 펼쳐놓고 하나씩 짚어가면서.

오래도록 힘을 내는 방법

오힘—작가

에디터 황진아 포토그래퍼 강현욱

다방에 직접 들어와 본 건 처음이에요.

처음이라 조금 낯설죠? 이 주변에 한옥마을도 있고 남부시장도 있어서 걸어 다니다 보면 골목골목 구경할 거리가 참 많아요. 저 역시 그렇게 걷다가 우연히 이곳을 발견하게 됐고요.

인터뷰 장소로 추천해 주신 다방들 중에서 이곳을 골랐어요. 인터넷 지도에 검색해도 정보가 나오지 않아 호기심이 생기더라고요.

다방이 아무래도 매출이 크게 나는 곳이 아니다 보니 거의 지하나 접근성이 좋지 않은 곳에 있는 경우가 많거든요. 그런데 여기 남문다방은 1층에 있고 바로 근처에 주차장도 있어서 외부 손님이 오시면 이곳으로 종종 모시곤 해요. 또 옆에 목욕탕이 있어서 목욕 후 시원하게 음료 한잔하기에도 좋고요.

오힘 씨는 전주에서 지내고 이곳이 고향이기도 하죠. 한때 전주를 떠나 서울에서 직장 생활을 했던 적이 있다고요.

맞아요. 대학교에서 디자인을 전공했고 서울에서 회사를 다녔어요. 광고 대행사에서 오래 일하다가 지쳐서 그만두고 아동복 디자인 일을 하기도 했고요. 일은 재미있었지만, 어느 순간부터 한계가 오는 느낌이었어요. '내가 여기서 끝까지 살아남을 수 있을까?'라는 생각이 자꾸 들더라고요. 서울은 경쟁이 치열하잖아요. 내가 이곳에서 집을 마련하고 버틸 수 있을까 혹은 그냥 아등바등 노동만 하다 끝나는 건 아닐까 하는 불안감이 커졌어요. 또 다른 사춘기를 겪는 것 같았죠. 이직을 시도해도 잘 풀리지 않고, 계획이 어그러지는 일도 많았어요. 제가 거절했던 회사가 크게 성장하는 걸 보며 초조해지는 경험도 했고요. 디자이너라는 직업이 수명이 길지 않다 보니 '빨리 치고 올라가야 한다.'는 압박감도 컸어요. 그러다 보니 저는 정체되어 있다는 생각을 떨칠 수가 없더라고요. 다른 사람들은 진급하거나 이직하면서 연봉을 올리는데 저는 같은 자리에 멈춰 있는 것 같은 기분이었죠.

그렇게 전주로 내려오게 된 거군요. 당시 마음 상태는 어땠어요?

약 6개월 정도 고민한 끝에 전주에 내려왔어요. 처음에 올 때는 실패한 기분이 들었죠. 서울에서 해내지 못한 것처럼 느껴지고, 돌아온 게 창피하기도 했고요. 그래서 한동안 고향 친구들과도 잘 만나지 않고 몇 달간 연락도 피했어요. 그때는 몰랐던 거죠. 모든 사람에게는 각자의 시기가 있고 속도가 다 다르다는 걸. 지금의 제가 그때로

간다면 그냥 저를 지켜봐 줄 것 같아요. 근데 당시에는 조급해져서 쉽지 않았죠. 시간이 흐르면서 요리도 배우고 바깥으로 나와 돌아다니기도 하면서, 자연스럽게 나만의 것을 차근차근 해보고 싶은 마음이 생기게 되더라고요.

그러고 보니 요리를 즐겨 하시는 것 같아요. SNS에도 요리하는 영상이 많더라고요.

전주로 와서 이것저것 배우러 다녔어요. 한식, 양식, 제빵까지 다양하게 시도했죠. 만들고 나면 결과물이 눈앞에 바로 보여 성취감도 금방 느낄 수 있고, 내가 만든 음식이라 애착도 생기더라고요. 남이 만든 음식에는 지적도 잘하면서(웃음). 어떤 일은 결과물을 내기까지 과정이 길 때가 많잖아요. 요리는 완성하기 쉬운 것부터 어려운 것까지 다양하고, 오감을 사용해 직접 썰고 볶고 냄새를 맡으며 몰입하게 돼요. 예쁜 그릇에 담으면 뿌듯함이 더하고, 누군가와 나누기도 하고요. 요리를 배우며 제 지친 마음을 잘 돌보고 있다는 느낌을 받았어요.

최근에 즐겨 하는 요리가 있다면요?

집에 여주를 사 두었어요. 뾰족뾰족 수세미처럼 생긴 채소인데, 맛은 조금 쓰지만 잘 볶으면 꽤 맛있거든요. 제철 음식도 잘 챙겨 먹고 있어요. 전주에 살면서 좋은 점 중 하나가 식재료가 정말 신선하다는 점이에요. 중간 유통 과정을 거치지 않고 생산자가 바로 가져온 재료를 저렴하게 살 수 있거든요. 덕분에 채소의 신선함이

오래가요. 요즘에는 호박잎을 살짝 데쳐서 보리밥에 쌈장 올려 싸 먹는 걸 즐겨요.

제철 재료만큼 계절을 느끼며 요리하기 좋은 게 없죠. 이제 집필한 책 얘기를 해볼까요? 《전주 다방에서 만나》는 전주 다방 23곳을 직접 다니며 쓴 기행문이에요. 그 첫 시작이 궁금해요.
우리는 흔히 외국 여행을 가면 오래된 카페나 명소를 일부러 찾아다니는데, 정작 우리 곁의 공간에는 무심할 때가 많잖아요. 저는 부모님 세대가 향유하던 다방 문화를 기록해 보고 싶었어요. 그 시절엔 다방에서 미팅도 하고 친구들도 만나고 문학도 즐겼으니까요. 아직 남아 있는 다방들을 직접 찾아가야겠다고 마음먹었죠. 그런데 막상 혼자 가려니 좀 두렵더라고요. 마침 친구 중에 방송국 PD가 있는데, 취재 다니는 걸 좋아하니까 그 친구에게 함께하자고 제안했어요. 너무 좋다며 흔쾌히 수락해서 토요일마다 다방 투어를 시작했죠. 아침 10시쯤 만나서 저희는 카페를 가는 대신 다방으로 향했어요.

저처럼 처음 방문했을 땐 어색했을 것 같아요. 사장님도 놀라셨을 것 같고요(웃음).
맞아요. 웬 젊은 사람이 다방에 들어오니 사장님도, 손님으로 계신 어르신들도 깜짝 놀라시죠. 재밌는 에피소드가 하나 있는데요. 노인분들이 다방에서 시간을 보내시면서 가볍게 화투도 치시는데 가끔 판을 조금 크게 벌릴 때도 있나 봐요. 그런 일 때문에 경찰들이 검문을 하기도 한대요. 제가 다방 취재를 시작한 게 2017년쯤인데 그땐 다방이 더 낯선 공간이라 그런지 제가 들어가니 사장님이 저를 위장한 경찰로 오해하신 거예요. 입구로 들어서자마자 너무 놀라시면서 "무슨 일이냐?"고 물으시는데, 그냥 차 마시러 왔다 해도 잘 안 믿으시더라고요(웃음). 그런데 저희끼리 사진도 찍고 깔깔거리면서 있으니까 그제야 안심하시고 믿으셨어요.

다방마다 특색은 조금씩 다르겠지만 여러 공간을 탐방하며 느낀 공통된 특징이 있나요?
지금 남아 있는 다방은 전통 시장 근처에서 흔히 볼 수 있어요. 손님들은 대부분 어르신이고, 새벽에 일하는 상인들이 잠시 들르거나 장 보러 온 손님들이 쉬어가는 공간으로 자리하고 있죠.

그럼 오힘 씨가 느끼는 다방의 매력은 무엇이에요?
우선 방해할 것 같은데 방해하지 않아요. 우리는 타인의 주목을 받고 싶지 않잖아요. 다방도 처음에는 낯설고 주목받는 느낌이 들지만, 몇 번 가면서 얼굴이 익숙해지면

더 이상 신경 쓰지 않아요. 지금처럼 TV 틀어놓고, 앉아서 낮잠 주무시고, 담소 나누시고 또 이것저것 챙겨주시기도 해요. 사장님들께서 다방에서 식사하시다가 배추전을 부쳐 주시기도 했는데 우리가 카페에서는 보기 드문 풍경이잖아요. 제가 책 집필을 위해 다방을 촬영할 때도 대부분 이게 뭐라고 그렇게 찍고 다니냐고 했어요. 뭐라고 책까지 만드냐고요. 그분들에게는 너무나 일상적인 모습인데 저한테는 새롭게 다가오는 장면들이라서 매력적인 거예요. 외국에 나가서 보면 모든 것이 신기하게 느껴지는 것처럼요.

단순히 탐방하는 것과 그 일련의 과정을 기록물로 만드는 것은 큰 차이가 있을 텐데요. 책을 만들기 전과 후의 변화가 있나요?
전주 다방을 찾아다니고 기록하고 책을 만들면서 전주라는 도시에 더 관심을 갖게 됐어요. 단순히 좋아서 한 일이었는데 책을 보시고 저한테 전주에 대해 물어보고 궁금해하는 사람도 많아지고요. 제 고향이 이곳이지만 서울로 나갔다가 다시 돌아왔잖아요. 왜 내려오게 됐냐, 전주에 대해 얼마큼 알고 있냐, 이런 질문도 많이 받았죠. 질문이 많아지니 그 물음에 답하는 과정 중에 저도 더 많이 찾아보고, 알아보고, 생각하게 되더라고요. 그리고 다방을 한 번도 안 가본 분들이 책을 계기로 와보게 됐다는 말씀도 하셨어요. 사실은 다방을 한 번쯤 가보고 싶었는데 선뜻 문 열기가 힘들었다고 하시면서요.

누군가 먼저 내딛은 발걸음으로 용기를 얻을 때가 있잖아요. 낯설고 어려운 시도를 앞두고 있을 때 심리적인 장벽을 낮추기 위한 방법에는 또 무엇이 있을까요?
동행자를 구하거나 이끌어줄 수 있는 사람을 곁에 두는 것도 좋은 방법이에요. 예를 들어 운동을 하고 싶다면 같이 운동을 하거나 지켜봐 줄 수 있는 사람을 곁에 두면서 동기부여를 받는 식이죠. 저도 다방 취재를 결심했을 때 처음 문을 여는 게 너무 망설여지는 거예요. 그렇다고 아무 친구에게나 같이 가자고 말할 수도 없었고, 거절당하면 상처받을 것 같고, 의욕도 왠지 떨어질 것 같았어요. 그래서 좀더 전략적으로 물색해 취재 열정이 있는 방송국 PD 친구를 동행자로 구한 거죠(웃음). 그 친구가 같이 물꼬를 잘 터주었고, 덕분에 나중에는 혼자 갈 용기가 생겼어요. 처음엔 누구나 낯설고 두렵지만 그 첫 순간을 지나면 얼마든지 대처할 자신감이 생겨요.

때에 따라 적당한 긴장은 필요한 것 같기도 해요. 덕분에 그 경험을 더 생생히 느끼도록 해주기도 하잖아요.
맞아요. 오늘 에디터님과 제가 처음 만나는 것만으로도

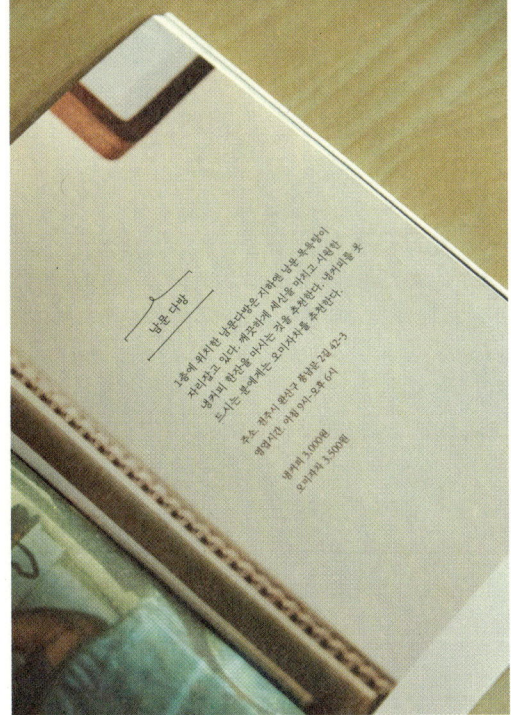

긴장하는 것처럼요. 저희가 나쁜 사람들도 아닌데
말이에요(웃음).

**그러면 우린 오늘의 기억을 더 선명하게 기억할 수
있겠어요(웃음). 평소에 용기를 잘 내는 편이에요?**
대체로 아무 생각 없이 해보는 편이긴 해요(웃음).
일단 저지르고 생각하죠. 물론 생각 없이 하다 보면 겪어야
하는 시행착오도 있긴 하지만, 그렇게 해야만 무엇이든
시작할 수 있고 결국 이루어지는 것 같아요. 막막한 일
앞에서도 마찬가지예요. 책 만드는 것도 비슷하고요.
《전주 다방에서 만나》는 독립 출판물이기 때문에 마감
기한이 정해진 것도 아니었고, 그러다 보면 매일 미루게
되거든요. 그런데 우선 자리에 앉아 컴퓨터를 켜고
한 글자라도 쓰기 시작해요. 그러면 욕심이 생겨서 한 줄,
두 줄 그러다 한 페이지, 한 권까지 만들어지더라고요.

요즘엔 어떤 기록을 하고 싶어요?
목욕탕이라는 키워드에 집중하고 있어요. 목욕탕은 집에
목욕 시설이 충분하지 않던 시절에 발달한 곳이잖아요.
요즘은 목욕탕을 찾는 사람도 줄었죠. 시설 유지 비용도
크고 이용객이 줄어드는 현실 때문에 앞으로는 목욕탕
문화가 점차 사라질 것 같다는 생각이 들어요. 기존에도
목욕탕에 대한 기록은 많지만, 저는 그 기록을 나만의
시선으로 어떻게 아카이빙할 수 있을지 고민하고 있어요.

평소에도 사라지는 무언가에 관심이 많은가 봐요.
늘 그랬던 것 같아요. 어머니가 가지고 계신 골동품을
모으는 것도 좋아했고요. 오래된 사진 들여다보는 것도
무척 좋아해요. 제 옛 사진뿐만 아니라 시대를 거슬러
올라간 과거 사진도 마찬가지예요. 한 장의 옛 사진을 보면
그 시절 거리에 들어선 듯한 기분이 들어요. 초등학생 때
백과사전에서 옛 도시 풍경을 보며 신기해하던 기억도
나요. 한복을 입고 거리를 오가는 사람들 모습까지도요.
사람들의 낯선 옷차림, 옛날 집 모두 흥미롭지 않아요?

**지금 눈빛에서 신기해하는 마음이 절로 느껴져요.
그렇다면 도시의 사라지는 풍경을 기록하는 건 어떤
의미가 있을까요?**
제가 옛 사진을 보며 신기해하는 것처럼 언젠가 후손들이
지금 현재의 일상을 기록물로 마주하면 분명 반가울 것
같더라고요. 사실 처음부터 그런 기획을 염두에 두고 책을
만든 것은 아니었지만, 기록물이라는 건 결국 내가 사라진
뒤에도 남아 이어지잖아요. 우리가 매일 사진을 찍는 것도
오늘의 시간을 남기기 위해서일 테고요.
내가 본 현재를 담아내고, 그 기록을 함께 향유할 사람이

있다면 더없이 좋을 것 같아요.

사라지는 것뿐 아니라 가려진 것에도 관심을 두신다는 말을 작가 소개 글에서 읽었어요.
눈에 확 들어오는 주연보다 그 곁에 있는 조연 같은 사람들이 더 좋을 때가 많아요. 늘 조금 움츠러들어 있는 듯 보이고 자신감 없어 보이는 사람들 있잖아요. 그런데 막상 대화를 나눠 보면, 겉으로는 조용하지만 내면에 열망이 가득한 사람들이 있더라고요. 겉으로 당당해 보이거나 화려해 보이진 않아도 그 안에 넓고 깊은 세계를 가진 경우가 많았어요. 저는 그런 사람과 이야기하는 걸 무척 좋아해요. 처음에는 마음 여는 데 시간이 걸리기도 하지만, 어느 순간 친구가 되어 자연스럽게 깊은 얘기를 나누게 될 때가 있거든요. 그럴 때마다 '이런 세계관도 있구나.', '이런 시각도 존재하는구나.' 하며 배우고 확장되는 경험을 해요.

오힘 씨 출판사 이름이기도 한 '검이불루화이불치'가 떠오르는데요. 검소하지만 누추하지 않고, 화려하지만 사치스럽지 않은 삶이요. 출판사명으로 결정한 이유가 있어요?
우선 제가 《전주 다방에서 만나》를 출간할 때 국가 지원 사업으로 지원금을 받아 제작했거든요. 그러려면 출판사를 등록해야 해서 출판사를 차리게 되었어요. 이름 뜻 그대로 살고 싶어서 출판사명으로 지었어요. 예전에 학교 선배가 알려준 고사성어였는데요. 그 말을 듣자마자 뜻이 너무 멋있어서 언젠가 꼭 써야겠다고 마음에 새겼죠. 개인적으로 화려함을 싫어하는 건 아니지만, 남에게 보여주기 위한 것이 되지 않았으면 해요. 결국 중요한 건 내 소신에 따라 사는 거예요. 마음가짐만 바로 세우면 부끄러울 게 없다고 하잖아요. 그 마음에서 오는 힘이 분명히 있다고 생각해요. 예쁨도 마찬가지예요. 얼굴이 예뻐서 예쁜 게 아니라, 마음에 비움이 있는 사람에게서 보이는 예쁨이 있거든요. 자신을 다스리고 마음을 수련하는 사람들에게서 드러나는 얼굴빛, 그건 따라 할 수 없는 자신만의 아름다움이에요. 내면의 단단한 마음을 갖고 있으면 말투도 자연스럽게 곱고 행동도 멋있어지죠.

그 단단한 마음은 어디에서 비롯될까요?
남과 비교하지 않는 데서 온다고 생각해요. 아까 말씀드렸듯이 치열했던 20대에는 남들과 많이 비교했고, 열등감도 컸어요. 그런데 그렇게 하면 오히려 더 잘 안되더라고요. 비교하지 않으려고 의식적으로 무언가를 한 건 아니에요. 다만 시간이 지나 직접 경험해 보면서 '아, 결국 사람은 시기도 모양도 다 다르구나.' 하고 스스로 인정하게 되는 순간이 왔어요. 느려도 괜찮지만 포기하지

않는 것이 제일 중요하더라고요. 저도 여전히 훈련 중이에요. 개인적인 수련을 하기도 하고, 요가를 배우기도 하면서요.

사실 그 비교는 사회가 정한 기준에서 출발하는 경우가 많잖아요.
그렇죠. 그런 의미에서 저는 윤여정 배우의 영화 〈미나리〉(2021) 오스카 수상 소감을 보고 정말 감명 깊었거든요. 혹시 에디터님도 보셨어요? 배우님은 한 걸음 한 걸음 자신만의 경력을 쌓아왔고, 그 수상이 한순간에 이뤄진 게 아니라고 하셨잖아요. 본인은 연예인이 아닌 "직업인으로서 연기를 한다."고 늘 말씀하시곤 했고요. 그렇게 묵묵히 걸어온 길이 나중에 영화로 이어졌고, 70세가 넘어서 세계적인 상을 받으셨다는 사실이 정말 대단하다고 생각해요.

"나는 경쟁을 믿지 않는다. 모두 각자 영화의 수상자다."라며 함께 후보에 오른 배우들을 향해 예우도 보여주셨죠.
맞아요. 정말 멋있지 않아요? 그 시상식을 보면서 느낀 건 삶은 정말 알 수 없다는 거예요. 언제 어떤 순간에 결실이 맺힐지 모르니까요. 그래서 저 역시 지금 제 삶도 '아직 성공하지 않았다'거나 '성공했다'고 단정할 수가 없어요. 예전에는 40대면 이래야 한다, 50대면 저래야 한다는 식의 기준이 있었는데 요즘은 그런 잣대가 점점 의미 없어지는 것 같고요. 결국 내 마음이 단단하면 세상의 기준이나 외부의 어떤 공격도 잘 피해서 나아갈 수 있어요.

검이불루화이불치는 어떤 정체성을 갖고 나아가고자 하나요?
지역성을 꾸준히 담아내고 싶어요. 사라져가는 문화유산을 탐구하고 기록하는 일, 그 과정을 통해 출판사의 정체성을 드러내고 싶고요. 지역이라는 큰 맥락 안에서 문화유산을 아카이빙하는 작업이 지금 제가 지향하는 방향이고 앞으로의 역할이라고 생각해요.

지역에 애정이 있어야 할 수 있는 작업이라는 생각이 들어요. 그 애정은 어디에서 나온 것 같아요?
결국 나한테서 시작된 것 같아요. 이 지역에 속한 사람으로서 제 역할을 하고 싶다는 마음이 있거든요. 사회 구성원으로서 기반이 되고 싶고 도움이 되고 싶어요. 전주로 돌아와서 지금은 다양한 활동을 하며 책도 내고, 오늘처럼 인터뷰도 하고, 그 과정에서 재밌는 사람들과 연결되면서 커뮤니티도 자연스럽게 생겼어요. 서울에서 내려올 때는 '나는 아무것도 못 할 것 같아.' 하는 마음이

있었거든요. 그런데 전주에서 차근차근 뭔가를 이뤄가는 제 모습을 보면서 '아, 나는 서울에 남았어도 뭐든 했겠구나.'라는 확신이 생겼어요. 전주에서의 경험을 통해 저 자신을 믿게 된 거죠.

다시금 서울로 가서 새로운 일을 해볼 생각도 있어요?
아니요. 이제는 못 가요. 집값이 너무 비싸서(웃음). 무모하게 가기에는 이곳에 제가 일궈놓은 것들이 있으니까 지금은 갈 필요성을 못 느끼죠. 교통편도 잘되어 있으니까 필요하면 왔다 갔다 하면 되고요. 그리고 지방에서만 느낄 수 있는 여유로움이 있거든요. 서울에선 느끼기 어려운 여유요.

전주만의 여유로움은 어떤 거예요?
우선 복잡하지 않아요. 중심지에서 택시를 타면 어디든 20분 내로 갈 수 있을 정도로 모든 곳이 다 가깝거든요. 그래서인지 사람들 사이의 관계망이 좁고 촘촘한 편이고요. 안부를 물을 수 있는 사람들이 많은 거죠. 사실 서울에서 지내다 보면 옆집이나 앞집에 누가 사는지 잘 모르는 경우가 대부분이잖아요. 여기에서는 김장하면 김치 나눠주거나, 제철 과일을 주는 이웃들이 많아요. 그리고 사람들이 대체로 부드러워요. 사투리도 강하게 사용하지 않는 편이고요. 그래서인지 주변에서는 전주 사람들 성격이 잘 드러나지 않거나 밋밋하다고 표현하더라고요. 큰 특색이 없다고 볼 수 있지만 점잖게 보이기도 하고, 장단점이 있죠.

무언가를 창작할 때 참신함에 대한 고민을 하는지도 문득 궁금해져요. 독창성은 어디에서 나온다고 생각해요?
매 순간 우리가 보는 모든 것에서요. 저는 결국 '많이 보는 것'에서 나온다고 생각해요.

사람들이 보는 건 다 비슷할 텐데, 순간의 특별함을 발견할 수 있는 나만의 비법이 있어요?
일상에만 갇혀 있으면 보이지 않는 것들이 있어요. 환경이 바뀌어야 비로소 보이는 것들이죠. 꼭 멀리 가지 않아도 돼요. 생활 반경만 조금 벗어나도 충분해요. 예전에 회사 다닐 때는 버스를 일부러 반대로 타보기도 했어요. 직행 대신 돌아가는 노선을 타기도 하면서 '아, 이런 풍경도 있네.' 하고 새롭게 발견하는 거예요. 그러다 다시 일상으로 돌아오면 전에는 보이지 않던 것들이 보여요. 마치 오랜만에 만난 친구가 새로워 보이는 것처럼요. 아무런 소득이 없는 것처럼 느껴질 때도 있겠지만 시간이 지나보면 그것들이 제 안에 스며들어 필요할 때 꺼내 쓸 수 있는 소재가 되곤 하더라고요.

오힘이라는 이름에는 '오래오래 좋아하는 일을 할 수 있는 힘을 주세요.'라는 뜻이 담겨 있잖아요. 좋아하는 일을 오래 이어가기 위해 필요한 것이 있다면요?
전주에 내려왔을 때 무언가 포기한 듯한 기분이 들기도 했고, 스스로 지구력이 부족하다는 자각도 있었거든요. 그래서 그 마음을 늘 새기자는 의미로 이름을 오힘이라고 지었어요. 오래 힘을 낼 수 있는 데 도움이 되는 것 중 하나는 운동이에요. 단순히 체력을 기르는 걸 넘어서 오래 버티고 계속할 수 있는 힘을 주더라고요. 제가 테니스를 2016년, 17년 무렵부터 시작했는데 사실 지금도 잘 못 쳐요. 정말 못 쳐요. 결혼 준비 때문에, 또 야외에서 하기 어려운 시기에는 잠시 쉬느라 중간중간 못 하기도 했지만 여전히 계속 치고 있어요. 이유는 지구력을 기르기 위해서요. 그냥 잘 안돼도 즐기는 거를 해요. 테니스에서만 느낄 수 있는 공 칠 때의 타격감이 있거든요. 잘 치진 못했어도 일단 날아오는 공을 받았다면 그것만으로도 만족해요. 지금 테니스 친 내 모습 너무 멋있었다, 스스로 얘기해 주고 끝내요(웃음). 기대를 낮추는 거예요. 시선을 다른 곳으로 돌리는 거죠. 그래서 안되는 걸 도전해 보는 건 의미가 있다고 생각해요. 그러다 보면 우연히 한 번 잘될 때가 있거든요? 그럼 또 신기해요.

오늘 대화를 나누면서 '신기하다'는 표현을 여러 번 들었어요. 그때마다 오힘 씨 눈빛이 초롱초롱 빛났고요.
아, 제가 그랬나요(웃음)? 예전에 제주도에 가서 요가를 한 적이 있어요. 그때 선생님이 하신 말씀이 아직도 기억나요. "나이가 들수록 짜릿함이 점점 줄어든다."는 거였어요. 그런데 그 짜릿함을 다시 찾는 게 진짜 중요한 일이라고 하시더라고요. 감사한 마음을 갖는 것이 결국 짜릿함과 동일한 의미라면서요. 그 말이 참 와닿았어요. 짜릿함을 억지로 밖에서 찾아다니는 게 아니라, 내가 직접 발견하고 발굴해 가는 과정이 중요한 거잖아요. 해보지 않던 운동을 해본다든가 새로운 걸 도전해 본다든가, 그런 시도들이 당장은 큰 변화를 주지 않더라도 쌓이고 쌓이다 보면 또 다른 나를 만들어 주더라고요.

다방 안을 채우는 TV 뉴스 소리와 손님들의 대화가 그의 음성과 뒤섞였다. 나는 그의 말을 놓치지 않기 위해 몸을 앞으로 숙이고 귀를 기울였다. 주변의 잡음 속에서 그를 온전히 따라가려 애쓰던 것처럼, 세상의 소란 속에서도 그의 시선은 사라지고 가려진 것들을 향해 있었다. 단단한 내면과 호기심이 결합된 사람, 그 동력으로 주변의 미묘한 것들을 놓치지 않고 관찰하고 싶어 하는 마음. 그 마음으로 반짝거리는 그의 눈을 보고 있자니, 정말 그가 오래도록 힘을 내며 나아갈 수 있게 먼발치에서 응원하고 싶어졌다.

미시간에서 전주까지, 치얼스!

노매딕 브루잉 컴퍼니

에디터 차의진 포토그래퍼 박은비

전주 객사 근처, 웨딩거리라 불리는 아담한 일방통행 도로. 이곳에 밤이 찾아오면 일제 강점기 때 지은 오래된 목조 건물의 불이 켜진다. 이곳의 소유주는 미국 미시간 출신의 양조사 존 가렛John Garrett. 자신을 '좌니'라 소개한 그는 이곳에서 6년째 맥주를 빚으며 한국인 아내와 함께 전주의 수제 맥주 브랜드 노매딕 브루잉 컴퍼니를 운영하고 있다. 웨딩거리와 전주한옥마을에 자리한 노매딕의 탭룸에서 현지인도 관광객도 그의 향긋한 맥주를 달큰하게 들이켠다.

전주의 어느 양조사

노매딕 브루잉 컴퍼니(이하 노매딕)의 문을 열고 들어서자
거대한 기계들이 눈에 들어온다. 그 사이로 걸어와
날 반기는 사람은 이곳을 이끄는 좌니. "여기가 우리
양조장이에요." 유창한 한국어 소개에 엄지를 치켜세운
나는 공간을 다시 둘러봤다. 이곳이 노매딕의 맥주가
탄생하는 공간이구나.
노매딕은 '크래프트 비어'라고도 불리는 수제 맥주를 직접
양조하고 판매하는 브랜드다. 크래프트 비어란 대형 마트,
음식점에서 만날 수 있는 맥주와 달리, 소규모 양조장에서
독립적으로 제조되는 맥주를 뜻한다. 외부 자본의 간섭
없이 운영되는 노매딕은 공인 브루마스터 좌니가 엄선한
재료로 다양한 제조법을 실험하며 개성 있는 맥주를
빚어낸다. 원재료가 양조장에 들어오는 순간부터 잔에
담기기까지 모든 과정을 정성껏 다루는 것이 이곳의
철학이다.

"대형 양조장이었다면 생산비를 맞추기 위해 많은 맥주를
판매해야 했을 거예요. 그러려면 대형 마트나 주점에
납품해야 하는데, 그곳에서는 레몬그라스, 호밀, 꿀을
넣은 맥주는 선호하지 않을 수도 있죠. 그래서 저는
제 양조 철학과 예술적 표현을 온전히 담을 수 있는
방식을 택했습니다. 유통 단계를 줄이고, 직접 손님들에게
맥주를 전하는 방식이죠."

좌니는 그 무대로 왜 전주를 택했을까. 그는 원래 종교학
박사 과정을 밟으며 교수를 꿈꿨지만, 아일랜드 유학
시절 도서관보다 펍에서 보내는 시간이 더 즐겁다는
사실을 깨닫고는 양조사가 되기로 결심했단다. 하지만
학비가 없어 곧장 양조 학교에 진학할 수 없었기에 우선
한국에서 영어를 가르치며 기반을 마련하기로 했다. 특히
전주를 고른 이유는 이 도시가 유네스코 음식창의도시로
선정되었기 때문이라고.

"그때 한국에는 맛있는 맥주가 거의 없었어요. 그래서
주말마다 아파트에서 홈브루잉을 하며 온라인 강의를
들었죠. 전주에서 4년간 영어를 가르친 끝에 마침내
미국과 독일의 양조 학교에서 수업을 듣게 되었고요.
훗날 다시 전주로 돌아와 양조장을 열게 될 줄은
상상도 못 했네요."

최고의 맥주를 위해

양조장의 문을 연 지난 여섯 해 동안 노매딕에서는 일흔
종이 넘는 맥주가 탄생했다. 물, 맥아, 홉, 효모 네 가지
기본 재료에 로컬 과일, 꿀 등으로 개성 있는 향을 더하는
방식. 술을 음식과 함께 내어주는 '탭룸'은 총 두 곳인데,
양조장 바로 맞은편에 자리한 '노매딕 비어 템플'과
한옥마을에 있는 '노매딕 비어 가든'이다. 손잡이를 내리면
맥주가 흐르는 '탭'은 템플과 가든 각각 열여섯, 열두 개.
손님들이 방대한 선택지를 좀더 쉽고 재밌게 즐기도록
좌니는 맥주를 레벨 1부터 3까지로 분류했다. 레벨 1은
맛이 부드럽고, 레벨 3은 강한 식. 여러 가지 맥주를
맛보고 싶다면 낮은 단계부터 높은 단계 순으로 마시는 걸
추천한다.

"저는 기술자라기보다는 맥주를 만드는 예술가에
가깝습니다. 자연이 준 다양한 재료에서 큰 영감을 받고,
그 고마움을 양조 과정 속에 담아내고 싶어요. 식당에서
음식을 맛볼 때나 시장을 거닐 때, 혹은 숲을 산책할 때도
아이디어가 떠오르죠. 아직 세상에 없는, 새롭고 흥미로운
맥주를 만들고 싶다는 열정이 늘 저를 움직여요."

노매딕이 가장 중요하게 생각하는 점은 환경이다. 맥주는
본질적으로 물, 곡물, 꽃, 균류처럼 환경이 준 선물로
만들어지기에 최대한 자연을 존중하려는 것이다. 그래서
친환경적으로 생산된 지역 농산물을 사용하고, 불필요한
화학물질이나 첨가물을 배제한 '클린 라벨' 맥주를 만든다.

"우리의 방향성을 '환경 친화적'이라는 말 대신 '환경
의식적'이라고 표현해요. 모든 결정을 내릴 때 언제나
환경적 영향을 최우선으로 고려한다는 뜻이죠. 그래서
저는 노매딕 맥주를 마실 때 정말 만족스러워요. 양조로
세상을 조금이나마 더 나은 곳으로 만들기 위해 최선을
다했기 때문이에요."

전주를 찾을 당신께

노매딕 맥주는 매우 엄격하게 관리된다. 세계적 기준에 미치지 못하는 상품은
출시를 미루기도 하고, 행여나 이취(Off-Flavor, 의도하지 않은 냄새나 맛이 나는 것)
현상이 발생하면 주저 없이 폐기한다고. 그래서 좌니는 모든 맥주를 자신 있게
권할 수 있다 말하면서도 최종 선택권은 오롯한 손님의 몫이라 말한다.
그럼에도 그에게 추천을 부탁했다. 전주에 관한 이야기를 품었거나 어라운드
독자들에게 반드시 소개하고 싶은 노매딕 맥주를.

한옥 스테이 Hanok Stay

가볍고 쥬시한 세션 에일[1]
시트라, 모자익 홉[2] | 4.7도

"비어 가든에서 즐기기 좋은 맥주를 고민하며
만들었습니다. 배부르거나 무겁지 않아 계속 마시기
좋고, 무더운 날씨에도 부담 없이 즐길 수 있죠. '한옥
스테이'라는 이름은 전주한옥마을 내 스테이 업계에
경의를 표하는 마음에서 지었어요. 유기농 한국 쌀에서
얻은 당분으로 맥주를 발효해 독특한 드라이함과 실크처럼
매끄러운 질감을 선사하며, 은은한 홉 향이 어우러져 한층
세밀한 맛을 냅니다."

노매디카 Nomadica

비스킷과 캐러멜 향, 시트러스 향의 절묘한 조화
시트라, 빅 시크릿 홉 | 6.5도

"우리 양조장의 시그니처 인디아 페일 에일(IPA)입니다.
IPA는 오랜 시간 '이스트 코스트'와 '웨스트 코스트'
스타일로 양분되어 왔어요. 이스트 코스트 IPA는 바디감이
두텁고 달콤하며 주스 같은 풍미가 특징이고, 웨스트
코스트 IPA는 가볍고 드라이하면서 쓴맛이 강조되는
스타일인데요. 제가 만든 '서드 코스트Third Coast' IPA는
이 두 스타일의 장점을 절묘하게 결합한 제3의
스타일입니다. 서드 코스트라는 이름은 제가 자란 미국
오대호 지역을 의미하기도 해요. 은은한 오렌지빛을 띠며,
달콤한 몰트[3]에서 비롯된 풍부한 바디감[4] 위로 시트러스와
열대 과일 향이 조화를 이룹니다. 이 과일 향은 홉에서
추출한 천연 오일 덕분에 더욱 섬세하게 살아납니다."

잠깐!
맥주 용어 알아보기

1. 에일   : 발효 중 맥주 통 위로 떠오르는 효모를 사용하는 상면 발효 맥주.
2. 홉   : 맥주에 쓴맛과 향을 더하는 식물.
3. 몰트   : 보리 등의 곡물을 싹 틔운 후 건조한 것. 맥주의 단맛, 색, 바디감을 결정한다.
4. 바디감 : 입안에서 느껴지는 무게감.

시나몬 걸 Cinnamon Girl

계피와 바닐라 향신료를 더한 브라운 에일
오트 몰트 | 6도

"어느 날 아침 시나몬 롤을 먹다가 영감을 얻었습니다.
계피, 바닐라, 곡물이 어우러진 조합이 무척 마음에 들어서
이 독특한 재료 조합을 강조한 맥주를 만들어야겠다고
생각했죠. 크리미하면서도 뚜렷한 곡물의 풍미를 표현하기
위해 오트 몰트를 썼고, 베트남산 계피와 마다가스카르산
유기농 바닐라를 사용했어요."

비유어셀프 Beerurself

유기농 조청, 전주 남고산 천연 벌꿀로 만든 브래것
프로파일 몰트 | 8.3도

"브래것Braggot은 꿀과 맥아를 50 대 50으로 발효한
음료예요. 엄밀히 말하면 맥주가 아니고, 맛도 맥주와는
완전히 다르죠. 오히려 와인에 가깝다고들 합니다.
개발 전까지는 브래것을 마셔본 적도 없는데요.
전주에서 등산을 하다가 우연히 다정한 양봉가와
그의 멋진 양봉장을 알게 되었고, 그 에너지에 깊이
감동받아 브래것을 만들기로 결심했어요. 국내산 유기농
쌀을 활용해 전 세계 어디에도 없는 독창적인 음료를
만들었죠."

존 가렛

노매딕 브루잉 컴퍼니 대표

좌니와의 짧은 만남 이후, 노매딕에 대해 좀더 들려주길 부탁했다. 전주에서 그가 빼곡히 보내온 메일에서는 지역 양조장을 꾸려가는 일에 대한 자부심과 맥주를 향한 뜨거운 열정이 가득했다.

브랜드 이름은 방랑한다는 뜻의 '노매딕'이에요. 어떤 의미를 담았나요?
노매딕이라는 이름은 취미인 캠핑과 더불어, 도시와 나라를 옮겨 다니며 사는 저의 라이프스타일을 뜻해요. 제가 캠핑을 사랑하는 이유는 그 시간 동안 인생에서 정말 중요한 건 뭔지, 브랜드를 어떻게 이끌지 되새길 수 있기 때문이죠. 그리고 미시간 출신인 저는 인디애나·에콰도르·아일랜드·독일에서 양조를 공부했고, 지금도 여름과 겨울엔 한 달씩 고향에서 지내는데요. 이런 삶의 방식은 세상과 나에 대한 신선하고 건강한 시각을 유지할 수 있도록 도와줘요.

공간 곳곳에서 "균형 있는 삶을 위한 균형 있는 맥주"라는 문구가 보여요.
균형은 인생에서 가장 값지면서도 이루기 어려운 가치라고 생각해요. 누구나 일과 삶의 균형을 원하지만, 방법을 터득하기란 쉽지 않죠. 저는 그 해답이 마음, 몸, 영혼을 고루 돌보는 데 있다고 믿어요. 이 세 단어는 우리 양조장의 발효조에도 새겨져 있어요. 우리 삶의 각 요소가 제 역할을 하며 균형을 이루어야 하듯이, 맥주도 똑같아요. 물, 맥아, 홉, 효모 네 가지 원료가 조화를 이룰 때 비로소 완성되죠. 균형 잡힌 맥주는 제게 균형 잡힌 삶을 위한 관점을 가르쳐줬어요.

탭룸은 두 곳이에요. 전라감영 근처에 있는 노매딕 비어 템플부터 소개해 주세요.

노매딕 비어 템플은 양조장 맞은편에 있어요. 2년 전 건물을 인수해서 본래 모습에 가깝게 조금씩 복원하고 있고요. 일제 강점기 때 지어진 2층짜리 벽돌 건물로, 목조 천장이 그대로 보존되어 있죠. 1층은 오래된 원목 바닥과 아름다운 목재 보, 그리고 굵은 기둥이 떠받치고 있고 벽돌 또한 원형 그대로예요. 이 역사적인 건물의 관리자가 저라니 영광일 따름이죠. 마치 한국의 타임캡슐 속에서 맥주를 따르는 기분이랄까요? 이곳에서 맥주를 마실 때 '벽돌이 말을 할 수 있다면 어떤 이야기를 들려줄까?'를 상상해 보면 재밌어요. 2층에 있는 작은 무대에서는 가끔 하우스 음악을 디제잉하거나 인디 뮤지션들이 공연해요. 음악은 저희에게 매우 중요한 요소라 앞으로 이 부분을 더 발전시키고 싶어요.

다음으로 노매딕 비어 가든은 어떤 공간인가요?
양조장을 연 지 6개월 뒤, 두 번째 공간으로 한국 최초의 독립형 비어가르텐(맥주와 음식을 내어주는 독일식 야외 공간)을 열었어요. 탁 트인 하늘과 언덕 풍경, 전통 건축물에 둘러싸인 야외에서 맥주를 즐길 수 있다는 점이 특별하죠. 전주한옥마을에 이곳을 오픈했을 때 많은 분들이 의아해했어요. 대부분 번화가나 서울, 제주 같은 곳에 두 번째 매장이 생길 거라 생각했으니까요. 당시 한옥마을 거리는 젠트리피케이션으로 거의 비어 있었고, '임대' 간판이 줄지어 있었습니다. 하지만 저는 이곳이 문화적으로 적합하다고 생각했어요. 지금은 비어가르텐이 한옥마을의 '필수 방문 코스'가 되었고, 많은 분들이 이곳

덕분에 거리가 다시 살아났다고 고마움을 전하세요. 이제는 임대 간판을 찾아보기 어려울 만큼 활기를 되찾았답니다.

열 평짜리 공간에서 시작한 브랜드가 이렇게나 성장할 수 있었던 이유는 뭐라고 생각하세요?

우선 저는 성장만을 위해 브랜드를 키운 적은 없어요. 단기적 이익보다 노매딕이 지향하는 문화를 키우는 데 집중하는 게 더 옳고, 그 방법이 결국 성공을 가져올 거라 믿어서요. 과거를 회상해 보자면, 초기엔 정말 힘들었어요. 낮에는 맥주를 만들고 밤에는 맥주 서빙을 했고, 브랜드를 유지하려면 영어 강사 일을 병행해야 했거든요. 코로나가 닥쳤을 땐 노매딕을 접을 뻔했지만, 다행히 그 무렵 문을 연 비어 가든이 큰 사랑을 받으며 다시 일어설 수 있었어요. 단계적 일상 회복 기간에 야외 음주가 엄청난 인기를 끈 덕분이죠. 지금 노매딕이 이룬 성취는 어려움을 극복하는 과정에서 쌓아 올린 결과예요. 게다가 저와 노매딕을 진심으로 믿어주는 훌륭한 팀원들이 있어요. 우리는 회사라기보다 맥주와 전주, 자연을 사랑하는 부족에 가까워요. 이제는 그 회사를 함께 유지하고 더 나은 곳으로 만들어주는 멋진 사람들이 함께하네요!

전주에서 양조 브랜드를 운영한다는 자부심이 대단해 보여요.

많은 사람들이 서울, 부산, 제주가 아니면 성공할 수 없다고 했어요. 그 말이 저한테는 오히려 도전이 됐고, 이젠 그들이 틀렸다는 걸 증명했다고 생각해요. 노매딕은 전주 사람들에게 자부심이 되는 공간이 되었고, 세대를 아우른 손님들과 외국인까지 함께 어울리는 곳으로 알려져 있어요. 트렌드에 순응하거나 거부해야 하는 대도시의 압박에서 벗어난 덕분에 노매딕만의 개성을 더 자유롭게 드러낼 수 있었고, 서울이었다면 어려웠을 아름다운 건물도 가질 수 있었죠.

맥주를 빚을 때 지역 농산물만 고집한다는 점도 인상적이에요.

노매딕에는 'Farm To Brewhouse(농촌에서 양조장까지)'라는 맥주 시리즈가 있는데요. 우수한 현지 농산물을 손님들에게 소개하고 싶어서 시도했어요. 지금까지 딸기, 살구, 수박, 복숭아, 배 등을 써봤고, 인기가 좋아서 빠르게 소진돼요. 사실 수입 과일 퓌레를 사는 게 훨씬 비용이 절감되지만, 노매딕에서 직접 맥주에 쓸 퓌레를 만드는 게 문화적으로 훨씬 풍요롭다고 생각해요. 지역 사회를 도울 수 있고, 품질 관리에도 좋고, 제 구매력은 지역 농가들이 지속가능한 농법을 쓰도록

설득하는 힘이 되죠.

지역에서 양조장을 운영하는 건 왜 중요할까요?

지역 양조장은 지역 빵집, 음식점, 로스터리만큼 중요한 존재예요. 지역 양조장들은 로컬 농산물을 우리 일상으로 가져오는 규모 있는 움직임이고, 그 결과 지역 주민들은 맥주와 긴밀하게 연결돼요. 예를 들어 손님들은 양조장에 자주 드나들며 맥주 제조법을 질문하고 양조사에게 깊이 있는 설명을 들을 수 있죠. 실제로 저도 손님들과 맥주에 대해 자주 대화를 나누고, 받은 피드백을 반영해요. 특히 우리 양조장은 탭룸이 운영되는 밤에 기계를 가동하기 때문에 손님들은 맥주를 마시면서 양조 과정을 지켜볼 수 있어요. 이 기억은 단순히 노매딕 맥주를 매대에 올라간 상품이 아닌 삶의 한 조각으로 만들어줄 거예요.

노매딕 브루잉 컴퍼니는 앞으로 무엇을 꿈꾸며 나아가게 될까요?

지역 사회에 긍정적인 에너지를 불어넣는 것이 목표예요. 우리 공간이 시간을 멈추고 긍정적인 자기 성찰을 돕는 '신성한 음료'를 마시는 공간이 되면 좋겠네요. 모든 삶의 형태를 환영하고 축복하는 다문화적 장소가 되길 바라고요. 저는 노매딕이 더 많은 사람들에게 닿아 더 큰 영향을 미칠 수 있도록 신중하고 의미 있게 브랜드를 발전시키고 싶습니다.

맛으로 기억하는 전주

전주는 오랜 시간 미식의 도시로 불려 왔다. 여행객이 먼저 떠올리는 대표적인 음식부터, 전주의 삶 속에 스며든 맛까지. 이곳을 이야기할 때 빼놓을 수 없는 열 가지 음식을 소개한다.

에디터 황진아   일러스트 권주연

2.

1.

1. 콩국수

전주 토박이들이 오랜 세월 찾는 여름 별미다. 가장 큰 특징은 메밀면을 사용한다는 점. 지역마다 콩국수 간을 하는 방법이 기호에 따라 제각각이지만, 전주에서는 설탕을 넣는 것이 정석이다. 메밀면과 미숫가루처럼 진하고 고소한 콩국이 어우러져 더운 여름철 건강한 식사로 제격이다. 본격적으로 먹기 전, 국수 위 가득 올려진 콩가루를 골고루 섞는 것도 잊지 말자.

태평집
A. 전북 전주시 덕진구 조경단로 3-6
O. 화-일요일 10:30-15:00, 월요일 휴무

2. 황포묵회

녹두로 만든 황포묵은 전주를 상징하는 음식 가운데서도 단연 대표 격이다. 1950년대 전주비빔밥이 식당 메뉴로 자리 잡을 때부터 지금까지, 70여 년 동안 비빔밥 고명에서 빠진 적이 없을 정도. 황포묵에 오이, 쇠고기볶음, 단 세 가지 재료만으로 단출하게 무쳐낸다. 아삭한 오이와 고기의 감칠맛이 어우러져 깔끔한 맛을 완성한다. 담백하게 즐기고 싶다면 간장과 참기름만으로 양념해도 충분하다.

한국집
A. 전북 전주시 완산구 어진길 119
O. 매일 09:50-21:00

4.

3.

5.

3. PNB 풍년제과 초코파이

이미 너무 유명하지만, 그래서 더욱 빼놓을 수 없는 전주 대표 간식이다. 풍년제과의 초코파이 차별점은 빵에서 시작된다. 쿠키와 카스텔라의 중간쯤 되는 부드러운 번에 마시멜로 대신 버터와 달걀흰자로 만든 크림과 딸기잼이 들어 있다. 초코파이만을 위해 특별 제작된 초콜릿은 파이 전체가 아닌 네 귀퉁이에만 발라, 안쪽으로 먹어 들어가며 재료들이 만들어내는 맛의 조화를 차례로 느낄 수 있도록 했다.

PNB 풍년제과 본점
A. 전북 전주시 완산구 팔달로 180
O. 매일 08:00-22:00

4. 콩나물국밥

전주의 콩나물국밥은 그 자체로도 훌륭하지만, 곁들여지는 수란으로 더욱 빛을 발한다. 수란을 먹는 법은 다양하다. 잘 알려진 방법은 수란에 조미김을 잘게 부숴 넣어 간을 맞추고, 끓고 있는 국밥의 국물을 몇 숟갈 떠 넣어 흰자를 좀더 익혀 먹는 것이다. 수란만 고소하게 즐기거나 뚝배기에 바로 넣어 깔끔하게 맛보는 법도 있다.

삼백집 본점
A. 전북 전주시 완산구 전주객사2길 22
O. 매일 06:00-22:00

5. 물짜장

타지 사람들에게는 생소한 전주 음식. 새우, 오징어 같은 싱싱한 해물과 채소, 버섯 등 다양한 재료가 어우러져 깊은 맛을 낸다. 요리 마지막에는 고춧가루로 색과 향을 살리고, 전분을 넣어 걸쭉한 국물을 만든다. 짬뽕처럼 매콤하면서도 짜장처럼 걸쭉한 맛이 특징. 매운 음식을 못 먹는다면 하얀 국물의 물짜장도 있으니 취향에 맞게 즐기면 된다.

영흥관
A. 전북 전주시 완산구 현무1길 17
O. 수-월요일 11:00-20:30, 화요일 휴무

7.

6.

8.

6. 도토리 묵사발

예부터 전주는 물맛이 좋아 묵의
고장이었다. '건지산도토리'는 국내산
도토리만으로 매일 묵을 직접 민들어
쫀득한 식감을 살린다. 묵사발에는
한약재를 우려낸 살얼음 육수와 함께
큼직하게 썬 묵이 들어가 청량하고
깔끔한 맛을 낸다. 손이 많이 가는
작업 때문에 처음에는 묵을 별도로
판매하지 않았지만, 손님 요청으로
판매를 시작할 정도로 인기가 높다고.

건지산도토리
A. 전북 전주시 덕진구 동부대로 1051
O. 화-일요일 10:30-21:00, 월요일 휴무

7. 가맥

'가정용 맥주'나 '가게 맥주'를 줄인
말인 가맥은 전주에서 시작된 독특한
한잔 문화다. 원조로 꼽히는 곳은
1970년대 중앙동의 '영광상회'.
이어서 1980년대에는 전주시청과
관공서가 몰려 있던 중앙동과 경원동
골목골목에서 사람들이 퇴근길에
가맥 한잔으로 피로를 풀곤 했다. 요즘
전주 가맥은 황태포, 갑오징어, 치킨,
달걀말이 등 친근한 안줏거리와 함께
즐기는 것이 특징이다.

초원편의점
A. 전북 전주시 완산구 전라감영5길 19-9
O. 화-일요일 11:00-20:00, 월요일 휴무

8. 물갈비전골

전주에서 오랫동안 사랑받아 온 음식.
갈비 요리라 하면 흔히 찜이나 구이를
떠올리지만, 국물과 함께 갈비를
끓여낸다는 점이 특징이다. 여기에
전주 특산물인 콩나물이 아낌없이
들어가고, 버섯과 대파가 더해져 국물
맛을 한층 깊게 만든다. 전통적인
고기 육수에 매콤한 양념을 더한
뒤, 간장으로 조린 갈비와 당면까지
얹으면 전주식 물갈비전골이
완성된다.

자매갈비전골
A. 전북 전주시 완산구 기린대로 121
O. 수-월요일 11:00-21:00, 화요일 휴무

9.

10.

9. 오모가리탕

'오모가리'는 뚝배기라는 뜻의
전라북도 방언이다. 이름 그대로
투박한 뚝배기에 민물고기를 넣고
얼큰하게 끓인 것이 오모가리탕.
그 기원은 1950년대 전주천
한벽루 인근에서 잡은 민물고기를
즉석에서 끓여 먹던 데서 비롯했다.
오모가리탕의 매력은 바로 시래기다.
식당마다 무시래기를 쓰기도, 배추
시래기를 쓰기도 한다. 메기, 빠가,
쏘가리, 피라미 등 원하는 민물고기를
고를 수 있다는 점도 재미.

한벽집
A. 전북 전주시 완산구 전주천동로 4
O. 매일 11:00-21:00

10. 비빔밥

정작 전주 사람들은 비빔밥을
사 먹지 않는다는 우스갯소리도
있지만, 전주비빔밥은 일정한 품질
유지를 위해 시에서 표준 레시피를
제정하고 인증까지 하고 있어 이곳을
방문한다면 한 번쯤 맛볼 만하다.
온기를 느끼며 식사할 수 있도록
데워진 유기그릇에 콩나물과 황포묵,
고추장, 소고기 육회가 비빔밥의 맛을
살린다. 계절에 따라 쑥갓, 고춧잎,
깻잎 등 제철 채소가 올라가기도 한다.

성미당
A. 전북 전주시 완산구 전라감영5길 19-9
O. 화-일요일 11:00-20:00, 월요일 휴무

Book

펼친 책장 사이사이로

096

작가·뮤지션 오지은

110

레디터 고우리·이방글

120

우리, 서점에서 만나요

130

초록을 담은 서가에서

게임 '동물의 숲'에선 지나가는 주민에게 손쉽게 안부를 묻는다. 주머니를 기꺼이 펼쳐 보이며
가지고 있는 것들을 선뜻 건넨다. 빵, 과일, 생선…. 필요한 게 있을 땐 '그거' 가지고 있느냐고
넌지시 묻기도 한다. 지은은 전주로 이사를 오고 나서 알게 되었다. 이 세계에도 만나면 가방을 열어
책을 건네는 환대가 있다는 것을, 만나서 반갑다며 복숭아를 쥐여주는 마음이 있다는 것을. 지은은
긴 시간 발목에 달려 있던 추들을, 어쩐지 전주로 와 하나씩 떼어내기 시작한다. 마음이 좋아져서
전주로 온 건지, 전주로 와서 마음이 좋아진 건지는 모르겠지만 간결한 보폭으로 한 발씩 나아가는
걸음이 한결 굳세고 산뜻하다. 처음 밟는 땅을 걷고 있는 지은은 준비가 되면 이따금 이야기하겠지,
"저, 공연합니다. 전주에서요." 하고. 전라북도 '동물의 숲'에서, 간간이 초대장이 도착할 테다.

에디터 이주연(산책방) 포토그래퍼 Hae Ran

The Only Artist In Jeonju
전라북도 동물의 숲에 살고 있습니다

오지은—작가·뮤지션

앞으로 제 모든 북토크, 공연의 첫 회는 될 수 있으면
전주에서 하려고 해요. 제 공연만이라도 전주 사람들이 먼저 보는
환경을 만들고 싶어서요. 타지에 사는 사람들은 항상 공연을 보러
서울로 가잖아요. 그 거점을 전주로 옮겨보면 어떨까 싶은 거죠.

서신동에서 차분하게 살아가고 있습니다

**오랜만이에요, 지은 씨. 서울에서, 파주에서, 그리고
이번엔 전주에서 만나게 됐어요.**
제 중요한 시기마다 《AROUND》와 만나게 되네요.
전주에 저를 떠올려 주어서 기뻐요. 제가 생각하는 전주는
'이쪽'인데, 여기서 만나게 되어 정말 좋아요.

'이쪽'이라 함은….
제 구분이 맞는지 확신은 없지만 전주를 신시가지,
구시가지로 나누어 부르고 있어요. 신시가지가 전북도청이
있는 쪽이라면 구시가지는 객사가 있는 쪽이에요. 객사는
완산구 고사동 부근으로, 신시가지가 개발되기 전엔
서울의 명동처럼 중심지 역할을 했다고 해요. 지금은
구시가지로 불리고 있지만요.

**지은 씨는 전주에서도 중앙에 위치한 서신동에서
지내고 있죠. 어떤 동네인지 궁금해서 찾아봤는데 교통의
요충지라고 하더라고요.**
다른 동네에 비해 저희 동네는 내세울 게 없어요(웃음).
완전한 주거 지역이어서 이렇다 할 특징이 없다 보니
교통을 앞서 이야기하는 것 같아요. 전주천을 끼고 있는
서신동은 "어디를 가든 15분."이라는 표어가 있는
동네예요. 전주역을 가도, 전북대를 가도, 객사를 가도,
전북도청을 가도 전부 15분 안에 도착할 수 있는 곳이죠.
사실 저는 이런 '엣지 없음'을 가장 원했어요.

이유가 있어요?
생활 공간이 저한테 엣지 있는 말을 하는 게 버거워서요.
가장 핫한 브랜드, 가장 핫한 맛집, 가장 핫한 디저트….
그 사이에 둘러싸여 있으면 제가 왜 거기에서 살아야
하는지 모르겠다는 기분이 들어요. 저한테 핫하다는 건,
만일 그런 게 있다면 제가 차분하게 머무는 데서 오는
것일 거예요. 서신동 이야기를 좀더 해보자면, 여기엔

제가 아름답다고 생각하는 유년기의 원형이 남아 있어요.
복도식 아파트가 있고, 학교가 있어서 술집이 들어올 수
없고, 대학 주변으로 젊은 사람들이 적당히 오가고, 집값이
합리적이고, 평범한 가게에서 수준급의 커피와 빵과 밥을
만날 수 있는 곳이죠. 좀 다른 이야기인데 전주에선 맛있지
않으면 식당이 살아남을 수가 없어요. 동네에 하나씩
있는 보통 김밥집에서 신동진쌀을 쓰고, 단무지는 직접
만들어서 판매하거든요. 계절에 따라 다른 채소를 넣어
그 시기에 가장 맛있는 김밥을 만들어 내기도 하고요.
저는 지금 이런 동네에서 음악을 하고, 글을 쓰고 있어요.
그게 굉장히 만족스러워요. 반은 농담이지만, 예전부터
무리에서 저만 예술가인 게 마음이 편했어요(웃음). 물론
제가 모를 뿐 이곳에도 예술가가 우글우글 살고 계실 수도
있지만요.

**전주에 특별한 연고가 없는 걸로 알아요. 어느
매체에서 "소거법을 거치며 전주를 선택하게 되었다."고
이야기하신 적이 있죠.**
처음 이사를 결심하곤 많은 도시를 후보로 두었어요. 우선
서울과 수도권은 가장 먼저 제외했고, 경상도는 엄마와
이모들이 살기 때문에 제외했죠. 남은 곳 중 가장 마음이
간 데가 강원도여서 어느 겨울에 속초 한달살이를 하게
됐어요. 근데, 지내다 보니 여름엔 외지인이 몰려들고
겨울엔 모두 빠져나간다는 게 버겁게 느껴지더라고요.
그래서 속초와 비슷하지만 속초보다는 관광객이 적고
현지인이 많은 고성에 가게 됐는데, 고성은 바다의 기운이
확실히 고요하더라고요. 그 바다가 제 음기를 증폭시킬
게 분명해 보였죠. 그런 곳에서 1년 정도 머물면 끝내주는
작업을 할 수도 있겠다고 생각했지만, 음기에 휩싸였을 때
저 자신이 어떻게 될지 잘 아니까 꺼려지더라고요. 결국
강원도는 제외하게 됐어요. 그러다 '전주천'에 관해 듣게
됐죠. 여행자로서는 알 수 없는 생활자만의 장소라는

생각이 들어서 전주천을 보러 갔다가 '여기다!' 싶어서
천변이 보이는 집을 구해 월세살이를 시작했어요.
주변으로 높은 빌딩이나 왁자지껄한 번화가가 없고, 탁
트인 시야로 사람들이 사는 집과 천변이, 또 하늘과 산이
보이는 곳이라는 게 첫눈에 마음에 들었어요.

**홍대 쪽에서 살 때는 뮤지션으로서의 자아가, 파주에
살 때는 작가로서의 자아가 도드라졌을 텐데, 지금은
직업인보다는 생활자 오지은으로서의 자아가 조금 더 힘이
있는 상태일 것 같아요.**
의외로 반대예요. 오히려 동네에서 받는 무언의 압박이나
긴장이 없어서 '다음엔 어떤 작업을 할까?'라는 생각을
정말 많이 하고 지내요. 홍대 부근에서 살 때는 현재를
살기에 급급했고, 파주에서는 좋은 의미로 관 안에
들어가 있는 듯한 느낌이었거든요. 저는 10년가량 음악을
해오면서 너무 많은 일을 겪었어요. 여자라는 이유로
끔찍한 말도 많이 들었고, 그 말에서 헤어 나오지 못하면서
원래 있던 우울증이 훨씬 더 심해지기도 했는데요. 그런
마음을 파주에서 많이 달랠 수 있었죠. 홍대에선 힘껏
발산하고 파주에선 한없이 가라앉는 시간을 보냈다고
생각해요. 그러다 가족 관계에 변화가 생기면서 살아갈
도시를 다시 탐색하게 된 건데요. 사람들은 신변에 변화가
있을 때, 혹은 자유로워지고 싶을 때 좋아하는 나라나
도시에 가서 한달살기를 하잖아요. 저는 프리랜서이기도
하고, 자유롭게 다닐 수 있는 상태가 되었으니 꼭 수도권에

있지 않아도 되겠다는 생각이 들었어요. 그렇게 전주로
오게 된 건데, 지금 저는 가장 좋은 시기를 보내고 있어요.
전주에 살아서 좋아진 건지 좋아진 상태에서 전주에
온 건지, 그건 영원히 알 수 없겠지만 제 안의 시야가
또렷해져서 '내가 뭘 해야 되겠다.'랑 '내가 지금 무얼 하고
있다.'는 걸 확실히 인식하게 됐어요.

그게 어떤 의미예요?
예전엔 뭘 하더라도 '이건 아니지 않아?' 하는 생각이
컸어요. 누군가에게 들은 나쁜 말들을 쉬지 않고 생각했죠.
누군가는 내가 노래하는 걸 보며 포르노 배우처럼
노래한다고 하겠지, 내 음악에서 냄새가 난다고 하겠지,
작업물이 구리다고 하겠지…. 음악 작업을 할 때면 이런
계열의 끔찍한 생각이 PTSD처럼 떠오르곤 했는데 전주에
오고 나니 하나씩 정리가 되더라고요. 굉장히 깨끗한
책상을 갖게 된 느낌이에요.

깨끗한 책상이라면….
실제 제 책상은 엄청 더럽지만(웃음) 제 마음의 책상이
깨끗해진 거죠. 그 덕에 지금 저는 진짜 '생활자'처럼
살고 있어요. 일상도 잘 살피고, 작업에 관해 긍정적으로
생각하고, 이 동네에 완전히 녹아든 것처럼 지내고 있죠.
한번은 문화센터로 수채화를 배우러 갔는데요. 제가
거기서 막내더라고요. 제 바로 위가 65세(웃음). 요즘은
수영도 다니고 있는데, 잘 안 올라가는 할머니 수영복도
대신 올려드리고 마음 편히 수영하면서 지내고 있어요.
전주가 좋고 서울은 나쁘고, 전주 사람들은 착하고 서울
사람은 못됐다고 말하고 싶은 건 당연히 아니에요.
뭐랄까…. 도시 분위기가 저랑 잘 맞는다고 해야 할까요.
꼭 끝의 끝까지 간 동화에서 사는 기분이에요. 그런 생활을
누리고 있다는 게 신기할 때도 있어요. 도시 분위기 덕분에
마음가짐도 많이 바뀌었고요.

마음 건강도 좋아졌고요?
스스로 좋다고 말할 정도로 아주 좋아요. 작업과 저
사이 관계가 편해졌거든요. 예전엔 작업을, 특히 음악을
생각하면 가장 먼저 찾아오는 생각이 '죽고 싶다.'였어요.
왜 그런지 이유를 몰랐는데 전주에서 만난 상담 선생님이
그러시더라고요. 음악을 하면서 상처를 너무 많이 받아서
음악 작업을 생각하면 정신이 저를 지키기 위해 방어하는
것 같다고요. 안 돼, 그쪽으로 가지 마, 거기 가면 너 죽어,
하고 말렸던 거예요. 선생님 말씀을 듣고 깨달았어요.
저는 음악을 하면서 상처받은 걸 그동안 무시하고 외면해
왔다는 걸.

조금 더 들어볼 수 있을까요?

저는 소위 '인디'라고 말하는 신에서 잘 풀린 편이에요. 아직 기반이 제대로 잡히지 않은 때 직접 실물 앨범을 만들고, 공연 때마다 가지고 다니면서 팔고…. 누군가는 저를 '이것저것 다 하는 애'라며 비꼬기도 했지만, 그런 환경에서도 제 음악을 들어주는 분들이 있었어요. 활동을 안 해도 계속 기다려 주는 사람들이 있는데 제가 절망하는 건 사치처럼 느껴졌어요. 혼자선 버티기 힘드니까 계속 정신과 약을 먹으며 견뎠어요. 약을 먹은 지는 오래됐지만 심리 상담을 받은 건 불과 2-3년 전부터인데요. 전주에 와서는 새 선생님과 상담을 이어 나갔는데, 스무 번 남짓 만나면서 제 마음이 정말 많이 달라졌어요. 이를테면, 상담소 주차장 아저씨랑 가까워진 것도 변화 중 하나예요. 처음엔 쌀쌀맞다고 느낀 분인데 자주 오가다 보니 나중엔 제가 주차할 자리도 만들어 줄 정도로 관계가 발전했죠. 아마 예전의 저라면 제 고통이 너무 크니까 그런 배려와 다정함을 볼 여유조차 없었을 거예요. 전주에 오고 나서, 상담을 종결하면서 뭔가… 정화되었어요. 사실 정화라는 말을 쓰는 게 좀 낯간지러워서 '퇴마'라고 돌려 얘기하곤 하는데요(웃음). 저는 전주에 살면서 확실하게 정화되었어요. 전주에 온 이후로 저 자신과의 관계가 깔끔해졌다는 생각을 자주 해요.

지금 지은 씨 마음에서 가장 달라진 게 뭐라고 생각해요?

저 이런 말 처음 해보는데, 발화하고 나서 제 기분이 어떨지 저도 너무 궁금해요.

아아… 뭐죠?

이젠 제가 잘한다는 걸 알아요. 음악도, 글쓰기도요.

세상에. 너무 좋아요.

저는 한 번도 제가 잘한다고 생각한 적이 없어요. 이런 이야기를 친구들한테 터놓고 한 적이 있는데요, 그 얘길 들은 한 친구가 그러더라고요. 옛날엔 '저 언니 왜 저래.' 하고 생각했대요. 음악도 꾸준히 하고 있고, 사람들이 계속 좋아해 주고, 공연 영상 보면 너무 잘하고, 집 사진만 봐도 끝내주고, 강아지랑 고양이마저 귀엽고…. 근데 계속 자괴감을 느끼니까요. 근데요, 다른 사람 눈엔 제가 좋아 보였을지 모르겠지만 저는 아니었어요. 저를 욕할 100만 가지 방법을 아는 '내면의 악플러' 씨가 계속 끔찍한 메시지를 보내왔거든요. 네가 더 잘했어야지, 사람들이 7만 7천 원을 내고 공연을 보러 왔는데 당연히 잘해야지, 하고요. 올림픽 다이빙 종목을 보면 가끔 그런 선수 있잖아요. 기술을 하나도 못 하고 툭 떨어져 버리는 선수. 매번 그런 기분이었어요. 망했어요, 떨어지세요, 죽으세요, 마음에서 계속 그런 소리가 들렸어요. 근데 지금은 제가 뭘 잘하고 뭘 못했는지가 명확히 보여요. 그리고 제가 한 일이 누군가에겐 의미가 있다는 걸 명쾌하게 받아들이게 됐어요. 내가 할 수 있는 것 중 최상의 결과를 내면 누군가한테 가치가 있다, 오케이. 나는 이걸 얼추 20년 가까이 했다, 오케이. 나는 잘한다, 오케이.

내면의 악플러 때문에 좌절하던 순간에도 지은 씨를 잡아준 건 무엇이었어요?

지금 생각해 보면 여자들이었던 것 같아요. '여자는 공주'라는 프레임은 환상이라고 봐요. 제 주변 여자들은 그 누구보다 강하거든요. 무거운 악기를 들고 여기저기 다니면서 돌쇠처럼 일하는 여자 뮤지션들이 그렇고요, 제가 존경하는 여자 동료 작가들, 선배 작가들, 그리고 책방을 꾸리고 카페를 운영하는 여자 사장님들이 그래요. 훌륭한 직업인들이죠. 허세 하나 없이 담담하게 가치를 좇는 사람들이 곁에 있다는 게 저한테는 큰 힘이었어요. 특히 전주에 와서는 그런 강인함으로 공간을 운영해 나가는 여자들을 많이 만났어요. 그 덕에 어떤 책방을, 카페를, 바를 더 사랑하게 됐고요. 전주에 놀러 온 동료 뮤지션을 데리고 제가 좋아하는 카페에 갔을 때 "공간이 편안한데 커피를 진짜 예리하게 내린다."는 이야기를 들으면 제 일처럼 기뻐요. 그럴 때면 자부심을 느끼면서 "너는 곧 이곳을 그리워하게 될 것이다. 하지만 어쩔 수

없다, 서울에서 6천 원 주고 커피를 사 마셔라." 하고
'스웩'을 부리게 되죠(웃음).

**살아간다는 건 이웃과 관계를 맺는 일이기도 하잖아요.
주변 사람들과는 어때요?**

얼마 전에 전주에서 세이수미, 김뜻돌, 불고기디스코가
공연을 한다길래 보러 갔거든요. 저한테는 공연장이
일터이기 때문에 일부러 가는 일은 잘 없는데, 이것도
저한테 생긴 큰 변화 중 하나예요. 근데 그 공연장에 제가
아는 이웃이 다 모여 계시더라고요. 주로 가게를 운영하는
주인들인데 공연장에서 만나니까 더 반가웠어요. 전주
사람들이 어떤 분위기냐면, 그러니까 게임 '동물의 숲'
주민들 같아요. 가방에 있던 책도 나눠 주시고, 주머니 속
복숭아도 건네주시고(웃음). 정말 '동물의 숲'처럼, 제가
복숭아를 받아 왔다니까요!

**지은 씨 표정에서 행복이 보이는 것 같아요(웃음).
앞서 전주천이 보이는 집에서 월세살이를 시작했다고
이야기하셨는데요. 얼마 전에 그 집을 사셨다고요.**

그 집은 원래 집주인이 20여 년 동안 살아온 집인데요.
어느 날 집주인이 집을 팔게 되었다고, 집을 정리해야 할
것 같다고 하시더라고요. 그때 큰 고민 없이 "그래요?
그럼 제가 살게요." 그랬어요. 저는 전주천이 보이는
이 아파트에서 살아가는 게 너무 만족스러워요. 서울과
비교하면 집값이 훨씬 저렴하기 때문에 가능한 일이기도
했는데, 저도 이런 짓은 처음 해봐요(웃음).

어떤 점이 특히 좋았어요?

약간 가려진, 슬쩍 천변 뷰 아파트인데도 천이 충분히
보인다는 게 좋고, 그 너머로 산이 보이는 것도 좋아요.
시야를 가리는 게 없어서 다른 사람들이 살아가는 집이
보이고, 고분도 보이죠. 저희 집에서 보이는 고분은
170년대에 만들어진 곳인데요. AD 170년이면 고구려,
백제, 신라 시대보다도 전이잖아요. 게다가 고분
너머로 전주 이씨 무덤이 쫙 펼쳐져 있는데 거기가 정말
양지바른 곳이거든요. 조선 최고의 셀럽 이성계가 태어난
곳이 전주가 맞구나 싶고(웃음). 2천여 년 전부터 '여기
살아야겠다.'는 마음으로 사람들이 살기 시작한 동네라는
게 좋았어요. 그러니까 처음부터 서울 콤플렉스, 수도
콤플렉스가 없을 수밖에 없던 도시인 거예요.

**전주에서 어떻게 지내고 계시는지 좀더 들어 보고
싶어요. 오늘은 몇 시에 하루를 시작하셨어요?**

지난 주말엔 '오지은서영호'로 공연을 했어요. 워낙
오래 활동을 안 한 팀이라 예전의 저라면 공연은 생각도

안 했을 텐데, 전주에 오니까 확실히 음악을 대하는
마음이 달라졌어요. 정규 4집 작업을 시작해야겠다는
마음도 들고…. 공연을 마음먹고 나니 첫 공연은 무조건
전주에서 해야겠다 싶었어요. 공연하고 나서 좀비처럼
하루를 보내고 나니까 오늘이 밝았는데요. 인터뷰 시각을
착각해서 하마터면 늦을 뻔했어요(웃음). 보통은 아침
10시면 일어나는데 오늘은 겨우 눈을 떠선 부랴부랴
하루를 시작했죠.

**안 그래도 공연하고 휴식도 없이 인터뷰가 괜찮을까
싶었어요.**

옛날에는 공연하고 나면 죽을 정도로 피곤했는데 지금은
아무리 피곤해도 죽을 것 같진 않아요. 데뷔했을 때에 비해
20킬로 정도 살이 붙은 덕인지 체력도 훨씬 좋아졌어요.
이전엔 아무리 먹어도 살이 안 찌던 시절도 있었거든요.
그때 저는 홍대 한가운데서 지내면서 뭔가를 발산하는
사람에게 밀리지 않으려고 애썼어요. 먹는데도 왜 살이
안 찌냐고 물으면 '내 뱃속엔 몸만 한 회충이 있다.'는 식의
위악적인 농담을 던지면서 외적으로든, 작업으로든 뭔가를
발산하고자 했죠. 근데 어느 순간 안 그래도 되지 않나
싶더라고요. 음악은 악기랑 제가 하는 거고, 글은 컴퓨터랑
제가 쓰는 건데 위악을 부려서 뭐 하나 싶어졌어요. 이번
주는 공연을 막 마친 시기니까 쉬엄쉬엄 보내면서 주간지
마감을 해보려고 해요. 지금은 그간의 바쁨으로 집에
패악질을 부려둔 수준이라 청소도 해야 하고요(웃음).
구례에서 작업을 해볼까, 생각하고 있어요.

구례요?

저희 집에서 차를 몰고 한 시간 이동하면 구례에
닿는데요, 구례는 뒷산이 지리산인 동네예요. 너무너무
잘생긴 지리산이 그저 뒷산인 곳이죠. 지리산이 보이는
숙소에 머물면 아주 넓은 품에 폭 안기는 느낌이 들어요.
집중이 필요할 때, 좋은 기운을 흡수하고 싶을 때 종종
찾고 있죠. 아무도 없는 캠핑하면 작은 불도 커 보이고,
조그마한 풀벌레 소리도 엄청나게 크게 들리면서 감각이
깨어나잖아요. 저는 그런 느낌을 구례에서 받곤 해요.
구례에서 작업할 때도 생활자처럼 지내는데요. 2천 원만
내면 체육회관 수영장에서, 무려 통창으로 자연광이
들어오는 수영장에서, 할머니·할아버지들 사이에서 수영할
수가 있어요. 역시나 창 너머로 지리산이 크게 보이고요.
저는 지금 전라도를 만끽하면서 살아가는 중이에요.

**상상만 해도 아름답네요. 지리산의 품에서 하는
수영이라니….**

반려견 '흑당이'랑 즉흥적으로 변산 해수욕장에 가서

놀다 오는 것도 좋아해요. 변산반도도 차로 한 시간이면
가는 데다가, 고속도로가 아니라 논밭 뷰이기 때문에
하늘과 밭 색깔을 보며 달리는 것만으로도 기분이 확
좋아지거든요. 저는 지금 제 삶이 제가 동경해 온 미국
여성 작가 에세이에서 나오던 이야기 같아요. 대체로
그들은 뉴욕이 아닌 변두리에 살며 어느 호숫가에서
카약을 타고 개랑 한 시간씩 숲을 걷곤 하는데, 그 멋진 걸
제가 사는 데서도 할 수 있게 된 거예요. 누군가는 마포
래미안에서, 반포 자이에서 사는 게 최고 목표겠지만
저는 전주 구시가지의 두 글자 아파트에 사는 게 좋아요.
현대, 장미 같은 이름을 가진 곳들이요. 그런 곳에 살면서
수영장에 다니고, 이렇게 훌쩍 구례나 변산을 다니는 거.
게다가 서울을 오가기에도 편해요. 전주역에서 용산역까지
KTX로 1시간 40분이거든요. 파주에서 강남 가는 것보다
전주에서 용산 가는 게 쉬워요. 제 세계관에선 지금의 제가
끝판왕이에요(웃음).

**지은 씨는 일적으로도 전주를 거점으로 삼고자 하는 것
같아요. 오랜만에 선보인 오지은서영호 공연도 전주에서
시작했고, 앞으로 공연은 되도록 전주에서 먼저 하고
싶다고 하셨죠.**
서울에는, 홍대에는 수 개의 라이브 클럽이 있고 매일
공연이 열리지만 전주는 달라요. 지금은 씨앗을 심어야
하는 시기라고 봐요. 싹이 틀지 확신할 순 없지만 제가 할
수 있을 때 뭐라도 해두면 좋겠다는 생각이 커요. 누군가는
자의식 과잉이라고 할 수도 있겠죠. 근데, 저한테는 그냥

의식이에요. 앞으로 제 모든 북토크, 공연의 첫 회는
될 수 있으면 전주에서 하려고 해요. 제 공연만이라도 전주
사람들이 먼저 보는 환경을 만들고 싶어서요. 다른 지역에
사는 사람들 중에서도 더 빨리 보고 싶은 분이 있다면 전주로
오시겠죠. 타지에 사는 사람들은 항상 공연을 보러 서울로
갔잖아요. 그 거점을 전주로 옮겨보면 어떨까 싶은 거죠.

**많은 부분이 그렇지만 확실히 문화·예술 인프라는
서울에 훨씬 더 집중되어 있죠.**
서울은 누군가가 숟가락을 들고 이거 먹어라, 저거 먹으라
하면서 떠먹여 줘서 이미 배가 불러 있는 곳이라면,
전주는 누군가가 숟가락을 들고 있으면 "대박! 나
먹어볼래!" 하는 분위기예요. 워낙 자원이 없고, 수요도,
인프라도 적으니까요. 그러니까 여기 남아 문화·예술계를
이끌어가는 이들에겐 어떤 결심이 필요했다고 생각해요.
그들 생각을 100퍼센트 알 순 없지만, 서울에서 일할
수도 있고, 전주에서 문화·예술 일이 아닌 걸로 살아갈
수도 있을 텐데 팍팍한 와중에도 여기서 이 자리를 지키고
있는 거잖아요. 전주는 서울에 비하면 문화·예술 향유자의
비중도 적어서 이쪽 일로는 떼돈을 벌 순 없거든요.
환경이 조성돼 있지 않으니 노력도 엄청나게 해야 하고요.
그럼에도 여기를 지키겠다고 마음먹었다는 건,
제 오해일지라도 대단한 결심이었을 거예요. 제가
좋아하는 전주의 가게 사장님들이 저를 환대해 주실 때
자주 생각해요. '나 지금 전주에서 아주 사치스러운 인생을
살고 있구나.' 하고요.

좋아하는 책방의 환대를 받고 있습니다

오늘은 지은 씨가 좋아하는 책방 세 군데를 돌아보며 대화를 나누기로 했죠. 휴무일인데도 지은 씨 인터뷰라고 하니 흔쾌히 문을 열어 주시고, 호방하게 비밀번호를 건네주신 책방지기들에게 한결같은 다정함을 느꼈어요. 가장 먼저 방문한 '물결서사' 소개부터 들어볼까요?

아, 정말 잘 말하고 싶네요. 물결서사는 책이 아주 적은 책방이에요. 서가에 서면 꽂혀 있는 모든 책을 볼 수 있는데요. 책이 적고 한눈에 보이는 덕에 큐레이션이 아주 잘된 전시처럼 느껴지기도 하는데, 분위기는 또 유하고 부드럽죠. 이 서점은 임주아 시인이라는, 굉장히 서글서글한 책방지기가 운영하는 공간이에요. 물결서사가 있는 동네는 원래 '선미촌'이라고 하는 성매매 업소가 모여 군락을 이룬 곳이었어요. 전북 곳곳에서 성매매를 하기 위해 사람들이 드나들던 성매매 집결지였는데, 선미촌의 시대가 끝나자 유흥업소에 다른 역할을 입히는 사람들이 생겼어요. 이 공간은 물결서사라는 이름으로 책방이 된 거고요. 물결서사는 작고 오래된 2층 건물인데요. 1층은 두 공간으로 나누어져 있어요. 한쪽엔 작은 서재가, 한쪽엔

빙 둘러앉을 수 있는 커다란 테이블이 있죠. 테이블이 있는 쪽에선 책 관련 행사가 열리기도 해요. 그리고 좁은 계단을 따라 올라가면 전시 공간이 나오는데, 같이 올라가 보실래요?

계단이 정말 좁고 높아요. 왠지 해리 포터에 나올 것 같아요. 다 올라가면 새로운 세계가 펼쳐질 것 같은 느낌(웃음).

2층엔 북토크를 했거나, 혹은 할 예정인 작가의 공간이 꾸려져 있어요. 누구나 오갈 수 있는데, 작가의 작품 세계를 공간으로 느낄 수 있는 구성이죠. 마치 아늑한 다락 같지 않나요? 날 선 전시 공간이 아니라 푸근하고 따뜻하게 공간을 채우는 게 물결서사의 특징이라고 봐요. 지금은 김지승 작가 전시가 진행 중인데요, 곧 함께 북토크가 예정된 작가여서 더욱 반갑네요. 이번 전시는 작가의 방을 그대로 옮겨둔 콘셉트라 들었는데… 지승 씨는 진짜 아름답게도 해놓고 작업하네요. 제 책상은 엉망진창인데(웃음). 지금은 이렇게 아늑한 공간이지만

물결서사
A. 전북 전주시 완산구 물왕멀2길 9-6
O. 화-토요일 12:00-19:00, 일·월요일 휴무

한때는 성매매하는 데 쓰였거나, 성매매하는 여성이
쉬는 공간이었겠죠. 저는 이런 공간을 문화·예술적으로
활용하는 흐름이 대단하다고 생각해요. 그러나 사장님들은
이런 사실을 적극적으로 어필하지 않아요. 의도를 알리고
내세우기보단 '앞으로 이곳에서 책방을 어떻게 계속 해나갈
수 있을까.'에 더 집중하죠. 이런 특징은 제가 아무리 말로
해도 다 전해지지 않을 거예요. 직접 와서 보고 느껴야만
와닿을 가치거든요.

**수요가 많지 않음에도 지속되는 이유, 해나갈 수 있는
동력이 뭐라고 생각하세요?**
당사자가 아니라 섣불리 얘기할 순 없지만 제가 보기엔
허세가 없어서 가능한 것 같아요. 1–2년 하고 마는
일이라면 허세가 끼어들 수 있거든요. 근데 10년 이상
끌어가다 보면 그 영역에서 훌륭한 생활인이 될 수밖에
없어요. 누군가의 평가를 기대하기보다는 어떻게 하면
본질을 집중할까를 더 고민하는 거죠. 동네 사람들이
편하게 오가야 유지가 되는 곳에서는 허세가 큰 도움이
안 돼요. 저는 그런 데서 오는 강인함을 아주 좋아해요.
유행을 좇는 게 틀렸다는 건 아니에요. 세상은 힙한 문화와
평범한 문화로 양분되는 게 아니고 중간에 수많은 것이
있어야 건강하게 굴러가는 거잖아요. 저마다의 가치가
있겠죠. 다만, 그 균형을 맞추기 위해서는 이런 강한 의지를
지닌 사람이, 공간이 반드시 필요하다고 봐요. 이런 공간과
점점 더 가까워지고 좋아하게 되면서 왜 서울 인력에만
매달려야 하나, 지방에도 이토록 좋은 자원이 있는데,
싶을 때가 많아요.

**아직 턱없이 부족하지만 그래도 전보다는 지역 기반
행사가 많아졌다는 생각이 들어요. 긍정적인 변화를
경험한 적이 있나요?**
얼마 전에 제1회 '움직임성평등영화제'에 초청받게
됐는데요, 세종에서 처음 선보이는 영화제인데 GV를
맡아줄 수 있겠느냔 연락을 받았어요. '칸영화제'에서 라
시네프 부문 1등상을 수상해서 화제인 〈첫여름〉(2025)
GV로, 허가영 감독님이랑 이야기 나누는 자리가
될 예정이에요. 제가 세종시에서 열리는 영화제에
초청받은 건 전주에 살고 있는 덕이라고 생각해요.
'움직임성평등영화제'가 서울에서 열렸다면 가장 먼저
이다혜 기자나 셀럽 맷을 떠올리지 않았을까요? 그런데
세종시는 충남이니까 '가까운 전북에 오지은이 있다!' 하고
저를 찾아준 거죠. 저는 이런 흐름이 무척 긍정적이라고
봐요. 문화·예술 인력이 서울에만 집중돼 있는 환경이
이제는 바뀌었으면 좋겠다고 생각하니까요.

책방토닥토닥

A. 전북 전주시 완산구 풍남문2길 53 남부시장청년몰 2층
O. 화-일요일 12:00-20:00, 월요일 휴무

정신없이 대화하다 보니까 시간 가는 줄 모르겠네요. 부랴부랴 두 번째 책방으로 자리를 옮겼는데요. '책방토닥토닥'은 휴무일인데도 지은 씨가 온다니까 흔쾌히 문을 열어 주셨어요. 책방지기들의 사랑을 한데 받고 있다는 게 느껴지더라고요.

책방토닥토닥은 '토닥'이라고 부르는 곳인데, 앞서 전주 가게들엔 허세가 없다고, 본질에 집중하는 강인함이 있다고 말씀드렸잖아요. 토닥은 그런 강인함이 실제로 눈에 보이는 공간이에요. 토닥은 1호기, 2호기 두 사람이 운영하고 있는데, 처음 이곳을 알게 됐을 땐 책방 이름만 보고 감성적인 공간을 떠올렸어요. 그런데 막상 와보니 사회주의 좌파 서점인 거예요(웃음). 저기 보세요, 공간 곳곳에 적힌 표어가 딱 봐도 사회주의 서체 아닌가요? 끓어오르는, 그러면서도 담담한 글자들. 이 공간엔 다양한 책을 큐레이션 해두었지만 사회과학 서적이 특히 살벌하게 배치돼 있어요. 하루는 책방에 갔더니 사장님 두 분이 머리를 빡빡 민 채 인사하시더라고요. 어찌 된 일이냐 물으니 새만금 신공항 반대 시위에 다녀왔는데 누군가 머리를 밀어야 한다고 해서 "밀겠습니다!" 하셨대요. 그런 분들이 운영해 나가는 공간인데, 또 책에는 엄청나게 진심이죠. 어느 정도냐면 토닥에선 간단한 마실 거리도 팔고 있거든요. 근데 얼마 전엔 감명 깊게 읽은 책 주인공이 집중할 때 마시는 차를 구했다, 지금 내릴 거다,

하시는 거예요. 찬쉐의 《격정세계》에 나오는 차인데요. 어떻게 안 마셔요. 제발 팔아달라고, 4천 원만 받아달라고 사정했죠(웃음). 토닥에 가면, 이분들 이야기로 에세이 두세 편은 쓸 수 있겠다 생각할 때가 많아요. 엄청 강인한 분들이지만 귀여운 면도 있어서 갈 때마다 에너지를 얻고 있죠. 전주시 자랑 중 하나인 '책쿵20'에 어쩌다 오류가 나면 세상에서 제일 안타까운 표정으로 "이게 왜 안 되지? 이게 왜 안 돼!" 할 때 특히 귀엽다고 느껴요(웃음).

아, 드디어 책쿵20 이야기가 나왔네요. 전주시의 가장 멋진 시스템!

제가 참 사랑하는 제도예요. 공식적인 정보로 소개하자면 "읽을수록 쌓이고, 읽을수록 아끼는 전주책사랑 포인트"라고 이야기하는 제도인데요. 독서 문화를 확산하고 온라인 서점이나 대형 서점과의 가격 경쟁에 밀려 어려움을 겪는 지역 서점의 경영 안정을 돕기 위해 마련된 시스템이에요. 열두 개 전주시립도서관에서 책을 빌리고 반납하면 현금처럼 쓸 수 있는 포인트가 한 권당 50포인트씩 적립되니까, 책도 읽고 포인트도 받는 쏠쏠한 시스템이죠. 제가 특히 좋아하는 건 연계된 동네 서점에서 책을 샀을 때 무려 20퍼센트나 할인된다는 점이에요. 온누리 상품권을 사용하면 10퍼센트가 추가로 할인돼서 책 한 권을 사더라도 훨씬 저렴하게 구입할 수 있어요.

'왜 나는 전주 시민 아니지?' 생각할 정도로 부러운
제도예요. 아, 이번에 알게 됐는데 전주가 우리나라에서
도서관이 가장 많은 도시더라고요.

맞아요. 전주는 책의 도시예요. 근데 아무도 그렇다고
얘기하지 않아요. 그냥 우리끼리 좋은 것들을 향유하면서
만족하고 있죠(웃음). 도서관이 가장 많은 것과 더불어
서점도 곳곳에 정말 많아요. 저는 문화에 관심 있는 30-
40대 여성이 얼마나 살고 있는가를 보여주는 지표가
요가원과 독립 서점 개수라고 생각해요. 이 지표가 제가
살 곳을 정하는 기준이 되기도 했는데요. 독립 서점과
도서관이 이렇게나 많은데, 책쿵20이랑 여러 할인 제도를
결합하여 책을 20-40%까지 저렴하게 살 수 있다니!
개인이나 사립 단체의 활동이 아니라, 시에서 만든
제도라는 게 얼마나 좋아요. 합법적인 방법으로 저렴하게
책을 살 수 있는 게 전주 시민의 특권인데 동네방네 소문도
안 내는 도시. 남들은 알든가 말든가, 그게 전주예요(웃음).
음식도 그래요. 너무 좋은 재료로 진짜 맛있는 음식을
하는 데가 보통인데 좀처럼 자랑하는 법이 없죠. 오늘
점심에 뭐 드셨어요?

'베테랑칼국수'요. 저 그런 칼국수 처음 먹어봐요. 깜짝
놀랐어요.

베테랑! 국물이 녹진하니 맛있죠? 근데 전주 사람들은요,
베테랑이 맛있네, 뭐가 유명하네 얘기하고 다니지를
않아요. 이미 '현대옥'은 전주콩나물국밥으로 너무 유명한
집이잖아요. 서울과 수도권 곳곳에 진출했는데도 전주
사람들은 그걸 드러내서 뿌듯해하질 않죠. 저는 학창

시절을 부산에서 보내서 부산의 리듬도 잘 알고 있는데요.
부산 사람들은 "야, 우리 이거 끝내준다, 마. 딴 데는
없다." 하는 분위기라면 전주는 "현대옥? 늦게까지 하니까
거기 가는 거지~." 하는 식이에요. 근데 먹어보면 끝장나게
맛있는 거죠(웃음). 또 하나 이 지역의 특징이 있다면 굉장히
잘 참고 기다려 준다는 거예요. 저는 운전면허를 전주에서
땄는데, 초보 운전이라 어설픈 게 많은데도 경적을 들어본
적이 없어요. 그래서 제가 운전을 잘하는 줄 알았어요.
근데 대구에 갔더니… 운전하는 20여 분 동안 '빵' 소리를
다섯 번은 듣게 되더라고요(웃음).

운전하시면서 '마이카노래방' 시리즈를 SNS에
업로드하고 있잖아요. 그 영상에서도 경적이나 차량
소음을 들어본 적이 없는 것 같아요.

전주가 그렇다니까요(웃음). 마이카노래방 시리즈를 시작한
것도 제겐 참 큰 변화예요. 저는 음악을 진짜 잘하는
사람을 보면 '나 어떡하지, 저 사람이 저렇게 잘하는데
내가 왜 음악을 해야 하지?' 하는 생각을 하곤 했어요.
제가 굳이 음악을 할 필요가 없다고, 저 사람 음악 들으면
된다고 생각해서 작업해 나가는 걸 욕심이라 여긴 거죠.
'비틀스 앨범과 내 앨범 금액이 똑같다고?' 생각하면서
죄책감을 느낄 때도 많았는데요. 그런 생각으로 모든 음악
활동을 잔뜩 긴장한 채, 날이 선 채로 해왔는데,
차 안에서 노래 부르는 영상을 찍어서 공개한다는 건 저를
옭아매던 추에서 벗어났다는 방증이라고 봐요. 게다가
마이카노래방이 계속될 수 있도록 경적 한 번 울리지 않는
도시라니!

벌써 대화 나눈 지 여섯 시간에 접어들고 있어요. 책방 영업이 끝났는데도 문을 열어주신 마지막 장소는 '잘익은언어들'인데요. 건물이 번듯하고 깔끔해서 새로운 세계에 당도한 기분이에요.

단독 건물에 공간도 널찍하고, 서가가 깔끔하고 잘 정돈돼 있는 곳이죠. 둘러보면 아시겠지만 여긴 정말 '쌔끈'해요. 층고도 높고 굉장히 번듯하죠. 이곳에 처음 들어섰을 때, 무례하게도 '경제적으로 부유한 분이 하는 서점이구나.'라고 생각했어요. 그런데 어느 날 사장님이 뒤뜰에서 고추를 돌보고 계신 걸 봤어요. 그때 거리감이 확 좁혀지더라고요. 물결서사나 토닥이 서울로 따지자면 홍대 인디 문화의 연장선 같은 곳이라면, 잘익은언어들은 오롯한 전주 커뮤니티라고 할 수 있어요. 물결서사나 토닥에는 저를 아는 사람들이 오갈 확률이 높지만, 잘익은언어들은 저를 모르는 전주 사람들이 오가는 세계예요. 저는 새로운 곳에서 대단히 멋진 것들을 만나게 되죠.

탁 트인 느낌이 들어요. 2층엔 카페도 있나 봐요.

거기도 제가 좋아하는 곳이에요(웃음). '해류'라는 카페인데 커피 맛도 분위기도 좋아서 자주 들러요. 제가 붙인 이름인데, '작가를 위한 격리석'에 자주 앉곤 하죠. 다른 자리와는 동떨어진 1인석으로 글이 잘 안 써질 때 찾고는 해요. 바로 앞 벽에 나 있는 창을 통해 맞은편에서 나부끼는 빨래들도 볼 수 있는 자리인데, 할머니가 빨래를

잘익은언어들
A. 전북 전주시 덕진구 거북바우로 68-1, 1층
O. 매일 13:00-18:00

걷어 가는 모습도 종종 볼 수 있어요. 이런 장면을 마주할 때마다 여행하면서 훔쳐보곤 하던 장면에 생활자로 들어선 것 같다고 생각하게 돼요. 만일 지금 제 모습을 20대 오지은이 본다면 '깨달은 척, 좋은 척하는 나이 든 사람'이라고 생각했을지도 몰라요. 그때의 저는 서울을 사랑하고 싶었고, 서울이랑 잘 지내고 싶었거든요. 서울도 저를 사랑하는 것 같았고요. 그게 나쁘다는 건 아닌데요, 제 본질은 그 바깥 세계에 있던 거예요.

그 '바깥 세계'에서 예술가로서 어떤 일들을 이루고 싶어요?

전주에서 활동하는 문화·예술 계열 종사자가 "오지은은 너무 많이 불렀다."라고 생각하는 날이 왔으면 싶어요. 여기서 너무 뻔한 사람이 되기까지 하는 거.

'전주국제영화제'가 이미 2년 연속 지은 씨를 찾고 있잖아요. 삶의 터전을 옮기자마자 전주 주요 행사에 함께하게 됐는데 목표를 이루기까지 오래 걸리지 않을 것 같아요.

'전주국제영화제'와 함께하게 된 계기도 재미있어요(웃음). SNS에 "'전주국제영화제' 관계자가 내가 전주에 산다는 걸 알았으면 좋겠다. 내가 페미니즘 영화와 음악 영화에 특화된 사람이란 걸 알아주면 좋겠다." 같은 이야기를 올렸거든요. 근데 "GV를 부탁드리고 싶습니다~." 하는 메시지가 왔어요. 올해 '전주국제영화제'에서 제가 맡은 GV는 꽤 수위가 높은 페미니즘 영화였는데요. 저는 그 '미친 여자 주인공'의 서사가 얼마나 아름답게 구성된 예술인가를 이야기하고 싶었어요. 영화의 형식, 구조를 이야기하는 제너럴한 GV는 누군가가 훌륭하게 해주실 테니까 저는 치우친 이야기를 하고 싶더라고요. 계속 이렇게 함께할 수 있어서, 전주와 호흡을 맞춰가고 있는 것 같아서 좋아요.

전주에서 문화·예술이 설 곳이 생길 수 있도록 지은 씨만의 행보를 계속 이어갈 것 같아요. 앞으로 어떤 일들을 꿈꾸고 있어요?

저는 언젠가 쟁쟁한 여성 뮤지션들을 모아 페스티벌을 열고 싶은데요. 서울문화재단보다는 전주문화재단의 지원을 받기가 수월할 테고, MBC보다 전주 MBC가 도와줄 확률이 클 수도 있겠다고 생각해요. 전주에 살게 되면서 문화·예술의 거점을 지방으로 넓힐 방법을 더 많이 생각하게 됐어요. 지금은 지방에서 열리는 공연도 대부분 서울에서 먼저 시작한 공연 포맷을 그대로 옮길 뿐이잖아요. 저는 전주에서 공연 포맷을 만들어서 서울로, 또 다른 지방으로 옮기는 시도를 해보고 싶어요. 무조건

지방으로 가야 한다, 전주가 절대 선이다, 라고 이야기하고 싶은 건 아니에요. 서울과 격차가 크다는 걸 알리고, 보완해 나가고 싶어요.

시도로 끝나지 않고 순환하려면 어떤 요소가 필요할까요?
공간, 예술가, 향유자가 반드시 있어야 해요. 전주에 '더 뮤지션'이라는 공연장이 있는데요. 브로콜리너마저, 페퍼톤스 같은 친구들이 전주 공연을 한 곳인데, 2층이거든요. 서울 라이브 클럽은 대부분 지하니까 지상에서 공연을 한다는 건 뮤지션에게 엄청난 일이에요. 이번에 오지은서영호로 공연한 '로컬공판장 모이장'도 대단해요. 전주남부시장과 나란히 있는 곳이어서 공연장 옆은 방앗간이고, 그 옆에선 생선을 판단 말이에요. 근데 모이장에는 야마하 그랜드 피아노가 아무렇지 않게 놓여 있어요. 저는 전주의 그런 공간들을 충분히 활용해 보고 싶어요. 서울에서 활동하는 동료들도 더 많이 초대하고 싶고요. 지자체 내에도 문화·예술 분야를 활성화하고 싶다는 욕구가 있을 텐데, 나서서 뭔가 해보고자 하는 예술가가 지역 내에 있다면 서로에게 좋겠죠. 그게 가능해진다면, 아카이빙하고 알리는 게 중요해질 거예요. 잘하고 싶어요, 잘할 수 있을 것 같아요.

앞으로 이곳에서 희로애락을 겪어나갈 텐데, 마지막으로 이런 상상을 해볼게요. 30년 뒤 전주시가 자신의 자서전을 쓰는데요, 문화·예술 파트에서 지은 씨 이야기를 담아보고 싶대요. 어떤 기록을 남길 것 같아요?

"전주를 기반으로 문화·예술계에서 활동한 작가이자 뮤지션 오지은. 40대 초반에 전주에 내려왔다. 커리어 중 가장 명작이라 할 수 있는 앨범 [○○○○]과 책 《○○○○○○》을 전주에서 썼다. 지금은 ○○동에서 살아가고 있다."

30년 뒤에도 전주에서 살아가는 오지은을 꿈꾸고 있군요?
어떻게 될지는 아무도 모르지만, 만일 그렇게 살아가고 있다면 그땐 허니문을 끝내고 산전수전을 다 겪은 상태겠죠(웃음)?

나름의 질서로 꾸려진 서가를 거닐다 맘에 드는 책들을 골라 카운터로 가지고 갔더니 지은 씨가 한달음에 달려와 '책쿵20'으로 결제한다. 기만 원어치의 책이 부담 없는 금액으로 확 줄어든다. 와, 즐거워. 마지막 책방에서의 대화를 마치고 나왔을 때, 골똘한 얼굴로 "무얼 먹여 보낼지 고민이에요." 하던 그는 식당 한 곳을 권하면서 전화로 영업하는지 확인하라고 당부한다. 전주는 영업시간과 관계없이 일찍 문을 닫는 가게가 태반이라면서. 지은 씨, 정말 전주인이구나…. 영업은 끝났지만 들어와도 좋다던 사장님의 환대, 곧이어 차려진 고등어와 계장 백반. 동네 밥집 투어 1박만 하고 갈까, 탐욕이 밀려오는 걸 가까스로 참으며 서울행 KTX에 올랐다. 기꺼이 전주로 공연을 보러 오겠지, KTX를 조금 더 자주 타게 되겠지, 어렴풋이 상상하면서.

인터뷰를 마치고 돌아오는 기차 안, 의자에 머리를 기대고 눈을 감으니 전주로
주섬주섬 챙겨 갔던 질문들이 머릿속으로 떠올랐다. 두 사람이 말간 얼굴로
조심스럽게 전한 답변을 하나씩 곱씹어봤다. 어떤 대답은 또 다른 물음으로 이어져
생각이 꼬리에 꼬리를 물다가 이내 뜬금없는 결심으로 다다랐다. 오늘 밤에는
아끼는 펜을 꺼내 내 엉성한 마음을 적어 누군가에게 전해야겠다고. 그들이 내게
들려주고 간, 편지 위에 새겨온 경쾌한 사랑 이야기 덕분이다.

종이 위에 새긴 경쾌한 사랑

고우리·이방글―레디터

에디터 황진아   포토그래퍼 강현욱   장소 협조 하우스먼트

서툰 마음을 꺼내 애정으로 빚은 글

편지를 매개로 활동하는 레디터의 고우리 디자이너와 이방글 기획자. 두 사람과 대화를
나누며 가장 많이 사용한 단어는 '마음'이었다. 그들과 이야기하면서 결국 편지 쓰기는
서툰 마음을 꺼내어 애정으로 빚어내는 일이라고 생각했다. 설익은 마음이 부끄러워
몇 번을 지우고, 쓰던 편지지를 구기고 빈 종이를 다시 채우며, 그래서 사랑의 흔적이
잉크 자국처럼 번져 있던 그들의 사적인 편지 이야기.

어제 저랑 문자 나누면서 긴장된다고 말씀했죠(웃음).
잠은 푹 주무셨어요?

방글 네, 잠은 잘 잤어요(웃음). 저희가 인터뷰를 많이
해본 것도 아니고 직접 대면하는 걸 좀 부끄러워해서
걱정되더라고요. 어제저녁에 둘이 통화하면서 "내일
어떡하지." 했거든요.

<u>우리</u> 그래도 "우리가 말 잘 못해도 에디터님이 알아서
예쁘게 다듬어주실 거다." 하면서 안심시켰는데 사실
저도 많이 긴장했어요(웃음).

부담 없이 편하게 얘기 나눠 봐요. 먼저, 오늘 만난
이 카페 '하우스먼트'부터 소개해 주실래요? 통창 너머
풍경이 참 멋지네요.

방글 저 창으로 보이는 풍경이 계절마다 달라져요.
사계절 변화를 바라보는 재미가 있죠. 물론 커피와
디저트도 훌륭하고요. 전주에서 웨이팅이 있을 정도로
인기 많은 카페는 흔치 않은데, 주말이면 자리 잡기가
어려울 만큼 북적여요. 저희가 사는 동네에서는 조금
멀지만 계절마다 꼭 한 번은 들르려고 해요. 좋아하는
공간이라 오늘 이곳에서 뵙자고 했어요.

전주에서도 완산구는 유독 더 한가롭게 느껴지더라고요.

방글 저는 전주가 복잡한 듯하면서도 또 안 복잡해서
좋아요. 물론 서울에 비하면 한없이 한가로운 동네지만,
이 안에서 살다 보면 가끔 복잡하게 느낄 때가 있거든요.
그런데 중심가에서 조금만 벗어나면 금세 고요해져요. 또
전주에는 프랜차이즈 카페보다 감성이 묻어나는
개인 카페가 더 많은 것도 매력이고요.

<u>우리</u> 맞아요. 도시 규모에 비해 독립 서점도 많고,
핸드 드립을 직접 하는 개인 카페도 곳곳에 있죠.

덕분에 근사한 공간을 알게 되었네요. 두 분도 전주에서
처음 만나 인연을 이어왔다면서요.

방글 저희는 첫 직장에서 만났어요. 그때도 저는 기획자,
우리 씨는 디자이너였는데 서로 결이 잘 맞았는지
이야기 나누는 게 참 즐거웠죠. 책이나 문구, 커피 같은
관심사도 비슷했고요. 퇴사 후에도 언니 동생처럼 인연을
이어왔어요. 그러다가 코로나 시기에 청년 지원 사업을
계기로 '레디터' 프로젝트를 구상하게 됐어요. 사회적 거리
두기로 관계가 조금 삭막해진 시기에 사람들을 어떻게 더
가깝게 연결할 수 있을지 고민했고, '편지'를 매개로 팀을
꾸리게 된 거죠. 그 기획에 함께해 달라고 우리 씨에게
부탁했어요.

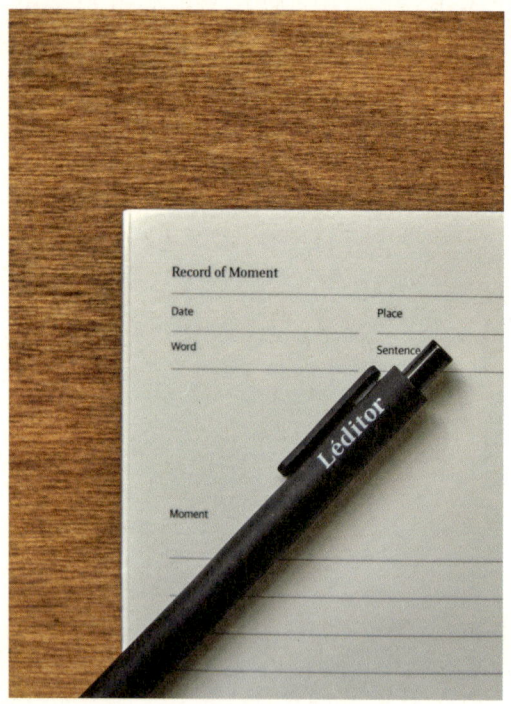

우리 씨는 그 제안을 받았을 때 어땠나요?
<u>우리</u> 좋았어요. 저희 둘 다 직접 만들어낸, 손에 잡히는 결과물에 대한 갈망이 있었거든요. 회사에서 디자이너로 일하다 보면 개인 작업보단 클라이언트 작업을 주로 하게 되잖아요. 주체적으로 결정하고 선택하며 디자인할 수 있다는 점이 특히 좋았어요.

편지라는 소재가 매력적으로 느껴진 이유는 무엇이었나요?
<u>우리</u> 편지에는 쓴 사람의 마음이 자연스럽게 담기고, 받는 사람도 그걸 느낄 수 있다는 점이 매력이에요.
<u>방글</u> 맞아요. 편지는 '진짜 마음'을 담아야만 쓸 수 있는 글이잖아요. 진심이 안 담기면 한 줄도 이어가기 어렵죠. 그래서 누군가가 나를 떠올리며 손으로 정성껏 글을 써 내려간다는 사실이 울림을 줘요. 메신저나 말로는 불필요한 말이 섞이거나 의도와 다르게 전해지기도 하지만, 편지에는 그런 마음들이 좀더 진지하고 다정하게 담기는 것 같아요. 저희에게 편지는 마음속 깊이 간직한 진심을 꺼내어 상대방과 더 깊이 연결되게 해주는 도구랄까요.

그 다정한 도구를 언제부터 즐겨 쓰게 됐는지 궁금해져요. 두 분은 어린 시절에도 편지와 가까웠어요?
<u>우리</u> 네, 어릴 때부터 카드를 꾸미고 손으로 직접 만드는 걸 좋아했어요.

방글 저도 초등학생 때부터 편지 쓰는 걸 무척 좋아했어요. 크리스마스가 되면 꼭 카드를 써서 친구들 집에 보내곤 했죠. 당시엔 크리스마스실이 유행이라 열심히 실을 붙이고 꾸미기도 했고요. 아, 저 충북 옥천에 사는 친구와 서울에서 지내는 언니랑 펜팔도 주고받았어요.

펜팔이요! 어떤 편지를 주고받았나요?
방글 예전에는 잡지에서 직접 펜팔 친구를 모집했거든요. 주소와 자신의 취향을 올려놓으면 관심 있는 사람이 편지를 보내오는 방식이었어요. 저는 당시 H.O.T. 팬이었는데, H.O.T.를 좋아하는 언니와 펜팔을 시작했죠. 저는 초등학생, 그 언니는 고등학생이었던 걸로 기억해요. '이 오빠가 너무 멋있다.' 같은 팬심 가득한 편지를 주고받으면서 인형이나 H.O.T. 굿즈를 선물로 받기도 했어요. 정말 즐거운 경험이었죠.
<u>우리</u> H.O.T. 펜팔이었어(웃음)?

우리 씨는 처음 아는 사실인가 봐요(웃음).
<u>우리</u> 펜팔을 했다는 건 알았는데 H.O.T. 팬이랑 주고받은 건 처음 알았어요(웃음). 그런데 생각해 보면 저도 중·고등학생 때 동방신기를 좋아해서 팬카페에서 만난 친구들과 편지를 주고받은 적이 있네요.

레디터의 시초는 덕심에서 비롯됐군요(웃음).
방글 역시 진심으로 좋아해야 뭐든 할 수 있다니까요.

편지를 통하면 잘 알지 못하는 사람과도 감정을 주고받으며 돈독해질 수 있으니까요. 두 분은 서로 손편지도 자주 써요?
<u>우리</u> 네, 자주 써요. 막상 만나면 깔깔 웃으며 수다 떠느라 하지 못한 말들이 많거든요. 저는 늘 고마움 반, 미안함 반의 마음으로 써요. 편지를 쓸 때면 항상 고마운 마음 뒤로 미안한 마음이 생기더라고요. 언니가 주는 애정에 비해 제가 부족한 것 같고, 더 잘하고 싶은데 그러지 못하는 마음이 늘 따라와서요.

어쩐지 미안한 마음은 고마운 마음보다 더 표현하기 어려운 것 같아요.
<u>우리</u> 맞아요. 고맙다는 말은 오히려 쉽게 하는데 미안하다는 말은 유독 편지로만 하게 되더라고요. 말로 하기엔 왠지 부끄러운 감정이라서요.

그런 부끄러운 감정까지 적어낼 수 있을 만큼, 왜 우리는 편지 앞에서 더 솔직해지고 용감해지는 걸까요?
방글 즉흥적이지 않기 때문이라고 생각해요. 어떤 말을

TO. 빵언니에게

언니 어느새 연말이네요! 올 한해도 수고많았어요!
여느해 못지 않게 올 한해도 바쁘게 보낸 것 같은
데 올 2024년은 언니에게 어땠나요?
이렇게 편지를 쓰다보니 한해를 되돌아보게 되는데
저는 조금 더 주변인들을 챙길걸, 계절을 만끽하여
하루하루를 조금 더 의미있게 보낼걸 하여 약간 후회
스러운 마음이 들어요. 고난도 결국 언니 퇴사하기 전
까지 못가보고 늘 무언가를 이루게 된 한해였지 않나
쌉쌀해지는데... 그래도 소소하게 나마 만나면
즐겁고 좋은 시간들이 도운도운 기억속에 있어서 감사한
마음이에요. 올 한해 아쉬움을 기억하고 내년에는
좋은 것들로 채워야지요! 내년에는 함께 계절나들이도
하고 레디터도 재있는 프로젝트도 하고 좋은것들 채우고
좋은 시간들 만들고 좋은 마음들 널리 널리 퍼트려요~
제 주변 사람들 중 가장 긍정왕♡ 옆에 있는 사람들에게
좋은기운을 나눠주는 언니에게 더더욱 좋은 것들만
가득하길 바라고, 저도 언니에게 예쁘고 좋은 것들만
드릴게요! 20대에 만나서 30대를 지나오면서

언니와 꽤 많은 추억들을 쌓았네요. 그때는 이렇게
가까워질 줄 몰랐는데 첫회사에서 이렇게
좋은 인생의 친구를 얻게 되다니 생각해보면
정말 운이 좋았다라고 생각들어요. 나와 비슷한 취향
나와 다른 섬세함과 다정함, 따뜻한 마음씨
좋은 것들을 바라보는 안목, 좋은 것들을 마음속에 채울줄아는
그 모든 것들을 가진 언니가 제 옆에 있고 함께
젊은 날을 지내와서 다행이고 감사해요.
나 스스로가 어떤 태도로 살아가는 지도 중요하지만
주변의 사람들에 의해 사람은 늘 변화하고 동화되기에
언니가 주는 영향에 의해 저의 삶도 행복하고
따뜻하게 보낼 수 있었어요. 감사합니다. 2025년에는
안좋은 기억들은 나누며 지워내버리고 좋은 것들은
나누며 더 커질수 있기를 내년에도 내 후년에도
좋은 추억 만들어요! 늘 언니의 평안과 행복을
진심으로 기도해요. 내년에는 더 즐겁고 건강하기를~
마지막으로 메리크리스마스! 해피뉴이어!
빵언니 2024년에도 고마웠어요~ 내년에
또봐요~ 2024. 12. 23 뚤리 씀 ☺

P.S. 올해 큰수술한건물은 마음건강 몸건강! 건강하기를
바라는 마음으로 유산균과 데일리 영양을 준비해봤어요!

From. 김빵 ♡

VENEZUELA
中国人民郵政
8

9. 500

To. 방글 ☺ ♡♡

올봄은 꽃이 조금 늦게 피고 있지만
어김없이 봄이 왔고 당신의 생일이
돌아왔어요. 당신을 만나고 열번째
생일을 제일 가까운 곳에서, 제일 먼저
제일 많이 축하해 줄수 있어서
감사하고 행복해요.
늦게 피는 꽃은 기다리는 사람의
마음을 안달나게 하기도 하죠
하지만 그 기다림은 간절하고 소중한
존재를 깨닫게 해줘요.
당신은 나에게 올봄 늦게피는
꽃처럼 간절하고 소중한 사랑이에요
일상을 살다보면 그 마음을 종종
놓칠 때도 있지만 앞으로 더 감사
하면서 악착같이 당신을 사랑할게요

고마워요
사랑해요
2024년 4월 2일

산책하기 좋은 계절을 함께 한 방글이에게

방글, 언젠가 너에게 편지를 쓰고 싶었는데 편지관련 일을 하는
너에게는 아름다운 단어와 완벽한 문장을 써야 할 것 같은 부담감이 있었어
그 부담감을 가지고 쓰는 편지라 글씨가 이상하고 문장이 어설퍼도 이해해줘.

작년 가을쯤 함께 산책을 하면서 두요일과 금요일은 나에게 특별했어
너는 어땠을지 몰라도 나는 너와 함께 걷고 대화를 나누며
깨달음도 얻고 위안도 받았던 것 같아
나도 그만큼 너에게 해준 게 있다면 좋았을 텐데
늘 투정부리고 부정만 뽑아낸 것 같아. 그랬다면, 미안. 사과할게
그래도 얻은 것 없다고 생각한 직장에서 너와 길벗양 같이
무해한 친구들을 만나서 참으로 다행이야
언젠가 고맙다고 꼭 말하고 싶었어.
나와 여기까지 인연이 되어줘서 정말 고마워!
앞으로도 이 인연이 지속될 수 있도록 최선을 다 할게.

날이 더워지게 시작한 무렵부터 이번이 마지막 산책이 될지도
모르겠다는 생각을 하면서 나가곤 해. 우리의 마지막은 아니었으면 하고..
더위가 한풀 꺾이고 서늘한 공기가 감돌면 다시 걷자
그때는 웃으며 좋은 얘기만 나눌 수 있도록 노력할게.
　　　나랑 또 걸어줄거지?

　　　　　　　　　　　　　　　　　　　은미가 ♡

전할지, 어떻게 표현할지 충분히 고민하고 다듬는 시간이
주어지잖아요. 또 상대의 즉각적인 반응을 볼 수 없는
도구이기에 쓰는 동안은 온전히 제 감정에만 집중할 수
있어요. 그래서 평소에는 꺼내지 못한 고백이나 고마움,
미안함을 담아낼 수 있는 것 같아요.

<u>우리</u> 또 한편으론 수신인이 다수가 아닌 특정한
대상이라서 그런 것 같아요. 그 대상이 나 자신이든 다른
친밀한 누군가이든, 나와 그 대상 사이만의 이야기니까
굳이 꾸밀 필요도 없고, 공개될 일도 거의 없잖아요.
그래서 솔직해지는 것 같아요.

**그런 솔직함이 듬뿍 담긴, 기억에 남는 편지가
있다면요?**

<u>우리</u> 남편과 결혼하기 전, 남편이 먼저 한 달에 한 번씩
편지를 쓰자고 제안했어요. 일주일에 한두 번은 얼굴을
봤지만 말로는 다 하지 못한 속마음이나, 한 달을
돌이켜보며 상대방에게 전하고 싶은 생각을 담았죠. 지금
다시 꺼내 보면 부끄럽고 낯간지럽기도 하지만, 그때의
감정이 생생하게 되살아나요. 단어 하나, 문장 하나를
고심해서 써준 게 느껴지거든요. 그래서 늘 고마웠고
또 받고 싶고 기다려지기도 했어요. 요즘엔 안 쓰고 있긴
한데요(웃음). 지금은 주로 기념일에만 쓰고 있어서
그때의 편지가 더 애틋하게 느껴지는 것 같고요.

<u>방글</u> 생일이나 특별한 날이라면 편지를 받을지도 모른다는
기대가 생기잖아요. 그런데 아무 날도 아닌데 이유도 없이
불쑥 건네받은 편지는 울림이 크더라고요. "문득
네 생각이 나서", "이 말을 꼭 해주고 싶어서" 같은,
계획되지 않은 진심이 예상치 못한 순간에 찾아왔을 때
감동이 더 크게 오더라고요. 제가 수요일 아침마다 함께
산책하는 친구가 있는데, 그 친구가 불쑥 편지를 건넸어요.
편지지를 보니 저희가 함께 걸었던 산책로와 비슷한
그림이 그려져 있더라고요. 그 편지지를 보자마자 저한테
써야겠다는 생각이 들었다고 하는 거예요. 말로 표현할
수 없는 감동을 받았죠. 아, 혹시 몰라서 그걸 오늘 가지고
왔어요.

아, 정말 다정한 마음이네요. 같이 한번 볼까요?

편지로 그리는 자화상

잘 쓴 편지라는 건 없지만 누구나 편지를 '잘 쓰고 싶다'는 마음은 품고 있다.
레디터는 편지 쓰기 초심자를 위한 리추얼 프로그램을 운영하며 참가자가 자신의 내밀한
생각을 들여다볼 수 있도록 돕는다. 글로 속마음을 적으며 자신을 이해하고, 일상에서
쉽게 흘려보내던 감정들을 하나씩 발견하다 보면 편지를 통해 마주한 내 얼굴이 조금씩
선명해진다.

요즘 시대에 직접 쓰는 편지가 갖는 의미는 무엇이라고 생각해요?
방글 요즘 기술이 빠르게 발전하면서 챗 지피티처럼 AI와 대화하는 분들도 많아졌죠. 그래서 오히려 편지가 갖는 의미가 더 커진다고 생각해요. 아무리 AI가 정교해도 잉크 냄새가 배어 있는 종이의 질감이나 손 글씨에 담긴 감정까지 완벽하게 표현할 수는 없거든요. 손 글씨는 쓰는 사람의 감정 상태를 고스란히 보여줘요. 기분이 좋을 때는 획이 힘차고 또박또박하고, 마음이 울적할 때는 글씨체가 흐트러지기도 하죠. 편지는 이런 불완전하지만 온전한 사람의 흔적을 담아내요. 아무리 시대가 빠르게 변해도 사람만이 가진 아날로그적 온기를 대신할 수 없다는 걸 편지가 보여준다고 생각해요.

사람은 불완전하므로 온전하다는 말에 공감해요. 레디터는 그 서툰 감정을 담아내는 방법을 안내하는 프로그램을 운영 중이죠. 좀더 자세히 설명해 줄 수 있어요?
우리 저희는 편지가 사라지지 않길 바랐고, 이를 위해 사람들에게 편지가 어렵지 않다는 걸 알려주는 것부터 시작해야 했어요. 그래서 '어떻게 하면 더 쉽게, 편하게 느낄 수 있을까?'를 고민했죠. 편지 쓰기 리추얼 프로그램은 자기 자신에게 오롯하게 집중할 수 있도록 돕는 프로그램이에요. 우선 편지를 보낼 대상을 정한 뒤, 그 대상으로부터 자연스럽게 연상되는 단어를 떠올리는 것으로 시작해요. 생각나는 단어들을 검열하지 않고 적어 내려가면서 지금 자신의 감정 상태를 확인하고 마인드맵처럼 점차 넓혀가며 확장해 나가는 방식이에요.

수신인이 누구든 글을 쓰는 나의 감정에 먼저 집중해 보는 거군요.
우리 맞아요. 타인도 좋지만 한 번쯤은 자신에게 편지를 써보면 좋겠어요. 내 고민이나 감정을 활자로 꺼내어 있는 그대로 보고 스스로 위로하는 경험이, 오히려 상황을 객관적으로 판단하게 해주더라고요. 나에게 편지를 쓰면 온전히 나를 돌아볼 기회를 갖게 되거든요. 평소에는 어떤 감정으로 살아가는지 곱씹지 않으면 쉬이 흘려보내기 마련이니까요.
방글 많은 분이 편지를 어떻게 시작해야 할지, 무엇을 써야 할지 고민하시는데요. 저희는 그 막연한 두려움과 막막함을 조금만 덜어주면 충분하다고 생각해요. 막상 쓰기 시작하면 어렵지 않거든요. 저희는 그런 안내자 역할을 하는 거죠.

편지 쓰기를 통해 사람들에게 어떤 경험을 안내하고 싶었어요?
방글 '조금 서툴러도 괜찮다.'는 메시지를 전하고 싶었어요. 사람들은 늘 완벽해 보이려고 노력하잖아요. 특히 가까운 사람에게 실망을 주지 않으려 더 애쓰고요. 하지만 편지는 그런 부담을 내려놓고, 솔직한 마음을 있는 그대로 표현할 수 있는 도구라고 생각해요. 맞춤법이 조금 틀려도 문장이 매끄럽지 않아도 괜찮아요. 중요한 건 그 안에 담긴 진심이니까요. 완벽하지 않은 모습 그대로의 '나'를 보여주는 연습이 될 수 있어요. 그 서툰 솔직함이 오히려 관계를 더 깊고 단단하게 만들어줄 수 있다는 걸 알려주고 싶었어요.

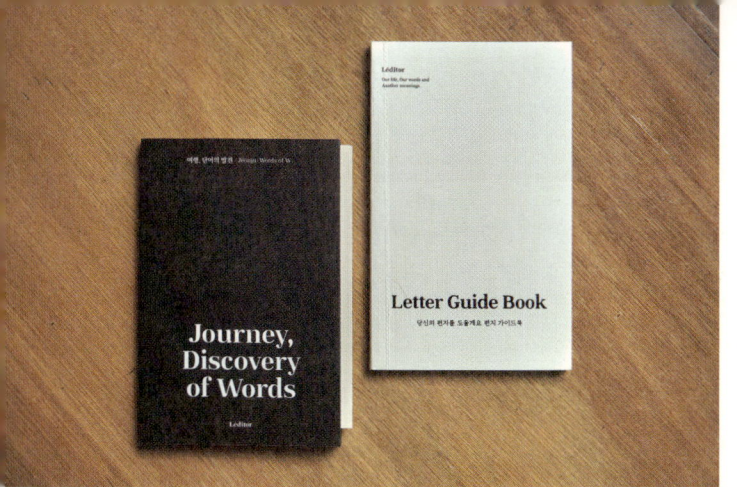

참여자들에게 받았던 의견 중 기억에 남는 후기가
있다면요?
우리 대부분 손이 아프다는 말을 많이 하시는데(웃음).
그만큼 잊고 있던 감각을 깨워줘서 고맙다는 말과 다시
편지를 써 봐야겠다는 말이 기억에 남아요. 그리고
고등학교 2학년을 대상으로 리추얼 프로그램을 진행한
적이 있는데요. 처음에는 아이들이 집중하지 못하고
시끌벅적했어요. 그런데 점점 몰입하기 시작하더라고요.
적어낸 편지를 보니 생각도 깊고 자신에 대해 치열하게
고민한 모습을 볼 수 있었어요. 편지에는 그들만의 고민과
미래에 대한 불안도 담겨 있었고, 아이들이 진지하게
편지를 읽고 소감을 나누는 모습을 보면서 마음이
뭉클했어요.

자기 자신에게 쓰기를 권유하시는 이유를 얼핏 알 것
같아요. 두 분이 생각하는 편지의 효용은 무엇인가요?
우리 되돌아보게 하는 힘이 있어요. 익숙하지 않아서
어렵게 느껴지지만, 나한테 편지를 쓰면서 내 생각과

감정을 돌아보는 경험을 할 수 있잖아요. 이제는 연락이
닿지 않는 사람들의 편지도 여전히 저한테 남아 있어서
당시의 우리가 주고받던 감정을 다시 느낄 수 있기도
하고요. 또 어떤 대상에게 편지를 쓸 때는 그 사람과의
추억이나 순간을 떠올리게 만들기도 하죠.

오늘 서로 마주 보며 많은 이야기를 나눴지만
분명 이 자리에서는 하지 못한 말들도 있을 것 같아요.
저희가 헤어지고 나서 저에게 편지를 써 주신다면,
어떤 내용이 담기게 될까요?
우리 일단 레디터의 좋은 점을 많이 발견해 주셔서
감사드린다는 말을 쓸 것 같고요. 그리고 저희 둘이 말을
제대로 못 한 것 같아서 죄송하다는 말씀도요(웃음).

아까 말씀하신 것처럼 편지를 쓸 땐 늘 고마움 뒤에
미안함이 따라오는군요(웃음).
우리 하하, 맞아요.

1.

3.

2.

4.

전주로 편지 쓰러 떠나볼까요

**레디터의 눈길이 머문 전주의 명소. 고요히 시선을 두면 누군가가 떠오르고
이내 피어오른 마음을 적고 싶어지는 도시의 숨은 풍경들.**

1. 포근한 분위기를 잔향처럼 남기는 곳

건지산과 오송제

세상과 살짝 멀어진 듯 다른 세계에 들어온 기분이
들 거예요. 나무가 촘촘하다 못해 빽빽하게 이어진
숲길을 따라가다 보면 폭신한 흙길 위를 맨발로
걸을 수도 있답니다. 곳곳에 앉을 자리가 있어 잠시
쉬어가기도 좋고 남녀노소 편히 앉아 있는 풍경을
구경하는 재미도 있어요. 걷다 보면 숲속의 나무와 풀,
꽃 사이로 어디서 온 건지 알 수 없는 의자들이 하나둘
나타나는데요. 사실 그냥 놓인 건 하나도 없지요. 이곳을
찾으신다면 소박한 도시락과 물, 그리고 좋아하는 책
한 권을 챙겨 오셔도 좋겠어요. 선선한 바람을 느끼며
그늘에 앉아 시름을 내려놓고 바람이 부는 소리에 잠시
귀 기울여보세요.

A. 전북 전주시 덕진구 송천동1가

2. 우아한 균형을 유지하며 흔들흔들 걷는

팔복동 이팝나무 철길

낮게 드리운 이팝나무 향이 코끝에 스며드는 곳이에요.
혹시 이 길을 걷게 된다면 헨의 노래 '흔들흔들'을 함께
들어보세요. 하얀 꽃잎이 바람에 나부끼는 풍경을
배경으로 철길 위를 아슬아슬 걷는 나의 모습을 상상해
봅니다. 멀리서 보면 곧게 걸어가는 듯하지만, 가까이
들여다보면 삶의 무게에 흔들려 이쪽저쪽 곡선을 그리며
걷고 있겠지요. 팔복동 이팝나무 철길을 따라 걸으면
복합문화공간 팔복예술공장이 나타나요. 낡은 카세트
공장의 흔적과 자연 풍경, 다양한 전시를 모두 볼 수 있어
오래 머물며 천천히 느껴보고 싶은 공간이에요.

A. 전북 전주시 덕진구 구렛들1길

3. 각자의 일을 무심히 해내는 사람들

고물자 골목

타인의 삶을 느낄 수 있는 몇 가지 방법 중 하나는 오래된
골목과 시장을 거니는 것이지요. 고물자 골목은 한국전쟁
직후 미군의 구호물자와 청바지 등이 활발하게 거래되어
현재의 이름을 갖게 된 곳이에요. 텅 빈 마당엔 평상이
있거나 빨래가 널려 있고, 마구잡이로 물건들이 쌓여
있기도 해요. 화분에 꽃과 식물을 기르고 작은 텃밭을
가꾸는 공간도 볼 수 있답니다. 익숙하지 않은 동네를
거닐다 보면 각자의 삶을 무심하고 또 성실하게 보내는
사람들 속에서 일상의 힘을 찾을 수 있을 거예요.

A. 전북 전주시 완산구 풍남문2길 48

4. 어떤 시절을 담고 있는 작고 큰 추억들

동문예술거리

전주읍성의 옛 동문 자리에서 시작된 동문예술거리는
2012년 예술거리로 지정되어 전시장과 공연장,
갤러리가 모인 문화예술 공간으로 자리 잡았어요.
매년 축제가 열리고 한옥마을과도 가까워 전주의 대표
예술 명소로 사랑받고 있죠. 거리를 걷다 중고 책방을
만나면 문을 열고 들어가 보세요. 뜻밖의 보물을
발견할지도 몰라요. 오래된 책들 사이에는 이곳의 시간이
꾹꾹 눌러 담겨 있답니다. 삶을 풍요롭게 해주는 건
화려하고 큰 것이 아니라, 어떤 시절을 품은 작은 추억과
일상의 순간들이라고 믿고 있어요.

A. 전북 전주시 완산구 동문길 일대

도시의 이름을 부를 때 곁하여 떠오르는 것들이 있다. 이를테면 서울의 한강과 거기서 먹는 치맥, 부산의 늘 푸른 광안리나 국제영화제처럼, 먹고 보고 누리는 것은 한 도시를 기억하는 방법이자 생기를 불어넣는 동력이 된다. 전주라는 도시를 부를 때도 떠오르는 게 수두룩한데, 곱고 우아한 한옥과 먹음직스러운 한상차림 외에도 수식어 하나를 덧붙여 보고 싶다. 그건 바로 책. 전주는 전국에서 인구 대비 서점 수 비율이 높은 지역이며 '책쾌', '독서대전', '국제그림책도서전' 등 만든 이와 독자, 책을 중심으로 매해 다양한 행사가 열린다. 길을 걷다가도 어깨동무하듯 서점과 도서관이 가까이 늘어선 풍경을 곧잘 마주하게 되니, 나만의 책방 투어 코스를 만드는 여행자들도 많다고. 책을 사랑하는 여행자를 표방하며 중앙동 근처에서 서점 카프카를 시작으로 한가네 서점, 프롬투 그리고 에이커 북스토어까지 줄지어 노크해 보았다. 언제든 마음에 드는 책 한 권 담을 넉넉한 가방과 함께.

우리, 서점에서 만나요

에디터 이명주 포토그래퍼 박은비

서점 카프카

건물을 에워싼 담쟁이덩굴의 초록빛과 먼저 눈인사 나누면 '서점 카프카'의 간판이 보인다. 만든 이의 취향이 엿보이는
오래된 골동품 사이로 페인트칠이 벗겨진 계단을 오르니 마침내 이곳에 다다랐다. 주인장 성훈 씨는 책과 재즈 음악,
커피 향이 흐르는 서점 카프카를 2013년부터 운영하고 있다. 글을 읽고 쓰는 게 익숙했고 책 곁에 자신의 자리를 만들어
두는 게 좋았다던 그는 서점의 처음부터 끝까지 손수 어루만졌다. 폐자재를 사다가 직접 시공했기 때문에 걸음마다
목소리를 내는 나무 바닥도, 책 수납장으로 변신한 오래된 트렁크들과 문짝도, 손님들끼리 시 한 편씩 주고받을 수 있도록
구비해 둔 항아리까지 무엇 하나 영문 모르게 놓인 것이 없다. 한 권의 책을 고르고 읽고 안아가는 행위가 비롯될 서점
카프카에서의 나날을 물었다.

H. Instagram.com/bookstore_kafka

O. 수–일요일 11:00–19:00, 월·화요일 휴무

A. 전북 전주시 완산구 풍남문4길 32, 2층

반가워요. 서점 주인장의 하루 일과가 궁금해요.

올해로 서점 카프카는 13년 차가 되었어요. 이곳은
서점과 카페가 하나로 합쳐진 곳이라 운영 시간뿐 아니라
그 전후로 청소와 음료 준비, 책 주문이나 정리로 바삐
흘러가죠. 휴일에도 서점 관련 모임에 참석하거나 밀린
일을 하면서 정신없이 보내요. 온전히 쉬는 시간이
주어지면 도서관이나 근처 카페에서 책을 읽고요.

**2013년 전북일보 신춘문예에 당선되셨다고 알고
있는데 같은 해에 서점도 문을 열었네요.**

등단은 아주 예전 일이죠(웃음). 글만 쓰면서 먹고살기는
어려우니까 북카페를 상상하며 공간을 꾸몄어요. 저는
책이 있는 공간에 머무는 게 마음이 편하더라고요.
오랫동안 책과 가까이 지낸 터라 익숙하면서도 친근한
물성이기도 하고요. 다만 공간 운영과 창작을 한꺼번에
잘 해내기는 쉽지 않아서 자연히 서점에 집중하게 되었죠.
이름의 의미를 많이들 여쭤보시는데 '프란츠 카프카Franz
Kafka'의 글을 좋아해요. 그 이유를 간단히 말하기는
어렵지만… 언제 봐도 새롭게 느껴지는 표현이나 해석해야
할 부분이 많아서 질리지 않거든요. 수수께끼를 푼 것 같은
짜릿함도 느껴지고요. 서점에서 8년 가까이 '카프카 읽기
모임'을 진행 중인데 지금까지 이어진 이유가 바로 그의
작품에 있다고 생각해요.

**스스로 이곳에 "쓰디쓴 책과 다디단 불량 식품 같은
책"을 구비해 두었다고 말씀하셨죠.**

과거에는 제가 좋다고 생각하는 책들, 이를테면 문학
장르이거나 사회과학 또는 철학 이론을 담은 전문적인
책들을 주로 가져다 두었어요. 누군가는 이 책의 가치를
발견해 줄 거라는 기대와 그 순간의 기쁨을 기다린 건데,
요즘은 생각이 좀 달라졌어요. 손님들이 일행과 오는
경우가 많은데 그중 한 분이라도 아는 책이 있다면 "이거
알아?" 하면서 너무나 즐겁게 책 이야기를 나누시는
거예요. 그걸 듣는 저도 재미있고요. 나만 아는 것보다
사람들에게 친근한 책이 있어야 그걸 매개로 좋은 대화도
이뤄진다는 걸 느꼈죠. 누군가에게는 불량 식품 같은 책이
다른 이에게는 보약처럼 읽힐 수도 있고, 그게 바로 독서의
매력이라는 걸 다시금 깨달으면서 서가를 꾸미고 있어요.

그렇다면 이곳에서 한 권의 책을 추천한다면요?

이게 참 어려운 질문인데…. 보통 추천해 달라는 요청을
받으면 상대방이 어떤 장르나 작가를 좋아하는지 먼저
물어보곤 하거든요. 하지만 오늘은 제 취향으로 생각해
볼게요(웃음). 대화를 나누는 지금은 여름이 막바지에
다다랐으니까 '윌리엄 트레버William Trevor Cox'의
《여름의 끝》이라는 소설을 추천하고 싶어요.

**조금 이따가 서가에서 찾아볼게요. 오는 이들에게
서점 카프카가 어떤 공간이길 바라나요?**

바쁘기도 하지만 내향적인 제 성격상 손님분들과
긴 대화를 살갑게 나누지 못해요. 그렇기 때문에 오시는
분들께 제가 드릴 수 있는 건 많지 않고요. 다만 이곳은
스스로 의미를 만들 수 있는 곳이에요. 함께 온 사람이나
책과의 관계, 머무는 시간 동안의 경험을 통해 의미를
발견해 보시길 바라요. 책 한 권이 '톡' 튀어 오르는, 자신을
부르는 것 같은 느낌을 받을 수 있을 거예요.

늘어진 담쟁이덩굴이 아름다운 창가

만든 이의 취향이 담긴 곳곳의 오브제

한가네 서점

시간을 거슬러 올라 1978년, 동문사거리 끝자락에 고서점(헌책방) '한가네 서점'이 뿌리내린 당시에는 새 책, 헌책 구태여 구분할 필요 없이 서점들이 즐비했다. 이 자리에서 넘고 넘은 햇수만 세어도 어언 47년, 주인 따라 책들도 세월을 머금어 한가네 서점에 들어서면 정겹고 반가운 책 냄새가 폴폴 나부낀다. 수만 권에 다다를 헌책은 한 사람이 간신히 지나갈 통로를 제외하곤 키만큼 쌓여 있는데, 손님이 찾아와 책 이름을 말하면 주인장인 창근 선생은 "아, 아주 멋진 책이지요!" 하며 더미를 뒤적인다. 원하는 책을 제때 찾지 못할지도 모르지만, 그 기다림마저 헌책방의 즐길 거리. 창근 선생이 풀어내는 과거 전주 책방 골목의 풍경을 찬찬히 따라가며, 언젠가 불쑥 도착할 행운 같은 소식을 기다리는 독자의 마음이 되어보기로 한다.

O. 월–토요일 09:00–18:00, 일요일 휴무

A. 전북 전주시 완산구 동문길 102

들어오기 전부터 수많은 책을 보고 감탄했어요.
오느라 고생했네요. 내 이름은 최창근이고 나이도
말해줄까요? 1952년생이에요. 태어난 임실의 마을 이름을
따서 호를 '웅제'라고 붙였어요.

한가네 서점을 열게 된 계기가 궁금해요.
이유 중 하나는 어릴 적 괴테의 《젊은 베르테르의
슬픔》을 읽고 크게 감명받았기 때문이에요. 너무나
아름답고 안타까운 사랑 이야기잖아요. 또 다른 이유는
현실적인 상황인데 6남매의 장남이라 생계에 대한
책임감이 있었어요. 그때는 고서점이 적은 자본금으로도
가능하다길래 끝내 서점을 열게 된 거죠. 아실런지
모르겠지만, 당시 전주시청 사거리에는 번쩍거리며
빛나던 '미원탑'이라는 게 있었어요. 그 사거리부터 팔달로
북쪽까지 스무 개가 넘는 책방이 있었고요. 서점 이름을
기억나는 대로 기록해 두었는데…. (책장 속 노트에서 메모지를
꺼낸다.) 새 책방은 '일도문고', '천일서점', '양지 서점'
등이고, 헌책방은 '신흥', '청파', '벨엘' 등이었죠.
그 주변으로 학교와 일터도 자리해서 출퇴근 시간만 되면
길이 인파로 꽉 찰 정도였어요.

요즘으로 말하면 만원 전철이 길에 있는 셈이네요.
그렇지요(웃음). 70년대부터 90년대 초반까지는 교과서
판매가 주축이던 때라 '신학기'가 되면 사람들로 서점이
빽빽했어요. 남원, 김제 등 헌책방이 없는 근교에서도
전주로 밀려오니까 끼니 챙길 시간 없는 건 물론이고
온 식구에, 지금으로 말하자면 '알바생' 친구들까지 불러
일하던 게 떠올라요. 밤늦게 서울 청계천 근처로 가서
참고서를 잔뜩 이고 지고 새벽에 돌아오자마자 서점 문을
열기도 했고요. 무척 바빴지만 그 덕분에 동생들 학교도

보낼 수 있으니 아주 즐겁고 기다려지던 시간이었죠.
90년대 중반부터는 대형 서점과 온라인 주문 방식이
생기면서 동네 서점들이 소리도 없이 사라졌으니 아쉬워요.

**50년 가까이 운영하며 기억에 남는 에피소드도
많겠어요.**
한참 나이 드신 할머니가 돈 대신 쌀을 주며 교과서와
바꾸자고 한 적 있어요. 그 마음이 짠해서 수지타산 없이
책을 내어드렸죠. 또 하루는 부모가 바가지를 씌웠다며
역정 내는데 알고 보니 딸이 용돈이 필요했는지 가격을
부풀렸더라고요. 같이 온 여학생이 너무나 겁먹었길래 내가
모른 척해준 적 있어요. 손님이라던 학생이 손자들까지
데리고 와 인사하거나, 덕분에 대학 나와 열심히 일하고
있다며 '초코파이'를 사 온 손님도 있었네요.

책 이상으로 마음을 나누는 공간이라 느껴져요.
가게 앞에 "추억의 책을 벗 삼아"라고 써두었는데요. 여기
있는 책은 2-3천 원짜리예요. 새 책 값에 비하면 몇 권이고
살 수 있죠. 서민들에게 추억의 책을 내어줄 수 있다는 게
나름대로 뿌듯해요. 다만 요즘은 책을 '찾는' 시대인데,
물어볼 때마다 수북한 더미에서 바로 찾아 줄 수 없는 게
미안할 따름이죠.

**앞으로도 이 골목을 지켜주세요. 혹시 권하고 싶은 책이
있으신가요?**
젊은 사람들을 위한다면 '리처드 바크Richard Bach'의
《갈매기의 꿈》이요. 사람은 보통의 수준을 초월하기 쉽지
않아요. 분명 가능할 텐데 대부분 그 즈음에서 안주하기
때문이죠. 별로 재미는 없어도(웃음) 여러 번 읽기 좋은
책이에요.

서점과 함께 세월을 난 수만 권의 책

프롬투

전주에서 나고 자란 한 소년은 지도를 좋아했다. 초등학교 시절엔 사회과부도나 지리부도를 껴안고 다니며 수백수천만 개의 길을 보고 또 보았다. 저마다의 여정에 깃들어 있는 이야기를 그 속에서 짚어보는 일이 즐거웠기 때문일까, 소년은 어른이 된 이후에는 서울에 머무르며 지도 만드는 일을 업으로 삼기까지 했다. 이 이야기의 주인공 자양 씨가 고향인 전주로 다시 돌아온 것은 2024년 겨울. 지도 중심 서점이라는 이름 아래 '프롬투'의 문을 열고 지도와 책이라는 소재를 한데 묶어 소개하기로 마음먹은 때다. 그 직후, 전주 고유의 북페어 '책쾌'와 손잡고 '문화공판장 작당'과 그 근처 도서관, 서점들을 직접 발로 뛰어다니며 지도로 옮겨냈다고. 그 지도에 담긴 애정과 노력을 활짝 펼쳐본다.

H. Instagram.com/fromto_jeonju

O. 수·일요일 12:00–19:00, 월·화요일 휴무

A. 전북 전주시 전라감영4길 13

전주에서 프롬투를 열기 전에도 지도와 관련된 도시 워크숍을 진행하셨다고 들었어요.

맞습니다. 가이드북이나 지도를 제작하는 회사에서 4년 가까이 일했는데, 이제는 나만의 지도를 만들어 보고 싶다는 생각이 들었어요. 당시 서울 망원동에 살았는데 그 동네는 골목마다 재미있는 것, 맛있는 가게가 참 많거든요. 한 동네의 오롯한 이야기를 지도로 기록하는 작업을 하다가 문득 나 혼자만이 아니라 여러 사람들의 기억까지 한데 모은다면 더욱 의미 있는 지도가 될 것 같아 워크숍을 시작했죠. 안정적으로 워크숍을 진행할 공간을 찾던 와중에 전주에서 좋은 기회가 닿았고요. 언젠가는 나고 자란 고향으로 갈 거라는 다짐을 하고 있던 터라 기쁘게 돌아와 막연히 꿈꾸던 서점까지 함께 꾸리게 되었습니다.

바로 시선이 닿은 건 한쪽 벽면을 채운 알파벳 행과 숫자 열이에요. 저건 지도인가요?

웨딩거리부터 전라감영까지, 걸어서 10분이면 전부 갈 수 있고 원도심이라고 부르는 이 동네를 좌표로 표현한 지도예요. 흰색과 회색은 전부 길이고요. 가장 먼저 상권이 형성된 곳이라, 전주에 사는 분들이라면 오래된 골목이나 가게에 관한 사소한 추억이 많을 거예요. 사실 자세히 보기 전까지는 지도라는 걸 알기 어려울 수 있는데, 흥미를 보이는 분들께는 먼저 다가가 설명하고 있어요. 주인장인 제가 다 드러내기보다 스스로 전시를 감상하듯 의도를 가늠하고, 좌표를 통해 공간의 위치를 파악하는 과정이 재미있을 것 같아서요. 프롬투에 온 누구나 이 지도에서 본인이 좋아하는 곳, 추억이 스민 곳을 좌표로 찾아

스티커를 붙이고 그 공간에 대한 기록을 남길 수 있죠.

기록 중 인상 깊은 게 있다면요?

이 도시를 터전으로 삼은 분들의 오래된 추억을 좋아해요. 한 손님은 자신의 할아버지가 운영하는 이발소 자리를 표시해 주신 적도 있고, 부모님의 리마인드 웨딩을 촬영한 장소를 가족들이 함께 와서 짚어 주신 적도 있어요.

'지도 중심 서점'이라는 소개 글이 특별한데 프롬투에선 어떤 책들을 만나볼 수 있나요?

소개 글처럼 두 가지 소재를 하나로 아우를 수 있도록 네 개의 섹션을 구성했어요. 개인의 깊은 삶이 담긴 작품을 모은 '사적인 지도', 도시의 과거와 미래를 엿볼 수 있는 '당신과 나의 도시', 전주 이외에도 다양한 지역의 이야기를 담은 '조금 특별한 여행', 노동과 정치 또는 젠더나 기후 변화 등에 관한 책을 모아둔 '경계 너머'로 이루어져 있습니다.

전주에 사는 이들에게 또는 찾아오는 이들에게 프롬투가 어떤 공간이 되길 바라나요?

지금 이곳은 도서관뿐 아니라 새로운 서점이 끊임없이 문을 열고 있어요. 시 차원에서 서점 운영자나 책 읽는 시민들에게 주는 혜택 때문이 아닐까 싶은데요. 서점을 운영하는 사람들은 실은 모두 기획자이기에, 좀더 개성 있고 효율적인 운영 방식을 거듭 고민하곤 합니다. 앞으로 프롬투는 낯선 도시의 지도를 건네주는 방문자 센터 같은 곳이 되길 바라요. 여행객들이 전주에 대해 작은 힌트라도 얻을 수 있도록요.

책과 메모, 지도가 프롬투만의 볼거리

터전에 스민 추억을 기록한 사적인 지도

에이커 북스토어

전라감영(조선시대 전라도와 제주도를 총괄하는 지방 통치 관서로 근대화 과정에서 대부분 소실되었으나 현재 일부 복원되어 역사적 가치를 드러내는 공간이 되었다.)이 한눈에 내려다보이는 3층에 자리한 '에이커 북스토어'의 책방지기는 명규 씨다. 그는 자신을 소개할 때 대표나 사장, 운영자라는 말 대신 책을 공간의 주인으로 여기는 '책방지기'라는 표현을 선호한다. 2015년 겨울, 전북대학교 근처에서 첫 문을 열 때부터 독립 출판물만을 다루기로 마음먹었으며 그 고집은 중앙동 근처로 이전한 후에도 변함없이 에이커 북스토어의 중심이다. 처음부터 지금까지 지켜온 기준과 하루에 두 번 꼭 업로드하는 출퇴근 일지, 유별난 기대 대신 뭉근한 성장에 기뻐하는 그의 나날에서 성실하게 흘러간 10여 년이 보인다.

A. 전북 전주시 전라감영4길 1, 3층

O. 화–일요일 13:00–19:00, 월요일 휴무

H. Instagram.com/akerbookstore

마지막으로 만나게 되었네요. 독립 출판물만 다루는 서점을 꾸린 이유가 있나요?

2013년, 그러니까 제가 학부생이던 그 시절에는 '독립 출판'이라는 말이 흔히 쓰이지 않았는데요. 친구들이 다양한 취미를 전문적으로 즐기는 이야기를 모으고 싶다길래 잡지를 만들어 보자고 제안했어요. 완성된 이후 판매처를 찾아보는데 교보문고나 알라딘 같은 대형 서점 외에도 스토리지북앤필름, 가가린, 더폴락, 헬로 인디북스 등 작고 개성 있는 서점들이 보이더라고요. 그곳에서 다루는 책들을 살펴보니 우리의 작업물과 닮았고요. 그때부터 독립 출판에 대한 개념도, 그걸 소개하는 서점의 존재에 대해서도 알게 되었고 훗날 전주에서 에이커 북스토어를 꾸리게 된 거예요.

대형 출판사나 플랫폼을 통하지 않고 완성된 책에서 어떤 매력을 느끼나요?

저는 날것처럼 생생하다고 표현해요. 누군가에게는 너무 강한 개성으로 느껴질지 모르지만 다른 이는 오히려 그렇기 때문에 더욱 몰입할 수 있어요. 가렵던 부분, 말하고 싶던 부분을 콕 짚어주는 경우가 많으니까요. 또 대형 서점과 출판사에서 터부시 되던 소재들이 이 세계에서는 편안한 이야깃거리로 여겨지죠. 예를 들어 우울증이라는 병은 처음에는 사회악처럼 여겨졌는데, 자신의 내밀한 경험을 진술하게 써 내린 독립 출판물이 쌓이면서 사회적 공감대가 형성되었고, 이제는 그 병을 바라보는 문턱이 낮아졌다고 생각해요.

시간이 지날수록 독립 출판 문화의 흐름에도 변화가 있었을 텐데요.

그럼요. 초창기에는 지면 레이아웃을 잡는 것부터 인쇄소 컨택, 재고 보관까지 모두 개인의 몫이었다면 이제는 1인 출판사를 등록하기 쉽고 대형 서점에서도 독립 출판 장르를 눈여겨보면서 책 만드는 일이 조금 수월해지긴 했어요. 점차 의미가 확장되고 있지만 저는 본래 의도와 성격을 꼭 간직하고 싶네요.

구성과 형태가 다양한 책들을 에이커 북스토어에서는 어떻게 분류해 소개하는지 궁금해요.

일러스트, SF 장르나 소설, 사진, 여행 등으로 크게만 구분해 두었어요. 다 같은 책이 서점에 놓인다고 하더라도 책방지기가 어느 자리에 두느냐에 따라 독자들에게 발견될 수도 있고, 그렇지 못할 수도 있잖아요. 큰 경계 없이 하나가 마음에 닿았다면 그 옆에 놓인 책도 한번 살펴보시면 좋을 것 같아요.

독립 출판 북페어 '전주책쾌'의 기획자 중 한 분인데 행사에는 어떤 특별한 점이 있나요?

전주도서관과 협업하며 서점 '물결서사'의 책방지기 임주아 씨, '공간 리허설'을 운영하는 유설 씨와 함께 기획과 운영을 담당하고 있어요. 저는 참가자들을 모집하고 응대하는 일을 주로 맡는데, 첫 행사가 열렸을 때부터 가장 중요하게 생각한 점이 '셀러의 기분'이었죠. 관람객은 짧게는 20분, 길면 한두 시간 정도 머물지만 셀러들은 종일 그 자리를 지켜야 하니 그들의 감정이 페어의 분위기로 이어지곤 하거든요. 그래서 '셀러 쉼터'를 만들어서 책방지기들이 모여 휴식을 취하고 그들만의 커뮤니케이션이 이루어질 수 있도록 도모했어요. 보람 있는 만큼 힘든데(웃음)…. 내년에도 잘해봐야죠.

공간 한편을 채운 그간의 독립 출판 행사 포스터들

'○○의 도시 전주.' 빈칸에 들어갈 단어는 다양하다. 비빔밥, 한옥마을, 가맥. 그러나 4년
전부터 전주시는 책의 도시임을 알려오고 있다. 사실 전주는 책을 빼놓고 논하기 어려운 도시.
조선시대부터 우수한 한지를 만들어 왔고, 나라가 혼란할 때도 조선왕조실록을 지켜냈다.
특히 관청과 민간에서 목판 인쇄물 '완판본'을 보급하며 출판 문화를 이끌었단다. 이제 전주는
도시 곳곳에 공공 도서관을 세운다. 단순히 책만 가득하기보다 특색 있는 소재로 알차게
꾸려진 공간을. 그중 전주의 아름다운 자연까지 감상할 수 있는 도서관 세 곳을 찾았다.

시지밥 학산숲속
시집도서관

초록을 담은 서가에서

에디터 차의진
포토그래퍼 박은바

아늑한 다락방 공간

주제별 시집 서가

학산숲속시집도서관

전주에는 특색 있는 콘셉트가 강조된 '특성화 도서관'이 열한 곳이나 존재한다. 그중 시詩 특화 도서관인 학산숲속시집도서관이 무척 아름답다고 해 그곳으로 발길을 향했다. 도심과 아파트 단지를 지나 여기서부터는 혼자 올라가야 한다고 말하는 택시 기사. 차에서 내리니 완만한 산길이 나를 맞이했다. 이곳은 학산에 오르는 길일 것이다. 학산은 해발 360미터의 그리 높지 않은 산으로, 전주 시민들이 가벼운 산행을 위해 찾는다고. 좀더 깊은 숲속으로 들어서자 다람쥐 한 마리가 곁을 빠르게 스쳤다. 곧이어 나타난 건 맏내제라 불리는 장천저수지. 물가를 따라 놓인 나무 데크를 거니는 등산객들이 여럿이다. 맏내제 맞은편 언덕에 나의 목적지가 있다. 도서관은 작은 오두막 같은 모습으로 자연 경관을 해치지 않아 숲속에서도 자연스러웠다. 공간은 단정하고 아담한 분위기였는데, 어디에 눈을 두어도 온통 시집뿐이다. 곳곳에 앉은 방문객들도 얇은 시집만을 펼쳐 들고 있다. 서가는 시집 주제나 특성에 따라 '반하다·고르다·만나다·다르다·선하다' 등 다섯 구역으로 나뉜다. 먼저 문학 전문 출판사인 문학동네·민음사와

전북 지역 출판사인 '모악'의 시집으로 빼곡히 꾸려진 서가 '고르다' 앞에 섰다. 한 권 챙겨 들고 돌아서니 사랑·이별·인생 등 키워드 중심의 주제별 시집 서가 '반하다'가 눈에 들어온다. 이외 서가에서는 외국어 원서 시집이나 시화집도 찾을 수 있었다.

가장 아름다웠던 건 숲속이 보이는 널찍한 통창. 온통 초록으로 물든 창가에서 시를 읽고 따라 썼다. 복층 다락방 역시 외부가 비치는 창이 있어, 고요한 휴식을 즐기고 싶은 사람에게 권하고 싶다. 녹음과 함께 시를 음미하고 싶다면 전주의 좀더 깊숙한 숲속으로 들어와 보길. 작은 오두막이 시를 찾는 여행자를 기꺼이 맞이할 테니.

A. 전북 전주시 완산구 평화5길 36-46
O. 화-일요일 09:00-18:00, 월요일·법정 공휴일 휴관

호수가 보이는 LP 감상 공간

브리온베가 라디오포노그라프 스피커

아중호수도서관

전주역의 붐비는 인파를 뒤로하고 차로 10분을 달리면, 고요한 아중호수가 드넓게 펼쳐진다. 호수를 따라 걷다가, 둥근 곡선 형태 건물의 통창을 따라 사람들이 나란히 앉아 책 읽는 장면을 마주쳤다. '모두 평화롭고 편안한 얼굴이네.' 이들을 단서 삼아, 여기가 바로 내가 찾던 아중호수도서관임을 알아챘다. 이곳은 전주시에서 운영하는 음악 특화 공공 도서관으로, 일반 도서관에서 만날 수 있는 소장 자료와 더불어 음악을 향유할 수 있는 공간으로 기획되었다지. 그래서인지 음악 장르·뮤지션을 주제로 한 큐레이션 코너, 음악 관련 도서가 곳곳에 자리했다. 음악 도서가 모인 별도의 책장에는 뱅앤올룹슨, 드비알레, 트랜스페어런트 등의 고품질 스피커가 놓여 있었다. 직원에게 문의하면 청음이 가능하다고. 건축 구조에도 호수의 물결, 음악의 선율이 연상되는 감각적인 곡선이 스며 있다. 호수를 마주하고 있는 둥그스름한 통창, 피아노를 본뜬 천장의 곡선 장식이 바로 그것. 이 유려한 건물이 무려 총 길이 101미터란다. 특성별로 나뉜 내부 공간은 'MUSIC'을 한 글자씩 따와 이름 붙였는데, 가장 마음에 남은 곳은 청음 공간

'C101'이었다. C는 'Communion, 교감'이라는 의미가 부여되었고 이 공간에서는 LP 감상이 가능하다. 팝·록·힙합·OST 등 다양한 장르로 구분된 LP 사이에서 내가 고른 음반은 까데호의 [당신께](2022). 직원의 안내를 받아 작동한 LP가 플레이어 위에서 빙글빙글 돌아가며 호수에서의 잊지 못할 순간을 안겨주었다. 어디선가 들리는 풍성한 음악 소리에 뒤돌아보니, '브리온베가 라디오포노그라프 스피커'에서 선율이 흘렀다. 이 스피커는 전 세계 유명 예술가들의 애장품으로 알려진 물건으로, 방문자들을 위해 오전 시간 중 이따금 재생된다고. 산과 호수로 들어찬 장면에 시선을 두고 음악과 책에 푹 잠기는 시간. 전주를 찾은 낯선 여행자에게 아중호수도서관이 선물할 수 있는 가장 좋은 것이다.

A. 전북 전주시 덕진구 아중호수길 131
O. 화-금요일 09:00-21:00 (동절기 11월-2월: 09:00-19:00),
　　토-일요일 09:00-18:00, 월요일·법정 공휴일 휴관

바깥에서 바라본 도서관

연화루의 좌식 공간

연화정도서관

전북대학교 근처의 덕진공원. 연못을 중심으로 조성된 이곳에 발을 들이자마자 초록빛에 압도되었다. 한여름을 맞아 연꽃이 공원을 가득 메운 덕분. 이 정도 규모의 연꽃 군락지는 본 적이 없던 터라, 시야 끝에 여전히 연잎이 펼쳐진 게 맞는지 자꾸만 살피게 되었다. 연못 위에는 전통 석교 형태의 다리인 '연화교'가 놓여 있는데, 일부 구간에는 다리 밑이 반원형인 무지개다리도 더해져 있어 한국적인 정취를 가득 느낄 수 있었다.

연화교는 거대한 섬처럼 보이는 한옥에 닿는다. 과거 덕진연못 위에 있던 정자 '연화정'을 허물고 전주시에서 2022년 새롭게 조성한, 연화정도서관이다. 외관에서 드러나듯 이곳은 전주의 정체성과 한국적 아름다움을 담았단다. '연화당'과 '연화루'로 구분된 이곳에서 나는 먼저 도서관 공간인 연화당의 문을 열었다. 노부부가 전통 문살 창 아래서 책장을 넘기는 모습에 미소부터 번진다. 내부 곳곳에는 '점·선·면·그리고·여백'이 적힌 팻말이 있는데, 한옥의 구조적 특징에서 착안해 지은 코너 이름이란다. '점(찍다)' 코너에는 전주를 소개하거나 전주의 아름다움을 담은 문학 도서가, '선(잇다)' 코너에는 한국

전통문화에 관한 도서가 마련된 식. 내가 이곳을 방문한 8월, 공간 중앙에는 전북 지역 여성 작가들, 국제 문학상을 수상한 한국 여성 작가들의 작품이 큐레이션 되어 있었다. 마음에 드는 책 한 권을 가져와 창가에 앉았다. 연못 위에 지은 한옥에서 책 읽는 시간이라니. 덕진공원에서의 시간을 오래도록 기억하게 되리라 생각한 순간이었다. 다음으로 향한 곳은 문화 공간과 쉼터 역할을 하는 '연화루'. 앞서 둘러본 연화당과 달리 방문객들이 좌식 의자에 앉아 나만의 시간을 보내는 중이다. 이곳에서는 전주 여행자를 위한 전통 체험 프로그램을 운영한단다. 한지 조각보 무드등 만들기, 자개 냉장고 자석 만들기 등 이미 진행되었던 강좌가 적힌 안내지에 시선이 맺혔다. 11월 중순까지 프로그램은 계속될 예정이라고 하니, 전주를 찾는다면 방문해 봐도 좋을 것이다.

A. 전북 전주시 덕진구 권삼득로 390-1
O. 화-일요일 10:00-19:00, 월요일·법정 공휴일 휴관

나의 사적인 전주

낯선 도시로 향하기 전, 어라운드 에디터들은 편집장에게 물었다. "저희 하루는
자유 여행해도 될까요?" 승낙을 받은 에디터 진아와 의진은 그간 방문해보고
싶던 전주의 장소들을 모아, 이전엔 몰랐던 새로운 장소를 찾아 나만의 하루를
보냈다. 작은 여행 안내서가 된 우리의 여행 기록을 이곳에 풀어둔다.

에디터 차의진 포토그래퍼 박은비

에디터 의진의 여행

혼자 떠나는 여행을 좋아한다. 시간 제한 없이 들여다보고 싶은 것을 마음껏 눈에 담고, 고요한 휴식을 즐길 수 있으니까. 동행자 없이 떠난 전주에서는 오롯한 혼자만의 쉼을 위한 여행을 주제 삼아 걸음을 옮겨보기로 했다.

`PM 1:00`

나를 위한 한 그릇
하와이안레시피

점심 시간을 지날 무렵 전주역에 도착해, 곧장 전주한옥마을로 향했다. 달콤한 향이 번지는 한옥 문을 열고 들어서니 기와 아래서 카레가 끓는 중이다. 이색적인 풍경의 '하와이안레시피'는 카레 전문점으로 시그니처 메뉴 '해로카레'를 비롯한 고정 메뉴와 더불어 2주마다 새로운 카레를 만든다. 방문 당일은 상큼한 '레몬 치킨 카레'가 준비되었는데 지금까지 '태국식 그린 커리', 복숭아가 들어간 '키마 타코라이스' 등을 선보였다고. 여행지 유명 음식은 푸짐하게 차려두고 일행과 함께 먹는 경우가 많았지만, 1인 여행객이라면 나만을 위해 준비된 따듯한 한 그릇도 알맞을 것이다.

A. 전북 전주시 완산구 향교길 44
O. 월-토요일 11:00-20:00, 일요일 휴무

PM 3:00

그림 같은 풍경
한벽터널 & 전주천

이제 전주를 찬찬히 거닐어볼 차례. 전주천을 곁에 두고
걷기 좋다는 한벽터널로 향했다. 한벽터널은 드라마
〈스물 다섯, 스물 하나〉(2022)의 촬영지로, 일제강점기
때 조선총독부 철도국이 전주—남원간 철도를 건설하며
지어졌다. 여전히 터널로 쓰이는 곳이라, 지나가는
차를 하나 둘 떠나보내고 짧은 터널 안을 통과했다.
이윽고 펼쳐지는 건 전주천의 그림 같은 풍경. 유려한
버드나무와 물가를 둥둥 떠다니는 오리들, 천을 앞에
두고 늘어선 작은 마을이 퍽 평화롭다. 영화《센과
치히로의 행방불명》(2001)에서 주인공 치히로가 우연히
당도한 터널을 지나자 신들의 세계를 마주했을 때, 이런
기분이었을지도. 아무 말없이 천을 따라 걸으며 잊지 못할
장면을 한참 눈에 담았다.

A. 전북 전주시 완산구 바람쐬는길 21

PM 5:00

영화광들을 위한

금지옥엽 × 무명씨네

'금지옥엽'은 전국에서 영화 문화 확산에 힘쓰는 단체,
일명 '커뮤니티 시네마'들이 영화를 사랑하는 이들과
만나기 위해 시작한 영화 콘텐츠 스토어다. 판매 중인
영화 굿즈, 엽서, 각본집, 영화 OST LP 등이 공간을 가득
채우니, 영화를 사랑하는 이들이 꼭 들러볼 만한 장소.
내가 찾은 전주의 '금지옥엽 × 무명씨네'는 전주·전북지역
커뮤니티 시네마 '무명씨네 협동조합'이 운영한다. 이름
금지옥엽은 동명의 영화에서 영감을 얻었다고. 내 자식을
애지중지 아낀다는 사자성어 의미처럼 이곳이 소장 가치
높은 물건으로 사람들에게 사랑받는 공간이 되길 바라며
붙여졌단다. 금지옥엽은 전주와 부산, 딱 두 곳만 운영
중이니 전주국제영화제 기간이나 여행으로 전주를 찾았을
때 방문하기 좋을 것이다.

A. 전북 전주시 완산구 전주객사3길 96, 2층
O. 화-일요일 13:00-19:00, 월요일 휴무

고요한 휴식을 선사한

오알엘 하우스

하루의 끝은 고요하고 편안하길 바랐다. 그래서 선택한
독채 숙소 '오알엘 하우스'. 주변의 주택들과 달리 밝은
하늘색 지붕을 얹은 집은 오알엘 하우스가 여기 있다고
이야기하는 듯했다. 대문을 열고 들어서니 주인장의
취향이 공간 곳곳에 가득하다. 집을 둘러싼 은색 담장과
벤치가 놓인 테라스, 까만 마루와 붉은 타일 욕실,
빈티지한 분위기가 느껴지는 가구까지. 1970년대
구옥을 매만져 새로운 공간으로 만들기 위한 호스트의
노력이 비친다. 이름 오알엘 하우스는 Obesess Recall
Lingering의 약자로, 기억에 오래 남는 집이 되길
바란다는 의미가 담겼다. 오랫동안 기억할 전주에서의
하루를 되뇌이며 잠에 들었다.

A. 전북 전주시 완산구 팔달로 47-4

전주 사람이 추천하는
전주의 장소들

01 경아분식

A. 전북 전주시 완산구 전주객사1길 46

"이곳의 볶은 김치와 깻잎이
들어있는 김밥, 바지락이 들어있는
푸짐한 라면 그리고 수제비는
절대 질리지 않더라고요. 사랑이
담겼다는 걸 알아서 그런가 봐요."

— 무지개샐러드 가족 제타

02 전주시립완산도서관

A. 전북 전주시 완산구 곤지산4길 12

"어릴 때부터 높은 언덕을
올라 다니던 곳이었는데 몇 년
전 리모델링을 아주 근사하게
했어요. 그때 그 오래된 도서관은
사라졌지만, 더 멋진 도서관이
탄생해서 이곳을 즐겨 찾아요."

— 무지개샐러드 가족 가람

03 치명자산성지

A. 전북 전주시 완산구 바람쐬는길 87

"한옥마을 부근 전주천을 쭉
따라가면 나오는 이곳은 러닝하며
가는 것을 추천합니다. 자전거
대여소에서 자전거를 빌려 탈 수도
있어요. 주차장도 있으니 차를
대고 간단히 피크닉 하기에도 좋은
곳입니다."

— 포도시커피 김정인

04 기린봉

A. 전북 전주시 덕진구 우아동1가 산318

"숲, 약수터, 고대 산성 흔적까지
두루 만날 수 있는 산이에요.
한옥마을이 한눈에 내려다보이고,
산 뒤편엔 아중호수까지 자리하죠.
우리 양조장에서는 기린봉에서
'10K 트레일 런' 행사를 진행하기도
해요."

— 노매딕 브루잉 컴퍼니 좌니

05 한옥마을도서관

A. 전북 전주시 완산구 한지길 68-3
명인관

"번화한 한옥마을 큰길을
벗어나면 나타나는 도서관이에요.
총 세 채로 이루어져 있고 공간마다
책 큐레이션이 달라 읽는 재미가
있어요. 귀여운 옆집 고양이
'호두'가 마루에서 쉬고 있는 모습도
만날 수 있답니다."

— 하와이안레시피 이현아

06 전주영화제작소

A. 전북 전주시 완산구 전주객사3길 22

"전주국제영화제가 운영하는
전북의 유일한 예술영화전용관으로,
다양한 독립 예술영화들을
상영해요. 전주에서 영화적 시간을
보내고 싶다면 상업영화와 다른
분위기와 특별함을 지닌 독립
예술영화 한편 감상해 보세요."

— 무명씨네 협동조합 이하늘

에디터 진아의 여행

에디터 **황진아**   포토그래퍼 **김혜정**

Theme. 오랜 세월이 깃든 여행지

시간은 도시의 골목과 건물, 풍경 속에 차곡차곡 흔적을 남긴다. 손때 묻어 반들거리는 문고리에도, 모서리가 닳아 둥글어진 계단에도 세월은 고스란히 스며 있다. 여행 중에 이런 흔적들을 우연히 마주하면, 마치 그곳의 오래된 이야기를 엿듣는 듯한 기분이 든다.

`AM 9:30`

전주의 오래된 쉼표

홍지서림

홍지서림의 오픈 시간은 10시였지만 예상보다 30분이나 일찍 도착했다. 문을 열 때까지 거리 주변을 둘러볼 생각이었는데 뜻밖에도 서점 안은 환하고 손님도 드나들고 있었다. 조심스럽게 들어서자 직원은 "조금 일찍 출근하는 날엔 서점도 일찍 문을 연다."며 반갑게 맞이해 주었다. 홍지서림은 창업주 천병로 씨가 1963년 작은 판자 방에서 시작한 서점이다. 시민들의 오랜 사랑을 받으며 전주를 대표하는 서점이 되었지만 1999년 IMF 사태를 겪으며 부도 위기를 맞기도 했다. 그러던 중 학창 시절을 전주에서 보내며 홍지서림에 남다른 애정을 가진 양귀자 소설가가 서점을 인수했고, 덕분에 오늘까지 자리를 지키고 있다. 홍지서림의 서가는 문학과 정치, 역사에서부터 의학,

농업에 이르기까지 다양한 분야의 책으로 가득 채워져 있다. 특히 2층에 농업 전문 출판사 '향문사'의 도서가 빼곡했던 서가가 기억에 남는데, 전북에서 향문사 책을 취급하는 곳은 홍지서림이 거의 유일하다고 한다. 인터넷으로 책을 구매하는 것이 익숙하지 않은 손님이 편안하게 책을 둘러볼 수 있는 공간이기도 한 것이다. 시민들의 사랑 속에 자라온 이 서점은 전주를 더 깊게 이해하고 싶은 이들에게 추천하고 싶은 곳이다.

A. 전북 전주시 완산구 동문길 106
O. 매일 10:00-21:00

시계방에서 피어난 사랑
금성당과 금성문고

홍지서림을 뒤로하고 발걸음을 옮겨 내려오다
보면 좁은 골목에 우뚝 선 시계탑을 마주하게 된다.
금성당과 금성문고는 1938년 지어진 전주 최초의
시계방인 금성당을 기념하며 재탄생한 복합문화공간이다.
현재 금성당은 카페로 운영되며 바로 옆 금성문고는
시계방 주인장이 가족과 함께 살기 위해 지었던 양옥집을
책방으로 꾸민 공간이다. 금성문고의 2층으로 오르니
마당의 오래된 감나무와 석류나무가 한눈에 내려다
보였다.
과거 사랑하는 가족을 위해 지었던 집을 새롭게 단장한
공간인 만큼 '사랑'을 주제로 한 책들이 섬세하게
큐레이션되어 있다. 난 곳곳에 남겨진 방문객들의 메모를
읽고, 다양한 사랑의 모양을 짐작하며 시간을 보냈다.
사랑이라는 주제를 천천히 곱씹고 싶다면 머무르기 좋은
장소다.

A. 전북 전주시 완산구 전라감영4길 13-7
O. 매일 10:00-21:00

PM 2:00

조촐하고 뭉근한 한상
동래분식

여행지에서는 늘 전통 시장을 찾아 음식을 맛보는 편이다.
허기를 달래기 위해 남부시장으로 향했다. 남부시장의
대표 음식으로는 콩나물국밥과 순대국밥이 꼽히지만
유서 깊은 맛집들과 어깨를 나란히 하는 또 하나의
메뉴가 바로 팥칼국수다. 시중에서 먹던 달콤한 팥죽의
맛을 떠올렸다면 다소 심심하게 느껴질 수 있지만,
먹을수록 팥 국물이 고소하고 부드러워 한 그릇을 부담
없이 비울 수 있었다.
가게 이름은 '겨울 동冬'과 '올 래來'를 써서 동래분식이라
지었다고 한다. 일 년 중 팥을 가장 많이 먹는 날인
동짓날처럼 매일 많은 이들이 찾아오길 바라는 마음을
담은 이름이라고. 팥칼국수 외 메뉴 역시 푸짐하고 맛이
좋으며, 무엇보다 가격이 부담스럽지 않다. 일반 칼국수와
손수제비도 이곳의 인기 있는 대표 메뉴. 조촐하지만
든든하게 속을 채우고 싶다면 동래분식을 방문해 보자.

A. 전북 전주시 완산구 풍남문2길 39
O. 수-월요일 07:00-19:00, 화요일 휴무

PM 5:00

빗소리 따라 쉬어가는

똘랑코티지

남부시장에서 출발해 남천교를 따라 걷다 보면
한적한 주택가의 골목길에 보라색 대문이 눈에 들어온다.
문을 열고 들어서자 잔자갈과 평석이 깔린 마당과 그
옆으로는 작은 정원이 보였다. 똘랑코티지는 1970년에
지어진 외할아버지의 한옥 가옥을 손녀가 리모델링한
숙소로 곳곳에서 옛것의 흔적을 만날 수 있다. 오래된
가구와 소품, 골동품들이 구석구석 자리 잡고 있어
숙소 안을 둘러보는 것만으로도 시간이 금세 흘러갔다.
'똘랑'은 작은 물방울이 떨어지는 소리를 뜻하는
순우리말이다. 마침 숙소로 걸어가는 길에 부슬부슬 비가
내리기 시작했다. 짐을 정리한 뒤 복도에 앉아 처마 끝에서
빗방울이 떨어지는 소리를 듣고, 바람에 흔들리는 정원의
나무들을 바라보았다. 자연의 미세한 움직임에도 집중할
수 있는 조용한 쉼터 같은 공간. 독채로 이용하는 숙소이니
아늑하고 편안한 시간을 오롯이 누리고 싶은 이에게
추천한다.

A. 전북 전주시 완산구 서학로 63-17

전주 사람이 추천하는
전주의 장소들

01 디드 꽃동산점

A. 전북 전주시 완산구 곤지산3길 2 1층

"전주의 블루보틀이라고 불리는 곳이에요. 분위기도 좋고 가격도 저렴하지만 무엇보다 커피 맛이 정말 훌륭합니다. 라테와 플랫화이트를 추천해요. 커피를 테이크아웃해 주변 공원을 걸어도 좋아요."

— 레디터 이방글

02 세 번째 서랍

A. 전북 전주시 완산구 풍남문2길 124-19 1층

"개인적으로는 이곳의 다쿠아즈는 유명 호텔에서 판매하는 다쿠아즈보다 맛있어요. 특히 필링이 섬세하고 고급스럽답니다. 이 집 디저트는 무엇을 선택하셔도 후회 없을 거예요."

— 작가 오힘

03 풍남문식당

A. 전북 전주시 완산구 풍남문3길 13

"손님이 오면 항상 모시고 가는 집이에요. 오삼불고기백반을 즐겨 먹습니다. 백반에 포함된 부추전도 정말 맛있어요. 함께 나오는 밑반찬도 깔끔하고 하나하나 정성이 가득해요."

— 워커비 정은정

04 완산칠봉꽃동산

A. 전북 전주시 완산구 동완산동 산124-1

"속이 답답할 때 자주 찾아요. 겹벚꽃이나 철쭉이 피는 계절도 아름답지만, 언제 와도 멋있는 공원이에요. 우거진 나무 아래서 차 한잔 마시면 한결 차분해지는 느낌이죠."

— 수공예가 이경희

05 스틸라이프

A. 전북 전주시 완산구 풍남문5길 24-2

"혼자 혹은 소수로 찾는 손님이 대부분이에요. 조용한 분위기를 원한다면 이곳을 추천해요. 커피 맛은 두말할 필요 없고, 매장에 흐르는 음악도 차분해 머무는 동안 마음이 편안해져요."

— 레디터 고우리

06 맛자랑 팥고향집

A. 전북 전주시 완산구 서학로 32-4

"전주교육대학교 앞에 자리한 면 요리 식당이에요. 동네에서는 이미 소문난 맛집으로 팥칼국수도 맛있지만 특히 김치 칼국수가 별미랍니다."

— 화가 임현정

이솝 하비스트 캠페인

천연하게 물드는 가을밤

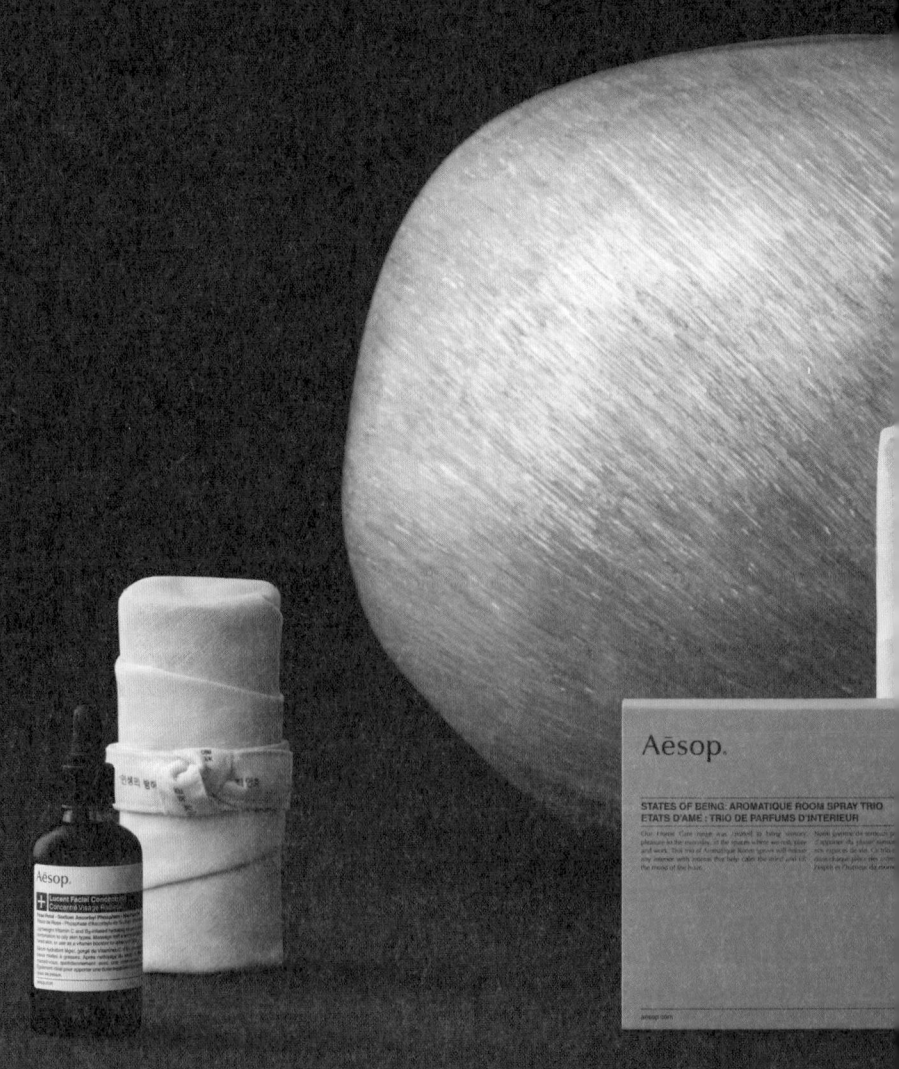

유독 기다려지는 계절이었다. 매정하게 쪼아대던 여름 더위가 한풀
꺾이는 만큼 신선한 가을 공기가 채워졌다. 둥그렇게 무르익어
가는 달 아래, 서로 안부를 나눌 만남의 시간이 찾아온다. 어김없이
마중 나온 이솝 하비스트 캠페인은 그 장면에 다정을 더한다.

에디터 이명주 포토그래퍼 윤동길 진행 정현지

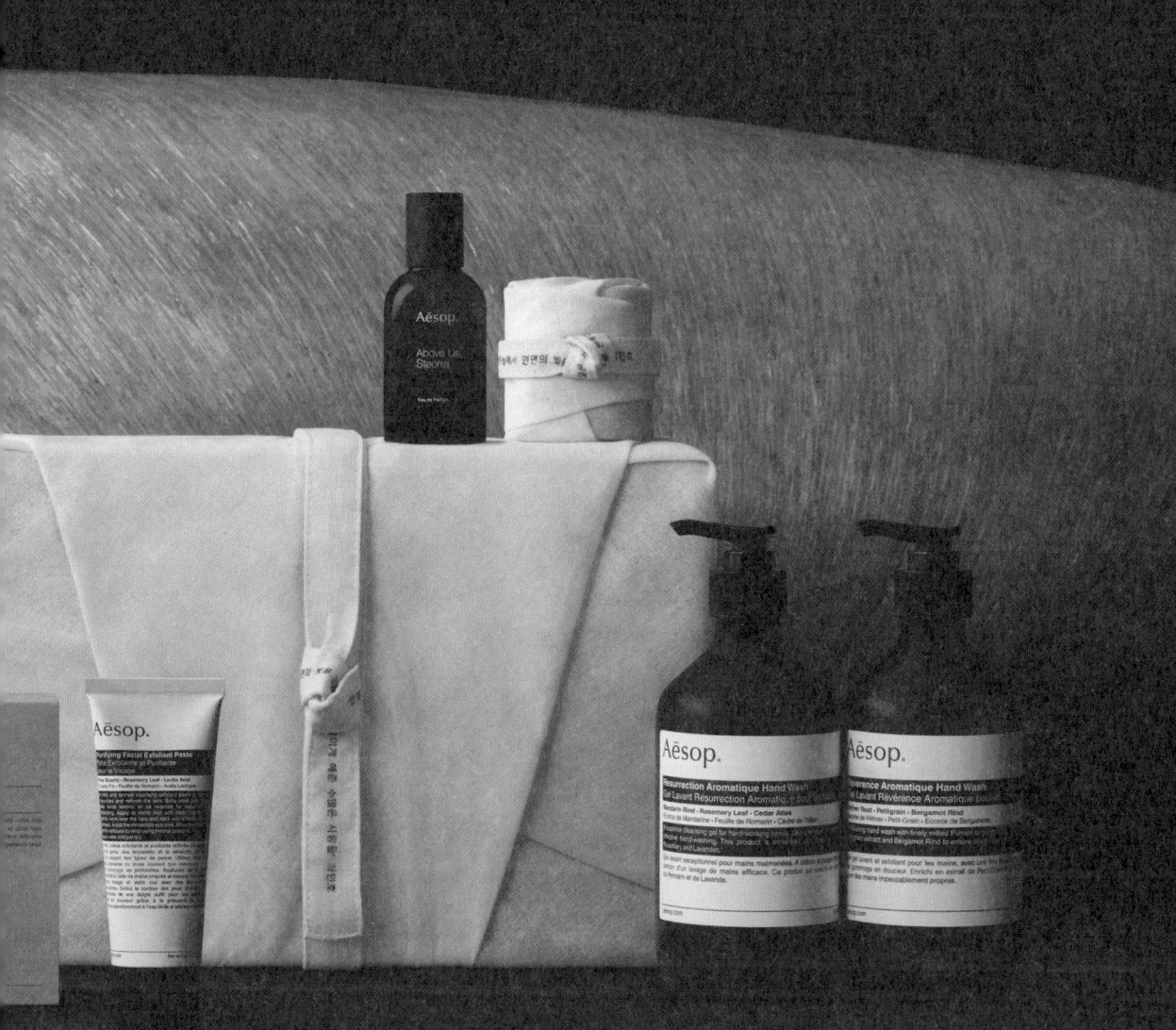

시간과 우연이 빚어낸 결실

일상을 휘젓는 여름의 기색이 얼마나 대단했던가. 시작과 끝이라는 순리를 거스른 채
영원히 머무를까 겁을 집어먹기도 했다. 그러나 자연은 흐르는 법. 우리 눈에 보이지 않는
와중에도 시간은 부지런히 앞으로 나아갔으며 끝내 가을에 당도했다. 이 계절의 밤은
구름이 풍성하게 내려앉은 낮만큼이나 아름답다. 고요히 흐르는 별빛 아래에서, 애정을
나누는 이들은 머리 위 달처럼 둥그렇게 앉는다. 추석을 맞이하여 한 해를 살아온 각자의
빛이 모이는 이맘때, 가을 밤하늘은 여태껏 보지 못한 희망으로 가득 찬다. 서로의 빛을
보듬으며 우리는 그 천연색으로 유유히 물들어 갈 테다.

풍요를 나누게 될 가을의 문턱, 이솝 하비스트 캠페인은 우리나라 명절인 추석을
환영하며 곱게 가다듬은 마음을 건넨다. '오래된 매듭의 무늬(2020)'를 시작으로,
'새로운 바람이 불어오는 계절(2021)', '두드림 끝에 맞이한 결실(2022)', '마음을 적어
건네는 계절(2023)', '시간의 흔적을 따라(2024)'까지, 매해 추석을 맞이하는 우리보다
한 걸음 먼저 마중 나온 이솝은 섬세한 캠페인과 물성으로 우리 손에 다정을 쥐여주었다.
하비스트 캠페인은 다양한 장르에서 활약하는 한국 아티스트와 협업하는데, 올해는 자개
공예품을 선보이는 황삼용 작가와 함께다. 먼저 '자개'란 한국 전통 공예인 칠기의 재료로
사용하기 위해 가공한 조개껍질을 이르는 말이다. 조개껍질은 바닷속에서 오랜 시간을
견디며 고유한 빛을 머금게 되는데, 유물로 추측하건대 통일신라 시대부터 그것을 사람의
손으로 건져 올려 세밀하게 깎고 조각내고 붙여 하나의 작품으로 만들었다. 1976년부터
형형색색 빛이 이루는 세계에 뛰어든 황삼용 작가는 자개를 1밀리미터 미만의 직선
형태로 가늘게 썰어 모양을 만드는 '끊음질' 기법을 주로 선보인다. 이외에 실톱이나 가위
등으로 자개를 오려내는 '주름질' 등 여러 기법이 있지만, 특히 끊음질은 모든 과정에
수작업으로 임해야 하며 작은 조각들로 큰 형상을 이루기에 공예가의 창조성을 발휘할 수
있으면서도 정교함과 인내심을 요한다.

자개의 빛은 보는 시선마다 다르고, 놓인 자리마다 다르다. 수백수천 개, 때로는 그 이상의
조각이 모여 고유의 빛을 완성하는 자개 공예품은 서로 다름이 한데 어우러져 새로운
아름다움을 이룬다. 추석도 이와 닮지 않았는가. 다른 구석이 엿보이는 사람들과 각기
흩어져 있던 소중한 이들이 한 자리에 모여 안부를 나누고 남은 한 해의 풍요를 기원한다.
그 안에서 의미 있는 것은 서로의 같고 다름이 아니라 하나의 모양새로 어우러져 주고받는
마음뿐이다. 시간과 우연의 결실로 탄생한 자개의 아름다움에서 저마다 특유한 성질을
끌어안는 추석의 너그러움이 엿보이는 것은 바로 그 이유 때문 아닐까.

우리를 잇는 연은 빛이 되어

자유로이 반짝이는 자개를 보면 꼭 선선한 가을의 밤하늘을 올려다보는 것 같다.
이따금 서늘하게 느껴지기까지 해 옷깃을 다시 여밀 때도 있지만, 조금의 물기도 없는
하늘이라면 무수한 별들의 반짝임과 마주할 수 있으니 충분히 좋다. 밤하늘을 우리네
삶이라 칭한다면 콕콕 박힌 별들은 인연이라 불러보면 어떨까. 언젠가부터 우리 마음에
박힌 '인연'은 거리를 좁히다가도 멀어지고, 빛을 강하게 뿜어내거나 또는 은은하게만
머무니까. 끝내 사라지는 경우도 있지만 그 자리에는 필시 다른 인연이 찾아오곤 한다.
밤하늘을 수놓은 별들이 선명하기에 이맘때 하늘이 아름답듯, 우리네 삶도 연결된 이들
사이의 빛으로 더욱 수려해지리라 기대한다. 우리의 문학과 예술을 예찬하는 이솝은 그
의미를 곱씹으며 한 작가의 문장을 떠올렸다. 《별들의 고향》, 《고래사냥》, 《겨울 나그네》
등 많은 베스트셀러를 썼으며 짙은 감수성이 묻어나는 문장들로 오랫동안 사랑받는
최인호 작가의 것이다. "인생의 밤하늘에서 인연의 빛을 밝혀 나를 반짝이게 해준
수많은 사람들." 작은 반짝임이 커다란 세계를 이룰 수 있다는 걸 믿는 것, 그게 바로
이 계절에만 누릴 수 있는 귀중한 기쁨이라 부르고 싶다.
올해 하비스트 캠페인이 진행되는 9월 15일부터 10일 26일까지 이솝 가로수길과 삼청
스토어에서는 황삼용 작가의 작품을 만날 수 있다. 그는 다양한 입체 사물에 자개를 붙여
전통과 현대의 결합을 이루는데, 특히 자연에서 받은 영감을 공예의 소재로 활용한다.
풀잎에 맺힌 아침 이슬을 본뜬 '물방울' 시리즈와 모난 데 없이 매끈한 모양새가
영롱한 '조약돌' 시리즈가 바로 그 예다. 캠페인 기간 내내 바다가 만든 우연의 빛,
묵묵히 쌓아 올린 한 사람의 노력이 만나 이룬 결실을 목격할 수 있다. 틈 없이 붙여진
자개들이 저마다 빛을 간직하면서도 하나로서의 조화를 보여주는 순간, 이루 표현하기
어려운 예술의 경이로움을 느끼게 되지 않을까. 나아가 캠페인 기간 동안 이솝의 모든
스토어에서 제공되는 하비스트 선물 포장 보자기에는 최인호 작가의 《인연》 속
한 구절이 새겨져 있다. 그 구절을 작은 목소리로 읊조리다 보면 나를 빛나게 만들어준
고마운 얼굴들이 마음속에 달과 별의 모양새를 빌려 동동 떠오를 것만 같다. 먼저 공간에
흐르는 찬란한 빛에 감탄했다면, 다음으로는 그 순간의 감동을 꼭 닮은 물성들로 마음에
정성을 더하자. 그 모든 것이 은은하게 물들어 갈 가을밤, 이솝과 하비스트 캠페인이
우리에게 건네는 윤기 나고도 사려 깊은 선물이다.

"인생의 밤하늘에서 인연의 빛을 밝혀 나를 반짝이게 해준 수많은 사람들."
최인호

황삼용 자개 공예가

소년 시절, 자개의 세계로 뛰어든 황삼용 공예가는 지금까지 변함없이 조개껍질을 자르고 붙인다. 얼핏 지난한 과정처럼 보일지 몰라도 그에게 자개는 언제나 자유로이 헤엄칠 수 있는 세상이다. 황삼용 공예가의 작업실에서 올해 하비스트 캠페인 '작은 빛들로 수놓은 가을밤'에 대해 이야기를 나누었다.

선생님은 친형님이신 황의용 작가를 따라 자개를 매만지는 세계로 들어오게 되셨다고요.
열일곱 살쯤이었을 텐데… 그러니까 1976년 7월 26일, 부산에 자리한 형님의 공방에서 처음 자개 공예라는 기술을 접하고 배우게 되었어요. 50년이 다 되어가는데 여직 날짜까지 선명하게 기억하는 건, 그날을 '아버지로부터 해방'된 날이라고 기억하기 때문이에요. 아버지가 무척 엄하고 매서우신 분이었거든요. 그 탓에 형님은 저보다도 어린 나이에 독립해서 고생 끝에 나전칠기 기술을 배웠어요. 그때는 보통 여러 사람이 담당을 나눠 하나의 작업물을 완성했어요. '칠부(자개를 붙이기 전에 작업물에 칠하는 역할)'인 형님 곁으로 가 '자개부(자개를 캐고 절삭해 붙일 수 있는 형태로 만드는 역할)'로서 기술을 배우기 시작했죠.

기나긴 걸음의 시작은 삶을 영위하기 위함인 거네요.
당시에는 기술을 알아야 잘 먹고 잘 살 수 있던 시기니까요. 예를 들어 목공소나 대장간, 철공소, 양복점 같은 곳 알죠? 컴퓨터를 쓰는 일이 대부분인 요즘과는

다를 거예요. 70년대는 '자개장롱'을 비롯해 나전칠기 제품이 인기가 많아서 기술을 다루는 이가 많았는데 시간이 흐르면서 그 수요도, 기술자도 크게 줄어들었죠. 저는 자개 공예를 천직으로 여기고 서울로 올라가 본격적인 작업을 선보인 거예요.

공예를 시작한 이후로 지금까지 변함없이 임하셨지요. 그 원동력은 어디에서 나올까요?
난생처음 형님의 손에서 완성된 작업물을 보고 제가 물었어요. 이거 사람이 한 게 맞냐고, 너무나 아름다운데 사람 손으로 가능한 일이 맞냐고요. 다른 일에는 금방 싫증을 내던 제가 자개 공예만큼은 아직도 재미있어요. 그래서 종일 이어지는 작업에도 모든 잡념이 사라질 정도로 집중할 수 있고요. 하나가 완성될 때까지 쏟아붓는 시간과 노력이 상당히 크기에, 이 기술을 배우고 싶어 하는 분께 가장 먼저 물어보는 게 인내심이 있느냐예요. 그것만 있다면 가능하다고 해주고요(웃음). 처음에는 자개가 날 갖고 노는 것처럼 말을 안 들어도 꾸준히 연마하고 인내한다면 잘할 수 있어요.

작업의 주요 소재인 자개를 활용하는 기법에 대해 자세한 설명을 듣고 싶어요.
자개 중에서도 '색패'라 말하는 전복 껍질을 주로 쓰고, 부분적으로 '백패' 소라 껍질을 써요. 한국에서 얻을 수 있는 조개는 크기가 손바닥보다 작은 반면에 대만, 멕시코, 뉴질랜드, 호주 등에서 캐낸 조개는 크기도 무척 크고 저마다 빛깔도 색다르죠. 또 기법에는 절삭, 주름질, 패각, 조각 등이 있는데, 저는 얇고 가는 조각을 칼끝으로 눌러 끊어 붙이는 끊음질을 즐겨 씁니다.

끊음질 기법을 즐겨 쓰시는 이유가 있을까요?
끊음질은 도안이 없어요. 작가의 머릿속에서 실낱 같은 조각을 이어 붙여 모양을 만드니까 창의성이 발휘된다는 묘미가 있죠. 이 기술이라면 무엇이든 내가 원하는 대로 다 만들 수 있다고나 할까요? 또 영화에서 주연과 조연이 나뉘듯 한 작품 안에서 다양한 기법이 쓰일 때도 있는데요. 흔히들 보았을 학이 그려진 장롱은 도안이 있으니 절삭 기법이 주연이라면, 끊음질은 조연이 되어 그 바탕의 풀이나 바다의 결을 표현하곤 하죠. 주연만 있다고 작품이 빛나던가요? 섬세하고 창의적인 끊음질이 있기에 작품에 빛이 나는 거라고 생각해요.

그간 선보이신 '물방울', '조약돌' 시리즈로 미루어 보면 작업의 영감이 자연에서 비롯하는 듯해요.
'물방울'은 시골에 살던 어릴 적, 눈뜨면 소를 몰고 산이나 들로 다니던 때의 기억으로 만들었어요. 풀 위에 맺힌 아침 이슬에 조금씩 물방울이 더해져 떨어지기 직전이 되면 햇빛이 비쳐 보석처럼 반짝이는 장면을 볼 수 있거든요. 그 물방울 하나를 아름다운 자개의 빛으로 상상해 냈죠. '조약돌' 역시 홍천강에서 동그랗고 예쁜 돌멩이들을 발견해서 작품으로 이어진 거고요. 예술이 아무리 훌륭하다고 하더라도 자연을 능가하는 작품은 없어요. 여름 소낙비에 떨어지는 잎이나 산허리에 두른 안개, 겨울에 만나는 설경처럼, 자연이야말로 그 모습 그대로 아름다운 예술이에요.

자연에 대한 존중, 작업을 향한 집념은 이솝과도 닮았다고 생각했는데요. 매년 우리 명절 한가위를 맞이하여 진행되는 이솝의 하비스트 캠페인에 협업 제의를 받으셨는데, 어떠셨나요?
사실 저는 텔레비전도 안 보고 매일 작업실에만 머무르니 잘 모르는 이름이라 수강생들에게 물어봤어요(웃음). 하나같이 다들 좋아하는 브랜드라고, 자연스러움을 중요하게 여겨서 많은 사람들에게 사랑받는 브랜드라고 하더라고요. 캠페인에서는 한국 전통 예술과 공예에

관심을 기울인다고도 하길래 기쁜 마음으로 힘을 더하기로 한 거죠.

선생님은 곧 다가올 추석을 어떻게 보내실 계획인가요?
예부터 전해져 오는 추석, 그러니까 한가위는 수확의 계절을 맞이하며 풍요로운 마음을 나누는 명절이잖아요. 바쁜 농부들이 한숨 돌리는 날이기도 하고요. 하지만 저는 평일이나 휴일 가리지 않고 매일 이곳에 출근해서 작업에 몰두해요. 작업실에 있을 때 마음이 가장 행복하고 편안하거든요.

오는 10월 26일까지 이솝 가로수길과 삼청 스토어에서 선생님 작품이 전시돼요. 보는 분들에게 전하고 싶은 메시지가 있나요?
아마도 내 작품을 아는 사람도 있을 테고, 처음 마주하는 분들도 있겠지요? 한때 사양길로 들어서던 나전칠기가 현대 문화와 결합하면서 다시 또 주목받고 있는 것 같아요. 새롭고 흥미롭게 봐주시는 분들에게 항상 고맙습니다. 영롱한 자개의 빛을 감상하면서 뜻깊고 풍요로운 마음으로 명절을 보내시길 바라요.

이솝 하비스트 캠페인 '작은 빛들로 수놓은 가을밤'
O. 2025년 9월 15일—10월 26일   H. Shop.aesop.com

〈소리의 언어〉

20225. 09. 08 – 10. 31

도시는 늘 바쁘게 움직이지만, 그 안에서도 느림과 정성을 지켜가는 사람들이 있다. 그들의 이름은 바로 '도시형 소공인'. 소공인은 열 명 미만이 함께 일하는 소규모 제조업자를 말한다. 과거 사람들은 제조업이라면 도자기나 목공예 같은 전통 수공업을 가장 먼저 떠올렸을 테지만, 손 기술로 나만의 브랜드를 꾸려가는 이들은 도시에도 가득하다. 정부에서는 이들을 '도시형 소공인'으로 부르며 지원하기 시작했고, 서울경제진흥원에서는 이들을 돕기 위해 성수동에 '서울도시제조허브'라는 공간을 열었다. 의류봉제·주얼리·수제화·인쇄·기계금속 총 다섯 분야에서 일하는 소공인들은 이곳에서 공용 공간과 장비를 함께 쓰며 브랜드를 키워가고 있단다. 더불어 어라운드와 협업한 전시 〈소리의 언어〉를 통해 서울에서 활동하는 소공인들의 작품을 소개한다. 매력적인 참여사 다섯 팀을 먼저 만나, 정성스레 만들고 다듬는 마음을 들어봤다.

오직 만드는 사람을 위해

에디터 차의진 포토그래퍼 박은비

나만을 위한 반짝임

오르노

H. Orno.co.kr

"다양한 사랑의 결을, 각자에게 꼭 맞는 방식으로 담아낸 진정한 맞춤 주얼리를 만들고 싶어요."

오르노는 일본에서 금속 공예를 배운 남편, 파리에서 디자이너로 일한 아내가 만들어가는 수제 주얼리 브랜드다. 오르노ōrnō는 라틴어로 '나를 가꾸다'라는 뜻으로, 주얼리는 장식을 넘어 자신을 돌보는 행위라는 의미에서 붙인 이름이라고. 주로 커스텀 결혼반지와 커플링을 선보이며, 디자인 상담부터 제안 그리고 제작까지 모든 과정을 부부가 담당한다. 획일적인 예물 문화를 탈피해 의뢰자에 꼭 맞는 제품을 오르노의 방식으로 만드는 일은 두 사람이 가장 중요하게 생각하는 점이다. 다양한 디자인 중에서도 주인장은 '모쿠메가네' 기술로 만든 주얼리에

자부심을 보인다. 모쿠메가네는 서로 다른 금속의 색을 겹겹이 쌓아, 유기적인 나뭇결무늬를 만들어내는 일본 전통 금속 가공 기술. 남편은 일본 현지에 자리한 이모부님의 주얼리 공방에서 기술자들과 함께 일하며 학교에서 배운 것들을 실제로 다져갔고, 모쿠메가네도 이때 깊이 있게 익혔단다. 이후 프랑스에서 디자인을 공부한 뒤 파리 주얼리 브랜드에서 일한 아내를 만나, 10년 전 오르노를 시작했다. 오르노의 반지는 색과 두께, 형태 모두 균형 있게 디자인되어 단정하고 자연스러운 얼굴을 갖췄다. 은은한 빈티지 감성은 고객들이 좋아해 주는 요소라고. 부부의 주얼리는 정성 가득한 마음으로 다듬은 시간이 새겨져 있다.

1.

2.

H. Instagram.com/orno_jewelry

1. 모쿠메가네 주문 제작 반지

여러 종류의 금속을 겹쳐 나뭇결무늬를 만드는 모쿠메가네 공법으로 제작했다. 여러 금속판이 고유의 색과 형태를 유지한 채 조화롭게 어우러져 독특한 패턴을 만들어낸다. 두 종류 이상의 금속들이 모여 하나의 보석이 되었다는 의미에서 결혼반지로도 좋다.

2. 럭키 스타 인그레이빙 주문 제작 반지

10년 전 아내가 남편에게 "번쩍이는 럭키 스타 같은 반지를 만들어달라"고 요청했고, 남편이 지금의 디자인을 완성했다. 링을 먼저 제작한 뒤 별 모양 조각을 손으로 하나하나 새겨 만든다. 별의 개수와 배치 그리고 보석 색까지 모두 의뢰자의 요청대로 제작된다.

나를 회고하는 방법

누가의 기록소

"누가의 기록소를 통해 사람들이 자신의 이야기에
올라타서 즐겁게 살아가는 일을 돕고 싶어요."

누가의 기록소를 운영하는 박새벽달 대표는 매달 나를
돌아보는 '월간 회고'를 4년 동안 꾸준히 해왔다. 매달
기록한 족적이 나만의 이야기가 되는 순간을 목격하는 건
그의 기쁨이었다고. 생활의 방향키를 손에 꽉 쥔 감각을
느끼며 나의 이야기에 올라탔을 때, 삶이 즐거워지는
경험이 월간 회고를 통해 가능했다.
이 즐거움을 더 많은 사람들과 나누고 싶었던 그는 누가의
기록소를 시작해 '월간 나 매거진'을 발행했다. 이는
나의 한 달을 주제로 직접 신문을 집필할 수 있는 종이
매거진이다. 여기엔 생각과 몸을 돌아보는 '기능하는 나'

코너부터 새로운 경험을 회고하는 '누리는 나', 일하는
나를 기록하는 '노동하는 나' 등 코너 다섯 개가 담긴다.
종이 재단부터 인쇄 발주, 신문 형태로 접기, 칼선
넣기까지 모두 운영자의 손이 닿는단다.
이 매거진이 '누구나의 기록'이 되길 바라며 탄생한 이름이
바로 누가의 기록소다. 몇 년 전 인쇄소 관계자가 "이런
거 만들면 누가 사냐?"고 물었던 것에 대한 재치 있는
반박이기도 하다고. 그 걱정이 무색하게 정기구독자들은
나를 돌아보는 경험의 즐거움을 운영자에게 전해오는
중이다.

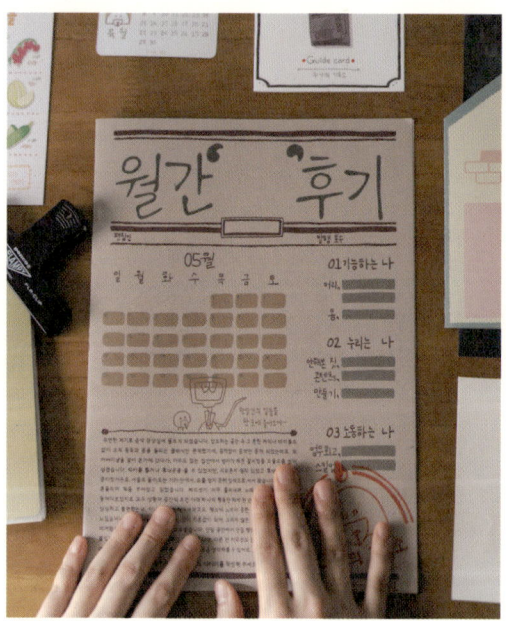

1.

©누가의 기록소

2.

1. 월간 나 매거진 정기호   A2 크기로, 두 번 펼쳐 신문처럼 읽을 수 있다. 매달 그에 맞는 짧은 글이 실리며, 그에
어울리는 색상과 디자인으로 꾸려진다. 신문 우측 하단에 그려진 달력은 뜯어서 엽서로
활용할 수 있다. 엽서 뒷면의 '이달의 사람' 코너를 채워 그 주인공에게 선물해보면 어떨까.

2. 월간 나 매거진 간단형   간소화된 버전의 '월간 나 매거진'이다. 신문 색과 유사하지만 자글자글한 질감의 종이를
사용해 아날로그 감성을 더했다. 곳곳에 '코멘트 칸'이 있어 친구와 함께 쓰고 돌려 읽어볼 수
있다. 볼펜과의 상성이 좋으며, 큰 글자는 검정 색연필로 적을 때 가장 어울린다.

H. Nugrecord.imweb.me

H. Instagram.com/nuga.record

은은한 아름다움을 좇아　　　　　　　　　더이나

"주변의 작은 것에서 느낀 아름다움을 작은 디테일로
제품에 표현하고 싶어요."

더이나의 조하늬 대표는 가죽 소재의 패션 잡화를 만든다.
얼마 전 '일상'을 주제로 한 첫 제품군을 선보였는데,
가방, 지갑, 참Charm, 액세서리가 그 주인공이란다.
미술과 음악을 전공한 조하늬 대표는 손재주가 좋아 여러
수공예를 배웠고, 가죽 공예가 나에게 가장 잘 맞는다는
걸 알아챘다. 그렇게 'offn'이라는 이름으로 공방을 연
그는 제대로 된 브랜드를 시작해 보고 싶어 3년 전부터
더이나를 준비한 주인공이다.
더이나는 은은하면서도 생동감 있는 동양의 아름다움에서
영감을 얻어, 동양적인 미니멀리즘을 추구한다.

디자인부터 가봉, 제작, 제품 촬영, 홍보까지 모두 조하늬
대표의 오롯한 몫. 여러 일을 홀로 감당해야 하기에 느린
속도로 한 걸음씩 나아가는 중이지만, 새로운 제품을
완성할 때마다 엄청난 뿌듯함을 끌어안는다. 공방을
운영하던 때부터 꾸준히 브랜드를 찾아주는 고객들이
제품을 조하늬 대표보다 더 좋아해 줄 때 역시 기쁘다고.
더이나는 같은 취향을 지닌 사람들과 연결되길 지향한다.
제품에서 겉으로 뚜렷하게 드러나지 않지만 '나만 아는
디테일'을 발견해 줄, 그런 사람. 그 작은 아름다움을
찾아낼 이들을 위해 이곳의 물성을 소개한다.

©하이나

1.　　　　　　　　　　　　　　　　2.

1. Lune Hobo Bag　　　동양적인 아름다움을 찾는 더이나의 눈길은 '달'에 닿았다. 룬 호보백은 달 모양을 모티브로
만든 곡선 형태의 가방. 끈을 짧게 조절해 어깨에 멜 수도 있지만, 길게 늘여 어깨에 걸치거나
크로스백으로 활용해도 좋다.

2. Lune Mini Bag　　　은방울꽃의 둥그스름한 모양을 표현한 가방. 아담한 크기로 작은 물건을 담기 알맞다. 역시
끈을 짧게 하여 손에 들거나, 길게 변형해 어깨에 멜 수 있다.

작은 존재에 귀 기울이는　　　　　　　에이드런

"저희 목표는 단순한 소비재 만드는 것을 넘어, 일상에서 아이들 이야기를 발견하고 즐길 수 있는 경험을 만드는 거예요."

에이드런의 제품은 비정형적이고 개성 있는 패턴이 특징이다. 이 패턴의 영감이 되어준 존재는 다름 아닌 아이들. 에이드런은 돌봄이 필요한 아이들과의 미술 수업에서 탄생한 원화를 모티브로 다양한 패턴을 디자인하고, 이를 활용한 제품을 선보이는 브랜드다. 작은 파우치, 손가방, 지갑부터 컵, 쿠션, 커튼까지 일상을 밝힐 도구들이 이곳에서 제작된다. 이름 에이드런a'dren은 'All The Children'의 줄임말로, 모든 아이가 존중받는 세상을 만들고 싶은 마음이 담겼다.

브랜드의 시작은 김지민 대표가 대학생 때 아동 양육 시설 아이들에게 미술을 가르친 경험에서 비롯됐다. 당시 그들에게 필요한 건 단순한 그림 수업이 아닌, 자신의 이야기를 누군가와 나누고 공감을 얻는 경험임을 알게 되었다고. 아이들의 그림과 이야기를 더 많은 사람에게 전하고자 하는 에이드런은 원작을 디자이너의 손길로 매만져 사람들이 쓰고 싶은 디자인으로 완성하는 것을 중요하게 여긴다. 이들이 그리는 세상은 아이와 어른이 단절되지 않고, 서로의 이야기에 웃고 또 위로받는 곳이다. 그들의 제품 너머에 있을 작은 존재를 떠올리며, 에이드런의 알록달록한 꿈을 응원해 본다.

1.

2.

1. 하늘 안에 꽃 바스켓 — 과일과 영양제, 화장품, 장난감 등 다양한 일상 용품을 넉넉하게 담을 수 있는 바스켓. 패턴은 서현이의 원작에서 영감을 받아 탄생했다. 하늘에는 꽃이 있고, 퍼즐을 맞추면 하늘에서 꽃이 맞춰진다는 꼬마 예술가의 설명.

2. 감각의 꽃 티슈 커버 — 꽃은 손처럼 생겼고, 손으로 꽃을 만지면 보들보들하고 핑크색 향기가 난다는 서율이. 에이드런은 이 역시 패턴으로 바꾸어 티슈 커버를 제작했다. 나만의 공간을 꾸미고 싶은 사람에게 감각적인 티슈 커버는 필수가 아닐까.

H. Instagram/adren_design

사라지는 존재를 기억하며　　까사멜로우

"옷은 가장 편안한 순간에 가장 의미 있죠. 옷 한 벌이
생활의 편리함을 넘어 환경과 자연을 기억하게 하는
매개체가 될 수 있다고 믿습니다."

까사멜로우의 홈웨어에는 한국의 멸종 위기 동물을
모티브로 한 패턴이 새겨져 있다. 셔츠·바지 잠옷 세트부터
로브, 원피스에 사라지는 존재를 담는 이유는 무엇일까.
22년간 텍스타일 디자이너로 일한 이정미 대표는 우연히
한국의 멸종 위기 동물을 접하게 되었다. 그는 이 존재를
다큐멘터리나 사진으로 기록할 수도 있지만, 사람들이
매일 입는 옷에 녹아들게 하고 싶었단다. 까사멜로우는
잠옷을 입는 이들이 집 안에서도 자신을 존중하고, 자연과
환경에 대한 책임을 기억하길 바란다.

이들은 통기성이 우수한 면 소재 프리미엄 원단을
고집한다. 브랜드 이름 역시 집을 뜻하는 'Casa'와
부드러움을 뜻하는 'Mellow'의 합성어로, '집에서의 가장
부드러운 순간'을 뜻한단다. 모든 제품은 국내 제작만을
고집해 장인의 태도로 업에 임하는 봉제 업체들과만
협력하면서, 이들과 함께 자라나고자 한다. 이정미 대표는
좋은 소재에 감탄하며 브랜드를 다시 찾아주는 고객들을
만나며, "누군가의 하루를 잠옷으로 조금은 따듯하게
바꾼다는 사실이 큰 성취감이 된다."고 이야기한다. 작고
포근한 위로를 찾는 이들에게 까사멜로우는 좋은 방도가
되어줄 것이다.

1.　　　　　　　　　　2.

1. 스윈튼 잠옷 세트　　사라질 위기에 처한 고라니를 모티브로 한 원단으로 제작했다. '바이오 워싱' 공법으로
　　　　　　　　　　만들어 입을수록 원단이 부드러워지며, 시원하고 찰랑이는 촉감이다.

2. 틸다 에코백　　　　한국의 멸종 위기 동물 '호사비오리'를 담았다. 탄탄한 소재로 책 한 권과 간단한 소지품
　　　　　　　　　　정도를 담을 수 있고, 안쪽에 작은 주머니가 달렸다.

선운사에 갈래?

선운사에 다녀왔다. 10년 만이다.

글·사진 정다운

크리스마스와 절

처음 언제 선운사에 갔는지는 잘 기억나지 않는데, 날짜는 정확히 기억한다. 크리스마스이브였다. 12월 중순이 넘어가자 연말 분위기가 무르익었고 온 도시가 들뜬 공기로 가득했다. 혼자 있고 싶었다. 살다 보면 그런 연말이 있다. 딱히 약속이 없었고 시간은 많았다. 약속을 만들려면 만들 수야 있었겠지만 굳이 그러고 싶지 않았다. 내가 사는 도시를 벗어나고 싶다. 어디 가지? 국내 여행은 혼자 안 해봤는데 괜찮을까? 크리스마스에 붐비지 않는 곳이 있을까? 그때 고등학교 시절 한문 선생님이 해주신 말씀이 떠올랐다. "크리스마스에 가장 한적한 곳은 절이다."라는 이야기. 선생님은 웃으라고 해주신 말씀이었겠지만, 그 말을 믿어보고 싶었다. 궁금했다. 크리스마스의 절은 과연 어떨까?

성남시 버스터미널에서 고속버스를 타고 고창 터미널에서 내려, 다시 선운사로 가는 버스로 갈아탔다. 평소 절을 좋아해서 어느 절이든 종종 가는 편이었지만, 선운사는 처음이다. 2박 3일 머물 방을 안내받았다. 단출한 이부자리만 있는 네모반듯한 작은 방이었다. 개별 화장실도 있다. 기대한 것보다 훨씬 깔끔하다. 안내하시는 분이 개량 한복처럼 생긴 옷을 나눠 주었다. 절에 머무는 동안 내내 이 옷을 입고 생활해야 한다고 했다. 그 말을 듣자 긴장이 풀리고 마음이 편해졌다. 방에 놓인 안내문 맨 위에는 가능하면 신문이나 휴대폰 등을 보지 말라는 이야기가 적혀 있었다. 속세에서 벗어나 지금에 머무르란 이야기겠지. 잘 찾아온 것 같다.

2박 3일 동안 몸의 어느 곳 하나 부대끼지 않는 부드러운 옷을 입고 검은 고무신을 신고 시간을 보냈다. 뜨끈한 방바닥에 이불을 펴고 누워 쉬었고, 목탁 소리에 눈을 떴고, 새벽 예불을 봤고, 아침을 먹었고, 선운사 주변을 산책했고, 선운산 등산도 가볍게 했다. 저녁 예불을 보고 스님과 차담도 나눴다. 그리고 나머지 시간엔 대웅전 바로 앞에 있는 만세루에서 시간을 보냈다.

만세루는 선운사에만 있는 특별한 공간이다. 사방의 문이 활짝 열린 너른 마루에 열 개가 넘는 나무 찻상이 놓여 있다. 만세루를 찾은 모든 이들에게 선운사에서는 직접 키우고 수확해 제다한 차를 다기와 함께 무료로 내어주었다. 각자 편안하게 차를 내려 마시면 된다. 그때 만세루에는 찻상 세팅을 도와주는 보살님이 한 분 계셨다. 혼자 앉아 차를 마시며 책을 읽다가 보살님과 가벼운 대화를 나누게 되었다. 어쩌다 절에 머물게 되었는지, 주로 보살님이 해주는 이야기를 들었던 것 같다. 그러다 찻물이 떨어졌고, 나는 곧바로 일어나 물을 길어

왔다. 그때부터 절에 머무는 동안 물을 길어 오는 건 내 담당이 되었다. 내가 떠 온 약수로 사람들이 차를 마시고, 두런두런 이야기를 나눈다. 고요히 앉아서 오래된 나무 사이 바람과 햇볕을 느끼다가, 물이 떨어지면 천천히 일어나 고무신을 꿰어 신고 약수를 떠 왔다. 아주 중요한 일을 하는 것 같은 기분이 들었다. 지금이 크리스마스라는 사실을 한순간도 떠올리지 않았다.

언제든 갈 수 있는 곳

집에 돌아오는 길에 선운사 입구에서 파는 선운황차를 샀다. 그리고 차가 떨어질 때 즈음 다시 선운사에 갔다. 그 뒤로 마음이 복잡할 때도 선운사에 갔고, 마음이 복잡하지 않을 때도 갔다. 선운사는 언제든 고민 없이 계획 없이 갈 수 있는 곳이 되었다. 나를 반겨주는 게 사람이 아니라 절이라는 점이 얼마나 안심이 되는 일인지. 언젠가는 어떤 분이 나한테 "여기서 생활하는 분이세요?"라고 묻기도 했다. 아니에요. 저도 템플스테이를 하러 온 중생일 뿐이에요. 물어본 사람은 멋쩍게 사과했지만, 기분이 좋았다. 내가 좋아하는 공간과 어울린단 이야기는 늘 듣기 좋다.

혼자 갈 때도 있었지만 친구나 애인과 갈 때도 있었다. 언제 누구와 가도 좋았다. 선운사에 머무는 동안 함께 간 이의 표정이 부드럽게 풀리는 걸 보는 게 좋았다. 선운사 템플스테이가 왜 좋냐고 누군가 물으면, 숨도 안 쉬고 답한다. 혼자 가도 되고, 절 옷만 입으면 마음이 편해지며, 고무신을 신고 걷는 일이 좋고, 선운산이 아름답고 별이 정말 많이 보인다고. 고기와 생선은 물론 오신채도 들어가지 않은 전라도 절밥이 정말 맛있고, 차도 편하게 마실 수 있고, 무엇보다 머무는 동안 불필요한 말과 생각을 하지 않아도 되어 좋다고, 그러는 사이 속세의 걱정과 근심이 가벼워진다고. 선운사는 그런 곳이다. 도시의 옷을 벗고, 내가 오롯이 나로 존재할 수 있는 곳. 10여 년 전 제주로 이사하는 길에 선운사에 잠깐 들러 삼배를 하고, 근처 자주 가는 식당에서 장어 정식을 먹었다. 그게 마지막이었다.

충분한 시간

이번 호에 '전주' 이야기를 담을 예정이라는 이야기를 듣자마자 선운사가 떠올랐다. 선운사에서 시간을 보내고 집으로 오는 길, 버스를 한 번 더 타는 번거로움을 무릅쓰고 종종 전주 터미널에 내려 택시를 타고 한옥마을로 가 칼국수를 먹곤 했다. 먹기 위해서는 귀찮음쯤은 가볍게 극복하던 단순한 시절이다. 그래, 나는 나의 선운사 이야기를 해야지. 할 이야기가 너무 많은걸. 그러다가 문득, 너무 오래전 이야기라는 생각이 든 거다. 언제까지 예전 기억을 가지고 글을 쓸 거야. 지겹다. 지금 이야기를 쓰고 싶다. 다시 갈까? 가자. 가면 되지.

제주에서 광주 공항까지 가는 비행기표를 예매했다. 공항에서는 렌터카를 빌려서 이동할 예정이다. 나의 계획을 들은 친구가 동행하기로 했다. 마치 고향에 가는 것처럼 설렌다. 공항에서 선운사까지는 차로 한 시간. 늘 버스를 타고 가던 길을 렌터카로 이동하니 어엿한 어른이 된 듯한 기분도 든다. 선운사야 기다려라, 어른이 간다. 선운사의 최근 정보에 대해서는 굳이 찾아보지 않았다. 10년 전 수없이 드나들던 선운사와 크게 달라졌을 것 같지 않다. 나는 많이 변했지만, 그렇지만.

예전엔 절 안에서 머물렀었는데, 이젠 템플스테이 용 건물이 따로 있다고 한다. 절에서 10분 정도 걸어 올라가면 된다. 건물 앞에 주차도 가능하다. 우리 방은 무려 2층이다. 방 안에 침대도 있다. 부드러운 촉감의 옷을 나눠 주었다. 템플스테이를 안내해 주신 보살님께 "혹시 고무신은 없나요?" 물었더니, 무슨 얘기인지 못 알아듣는 눈치다. 다음엔 고무신을 챙겨 와야겠다. 새로운 공간은 조금 낯설었지만 나눠준 옷으로 갈아입자 마음이 느슨해진다. 이거 어떤 마음인지 아주 잘 알지. 오랜만에 만나는 마음이 반갑다. 선운사까지 산길을 천천히 걸어 내려갔다. 우선 대웅전에서 삼배를 한 후 곧장 만세루로 갔다. "차 마실 수 있나요?" 스님이 말씀하신다. 만세루는 어제까지 1년 넘게 지붕 공사를 했단다. 오늘 아주 오랜만에 다시 개방되었고, 차는 아직 준비되지 않아 내일부터 마실 수 있다고 했다. 하루만 일찍 왔어도 차를 마시지 못할 뻔했다. 아니 만세루를 못 볼 뻔했다. 휴. 만세루에 앉아서 우뚝 솟은 가까운 산을 바라봤다. 아직 더운 날씨, 에어컨이 없었지만 시원했다. 차 대신 약수를 떠다 마신다. 충분하다.

변한 것과 변하지 않은 것

다음날 새벽 예불에 참석하기 위해 어두운 숲길을 걸어 선운사로 갔다. 발목 높이에 조명이 켜 있어 길잡이가 되어 준다. 젊은 스님이 목탁을 치며 캄캄한 도량을 천천히 걷고 있다. 이를 불교에서는 도량석이라고 한다. 도량을 정화하고 하루 일과를 시작하는 의미를 담고 있단다. 예전엔 저 목탁 소리로 눈을 떴는데, 오늘은 핸드폰 알람 소리에 깼다. 글쎄, 방 침대에는 무선 충전기까지 달려 있었다.

예불이 끝나고, 아침 공양 시간을 기다리며 아무도 없는 만세루에 친구와 나란히 앉아서 해가 뜨기를 기다렸다. 몸에 닿는 부드러운 나뭇결이 몸도 마음도 편안하게 한다. 고요히 앉아 생각했다. 글은 항상 나를 멀리 데려온다. 덕분에 나는 10여 년 만에 다시 만세루에 앉아 있다. 날이 천천히 밝아오고 친구 얼굴이 점점 선명해진다.

아침을 먹고, 다시 만세루에 앉았다. 그러다 우연히 차를 만드시는 스님을 만나 함께 차를 마시게 되었다. 차 밭을 관리하고 수확하고 덖는 것까지 모두 도맡아 하신다고 한다. 점점 힘에 부친다는 이야기도 하셨다. 어떤 차인지도 모른 채, 선운사 차라고 좋아하며 마시던 나는 10년 사이 차를 좋아하는 사람이 되었고 선운사 발효차는 청차일까 황차일까 그 중간 어디쯤일까 궁금했지만 자세히 따져 묻지 않았다. 그런 건 하나도 중요하지 않다. 대신 선운사 주변을 둘러싸고 있는 다양한 차나무 이야기를 들었다. 내가 마시고 있는 차의 잎이, 내가 앉아 있는 이 자리 주변에서 자란 나무에서 딴 것이라는 사실이 좋다. 지금 내가 여기 있다는 것이 기쁘다.

많은 것이 달라졌지만 여전히 선운산의 아침 안개는 고요하고, 만세루는 모두를 향해 열려 있으며, 스님들은 새벽 3시가 되기 전에 일어나신다. 대웅전이 있는 곳이 절이 아니라 스님이 계신 곳이 절이겠구나 하는 생각이 든다. 선운사에서 만난 스님들이 해주신 이야기를 모두 옮겨 적지는 않기로 한다. 일부는 마음에 잘 담아두었고, 나머지는 선운사에 두고 왔다.

나에겐 선운사가 있다. 언제든 가벼운 몸으로 찾아가 가벼운 마음으로 돌아 나올 수 있는 곳이다. 다시 언제 또 선운사에 가게 될지는 잘 모르겠지만, 저기에 선운사가 있다는 사실만으로 안심이 된다. 내가 만일 "같이 선운사 갈래?"라고 묻는다면, 당신을 정말 좋아한단 이야기다. 오래, 알고 지내고 싶단 얘기다. 나랑 선운사 갈래요?

나무 아래 소년

오래 소식이 끊겼던 친구를 만나러 전주에 갔다. 전주에서 내가 한 일이라곤
가능한 한 오래 친구와 랠리를 이어가는 일이었다.

글·사진 김건태

"생일. 진심으로. 축하한다. 권태야." 문자 메시지를 받은 건 초여름의
어느 날이었다. 번호를 저장했더니 카톡 새 친구 프로필에 수염이 잔뜩
난 중년 남자가 나타났다. 낯선 얼굴이었다. 내 이름은 권태가 아니고,
심지어 생일은 반년이나 남았기 때문에 무시할까 하다가 답장을 보냈다.
"실례지만 누구신가요?" 하지만 답장이 오지 않았다. 그리고 며칠이
지났을까? 하루는 퇴근 후에 친구들과 곰장어에 소주를 마시는데 '누구냐
넌?'이라고 저장한 번호로 전화가 왔다. "권태냐?", "…누구신가요?",
"어? 권태 씨 핸드폰이 아닙니까?", "그러니까 누구신데요?" 그는 조금
말이 없더니 자신을 '새똥이'라고 소개했다. 나는 그 별명을 듣자마자
단번에 떠올렸다. 중학생 시절 짝꿍이었던 새똥이, 왜소하고 말이 없던
새똥이, 수업을 빼먹고 종종 어디론가 사라지던 새똥이.
새똥이를 만나러 전주에 가게 된 건 그때부터 한 달이 지난 후였다.
새똥이는 첫 통화 이후 잊을 만하면 메시지를 보내왔다. 처음에는 이상한
아재 개그를 보내다가 나중에는 마당에서 키우는 똥강아지 사진이나
직접 쩠다는 옥수수 사진을 보내왔다. 그러면서 맛있는 걸 사줄 테니 한번
놀러 오라고 했다. 나는 일이 너무 바쁘다는 핑계를 대다가 나중에는 조금
귀찮은 마음에 밀린 숙제를 해결하듯, 출장 중에 한번 들르겠다고 했다.
그렇게 반나절의 약속을 잡고 새똥이를 만나러 기차에 올랐다.
'신종 사기일까? 혹은 납치해서 내장을 팔아치우려는 수작일까?' 싶은
마음도 없지 않았지만, 내가 알던 새똥이는 그럴 만한 위인이 아니었다.
학창 시절 새똥이는 늘 조용하고 말이 없었다. 공부를 잘하는 것도 아니고,
운동신경도 좋지 않은 전형적인 아웃사이더였다. 그가 유일하게 잘하는 건
이상하리만큼 새똥을 자주 맞는다는 점이었다. 머리며 교복이며 늘
하얀 페인트 같은 새똥이 묻어 있어서, 선생님마저 "또새똥 왔나?"라고
말할 정도였으니까.

전주역에 나타난 새똥이는 내가 알던 새똥이가 아니었다. 두 배로
불어난 몸집에 덥수룩한 수염, "여어~!"라는 넉살 좋은 인사말까지.
그는 영락없는 아저씨가 되어 있었다. 어색해하는 나와 달리 새똥이는
어제 만난 사람처럼 자연스럽게 날 대했다. "배고프지? 너 온다고 벤츠
빌려놨다." 그는 주차장으로 앞장서서 걸었는데, 그곳에는 군데군데
녹이 슨 1톤 트럭이 주차돼 있었다. 벤츠는 어딨냐는 내 물음에 새똥이는
"조크여 조크!" 하고 와하하 웃어댔다. (나는 지금이라도 늦지 않았으니 집으로
돌아가고 싶다는 생각을 조금 했다.)
우리는 '전일갑오'라는 가맥집에 갔다. "여기가 전주 최고의 맛집이여."
전주에 올 때마다 들른 곳이라 새롭진 않았지만 새똥이의 표정이 뿌듯해
보여서 모르는 척해줬다. 나른한 평일 오후, 가맥집은 한가로웠다.
새똥이는 익숙한 듯 병맥주와 황태포를 주문했다. "엄니, 노릇하게 쫌
꾸버주쇼잉!" 주인 할머니는 대꾸도 하지 않은 채 뒤돌아 앉아 황태포를
구웠다. "이 집이 얼마 뒤면 문을 닫는다는구먼. 어쩌면 오늘이 마지막이
될 수도 있디야." 20여 년 만에 만난 새똥이의 말투는 너무 촌스러웠다.
어설프게 배운 사투리로 콩트를 하는 삼류 개그맨 같았다. 그나저나
가게가 문을 닫는다는 이야기를 들으니 불쑥 서운한 마음이 들었다.
"너가 이어받으면 어때?" 내 실없는 농담에 새똥이는 손사래를 쳤다.
지금 하는 일만으로도 충분히 정신없다고.

새똥이는 대학을 졸업한 후 근처에 있는 아버지의 작은 공장에서 일손을
돕는다고 했다. 무슨 일을 하느냐고 묻자 그는 조금 망설였다.
"뭐, 이것저것 만들어." 그러면서 새똥이는 처음엔 아버지가 만드는 것이
배드민턴 라켓인 줄 알았는데, 알고 보니 날벌레를 잡는 전기 모기 채
였다고 했다. 새똥이는 아버지가 고작 모기 채를 만든다는 사실에
실망했지만 티를 낼 순 없었다. 그 무렵 새똥이의 아버지가 건강검진에서
간이 안 좋다는 결과를 들었기 때문이다. 하루도 빠짐없이 소주 2병을
비워야 잠이 드는 아버지는 병원에 들를 때마다 "선생님, 이제 소주를
마셔도 됩니까?" 하고 물었고, 참다못한 의사는 "소주는 평생 끊으셔야
합니다."라고 대답했다고 했다. 그 뒤로 새똥이의 아버지는 소주 대신
맥주를 마시기 시작했다. 그렇게 새똥이와 아버지가 함께 술을 마시게
된 곳이 이곳, 가맥집이었다. "대학교 때는 맥주 한 잔만 마셔도 얼굴이
새빨개졌는데 지금은 세 잔은 마셔야 겨우 빨개져. 단련된 거지."
새똥이는 그렇게 말하며 내 맥주잔을 채웠다. 거품만 넘쳐 흐르는 기막힌
비율. "맥주 이렇게 따르는 사람은 구속시켜야 돼!" 새똥이는 거품이
넘치는 내 잔에 서둘러 입을 가져다 댔다. "아버지한테 배운 거야." 친구의
가족은 건드릴 수 없었으므로 더 이상 그를 비난할 수 없었다.
처음엔 어색했는데 낮술이 들어가자 학창 시절로 돌아가는 일은 생각보다
쉬웠다. 수업 시간에 함께 피씨방에 갔다가 걸렸던 이야기, 새똥이라는
별명에 관한 이야기, 짝사랑했던 친구에 관한 이야기, 내가 다른 친구들과
더 친해 보여서 질투가 났다는 이야기까지. 나는 문득 왜 이제야 연락하게
됐느냐고 물었다. "오랜만에 배드민턴이나 한번 치고 싶어서.", "갑자기
웬 배드민턴?" 그러자 새똥이는 오래전 이야기를 들려주었다. 그 무렵
새똥이와 나는 함께 배드민턴 동아리를 했는데, 그 시절이 아직
생생하다는 거였다. 그러면서 동아리 평가 때 내 스매싱을 받지 못해
C를 받게 됐다며, 상처를 받았다고도 했다. "가만히 랠리만 했어도 둘
다 A였을 텐데, 너가 너무 세게 쳤어." 아, 그랬던가? 나는 기억나지
않는다고 대답했다.
그 무렵 올림픽을 보며 승부욕이 불탔었다고, 미안하다고 사과했다.
다 지난 일이라며 새똥이는 내 잔에 맥주를 한 잔 더 따랐고, 이번엔

거품이 하나도 없이 맥주만 가득 채웠다. "이거 다 먹고 배드민턴이나
한번 치러 가자!"
새똥이는 트럭 짐칸에서 미리 준비해 온 배드민턴채를 꺼내 들었다.
우리는 '기린공원'이라는 곳까지 30분을 내리 걸었다. "꼭 이렇게까지
해야 하는 거냐?" 새똥이는 듣는 둥 마는 둥 하며 성큼성큼 걸었다. 공터에
다다르자 새똥이가 조금 머뭇거렸다. "분명 여기에 네트가 있었거든?"
그는 미안하다며 머리를 긁적였다. 우리는 어쩔 수 없이 네트 없는
공터에서 배드민턴을 쳤다. 전주까지 와서 이게 뭐 하는 건가 싶다가도
막상 몸을 움직이니 땀이 나며 기분이 좋아졌다. 사회인 배드민턴
동호회까지 들었다던 새똥이의 실력은 여전했다. 뒤뚱거리며 뒷걸음질
치다 둥글게 넘어졌다. 나는 그 모습을 보며 한참을 웃었다. 친구의 모습이
가여워 이번만큼은 져주려 했는데 그러기엔 또 자존심이 상했다. 몇 번의
랠리 끝에 마무리는 스매싱. 결국 또 내가 이겨버렸다.
우리는 자판기에서 음료수를 뽑아 들고 나무 그늘에 앉았다. 새똥이는
낙담한 얼굴이었다. 사실 동호회에서도 소질이 없다는 말을 여러 번
들었다고 했다. 나는 그래도 많이 늘었다며 친구를 다독였다. 흐르는 땀을
닦으며 새똥이가 말했다. "이만하면 됐어." 그는 나한테 스매싱 한 번
날리는 게 꿈이었다고, 복수에 성공했으니 그걸로 됐다고 했다. 그러면서
머리를 흔들었는데 차가운 땀방울이 사방으로 번졌다. "더럽게 뭣 하는
짓이지?" 친구랑 나는 서로를 발로 밀며 투덕거렸다. 그때 내 머리 위로
무언가 툭, 떨어졌다. "어? 새똥이다!" 새똥이가 내 머리를 가리켰다.
손바닥으로 닦아내자 하얗고 묽은 액체가 묻어나며 구린 냄새가 났다.
"과연 새똥이의 친구답구먼!" 하며 새똥이는 와하하 웃어댔다. 나는 문득
이 친구가 학창 시절에 왜 그렇게 새똥에 자주 맞았는지 알 것 같았다.
나무니까, 나무 아래서 보내는 시간이 많았으니까 그랬던 거였다. 수업을
빠지고 홀로 나무 아래 앉아 자기만의 수업을 이어가던 소년을 떠올리며,
나는 천천히 자리에서 일어났다. "야, 한 판 더 하자.", "됐다니까 뭘
또 해." 나는 새똥이의 손에 라켓을 쥐어주며 파이팅을 외쳤다. 그리고
이번만큼은 스매싱 없이 가능한 한 오래 랠리를 이어가겠다고 마음먹었다.

여행은 돌진

글 배순탁—음악평론가·〈배철수의 음악캠프〉작가

01. 'Risk'
— Gracie Abrams

02. 전주 얼티밋 뮤직 페스티벌

03. 'Creep'
— Radiohead

전주에 다녀왔다. 불과 2개월 전이다.

이전 대구 특집에서 나는 서울 사람이지만 아버지가 대구에서 태어난 관계로
큰집이 있는 그곳에 수십 번은 갔다는 걸 밝힌 바 있다. 이번에도 마찬가지다.
이것은 운명이다. 마침 전주에 일이 있었고, 잘 마친 뒤에 시내를 둘러봤다.
시장에서 피순대도 먹고, 맛있는 수제 맥주 가게에서 '야맥'도 즐겼다. 특히
후자는 완전 추천하고 싶다. '노매딕 비어 템플'이라는 곳이다.
그것이 출장이든 여행이든 나한테는 절대 규칙이 하나 있다. 도시를 선호한다는
것이다. 최근에도 시카고에 6년 만에 다녀왔다. 확실히 그렇다. 나는 서울에서
태어나고 자랐다. 지금까지 여행을 간 곳도 딱 하나 예외를 빼면 싹 다 도시였다.
왜 그럴까를 곱씹어본다. 나는 기본적으로 밤에 에너지가 올라오는 타입의
인간이다. 한국에서는 웬만하면 집에 있지만 여행을 가면 밤늦게까지 맛있는
술과 음식 즐기는 걸 엄청나게 좋아한다. 그렇다면 시골은 무리다. 일단 문을
연 곳이 거의 없다.
이유는 하나 더 있다. 네온사인 중독이다. 비단 나뿐만은 아니다. 우리 대부분이
그렇다. 아마 여러분도 한 번쯤은 경험해 봤을 것이다. 완전한 밤에 깜깜한
시골길을 걷다 보면 나 같은 도시인은 괜히 불안해진다. 빨리 숙소로 복귀해야
할 것만 같다. 이런 이유 때문에라도 나는 도시로 떠나는 걸 선호한다. 가장
만만한 국가는 역시 일본이다. 도쿄, 오사카, 삿포로, 후쿠오카 등등. 다 합치면
30번은 넘게 일본에 다녀왔다.

전주도 그랬다. 밤에 걷기에 참 좋았다. 술 마시기에도 훌륭했다. 안주는 뭐 말할
필요조차 없다. 나에게는 기묘한 습관이 또 하나 있다. 여행 중 딱 한 번은
그 무엇에도 의지하지 않고, 오직 내 감을 믿고 술집을 찾는다는 것이다.
이번에도 그랬다. 대성공이었다. '촉'이 발동되기를 기다리면서 전주 숙소 부근
길을 걸었다. 그러고는 어떤 가게에 불쑥 들어갔다. 그 유명한 '가맥집'에서 멀지
않다. '진테이블'이라는 곳이다.
이 점이 중요하다고 생각한다. 어느새 우리는 타인의 평가를 의존하지 않고는
살 수 없는 존재가 됐다. 식당을 고를 때도 평점을 보고, 배달 음식을 주문할 때도
평점을 본다. 더 나아가 소비와 관련된 것이라면 우리는 대개 타인의 평가에
심각하게 의지하는 경향이 있다. 타박하려는 게 아니다. 잠깐은 그 속박에서
벗어나도 큰 문제는 아니라는 것이다. 음악과 똑같다. 알고리즘 추천에 의지하면
내 취향이라는 한계를 뛰어넘을 수 없다. 유튜브에 로그인한 채로 영상을 보는
것도 마찬가지다.
그러니까, 가끔씩은 그 무엇이든 과감하게 로그아웃해야 할 필요가 있다. 내가
직접 검색해서 영상을 찾는 것과 마찬가지로 타인의 평가 따위 신경 쓰지 말고
"여기 느낌 있는데" 싶으면 과감하게 돌진하는 거다. 실패할 수 있다. 그러면
또 어떤가. 한 끼 정도는 별로인 음식 먹어도 그것 또한 기억에 남는다.
소설가 김영하 씨도 말하지 않았나. 여행을 가면 무조건 모르는 메뉴를 시킨다고.
맛있으면 좋고, 맛없으면 그걸로 이야기를 만들어낼 수 있으니까. 소설가라서
그런 게 아니다. 여행은 곧 이야기다. 맛없던 추억 또한 충분히 당신의 이야기가
될 수 있다.

'Risk'
Gracie Abrams

7월 말부터 8월 초까지 시카고 그랜트 파크에서 열린 '롤라팔루자 페스티벌'에 다녀왔다. 소문 그대로였다. 세계 최대의 도심형 페스티벌답게 엄청난 크기의 공원에서 10개가 넘는 무대로 수많은 뮤지션과 밴드가 관객을 뒤흔들었다. 그중 그레이시 에이브럼스의 라이브를 잊을 수 없다. 스튜디오 버전보다 훨씬 록적이고, 근사했다. 10대, 20대 관객이 그의 모든 노래를 다 따라 부르는 광경은 조금 시끄럽긴 했지만 장관이었다. 내 인스타그램에 이 곡의 롤라팔루자 라이브 쇼츠를 올려놨다. 꼭 한 번 보기를 바란다. 팔로우는 안 해도 괜찮다.

[Risk] (2024)

전주 얼티밋 뮤직 페스티벌

전주 최대의 대중음악 페스티벌이다. 올해의 라인업만 봐도 이승윤, 데이브레이크, YB, 넬, LUCY, 페퍼톤스 등 라인업이 정말 훌륭하다. 김뜻돌, 세이수미, 김오키, 로큰롤라디오 등의 이름도 빼놓을 수 없다. 과연, 이 정도면 국내를 대표하는 음악 페스티벌이라고 불릴 만하다. 솔직히 올해는 바빠서 못 갔다. 내년에는 꼭 가볼 생각이다.

'Creep'
Radiohead

나는 라디오헤드 광팬이다. 정규작 포함해 각 멤버가 발표한 솔로작, 영화음악 등 거의 모든 작품을 소장하고 있다. 그런 내가 별로 안 좋아하는 라디오헤드 노래가 딱 하나 있다. 그렇다. 바로 'Creep'이다. 이유는 이렇다. 내가 라디오헤드와 사랑에 빠진 건 2집 [The Bends](1995)부터였다. 1집 수록곡 'Creep'이 크게 히트할 때 별 매력을 느끼지 못했다. 이후 라디오헤드가 더 훌륭한 곡과 음반을 연이어 발표했음에도 'Creep'만 찾는 사람이 너무 많은 것도 솔직히 좀 불만이다. 그럼에도, 2016년 일본 서머소닉 페스티벌 당시 라디오헤드가 이 곡을 불렀던 순간을 잊지 못한다. 수만 관객이 혼연일체가 되어 완성한 거대한 합창이 지금도 귓가에서 울리는 듯하다. 마지막으로 부기한다. 내가 쓴 것처럼 라디오헤드가 'Creep'을 절대 안 부른다는 건 가짜 뉴스다. 아주 가끔 세트리스트에 포함시킨다. 진짜 안 부르는 곡은 따로 있다. 'High and Dry'다. 멤버 전원이 이 곡을 싫어해서 폐기 처분하려고 했지만 히트를 예감한 음반사가 맘대로 발매해서 더 싫어졌다고 한다.

[Pablo Honey] (1993)

똑같은 삶

"형, 전주 비빔밥하고 서울 비빔밥하고 뭐가 달라요?"
전주 시내의 음식점 간판들을 보며 내가 묻자 운전대를
잡은 채로 형은 대답했다. "응, 그릇만 다르지."

글·사진 전진우

고향의 여행자

이제는 형이라고 부를 수 있지만 영원히 멀리 있을 것만 같은 사람이 몇 해 전부터 전주에
산다. 내가 20여 년 전쯤에 알게 된 여행 작가. 라호르, 훈자, 레, 판차세, 트링코말리 같은
아시아의 작은 마을 이름들을 내게 처음 발음하게 해준 사람. 군대에 있던 나에게 그 당시
애인은, 자신의 편지와 함께 월간지에 연재되던 형의 여행기를 오려서 보내주곤 했다.
그 두툼한 봉투가 도착한 날이면 모두가 꺼리던 새벽 2시부터 4시까지의 불침번 당번을
찾아가 근무표를 바꾸자고 말하는 것에서부터 나의 소중한 의식이 시작되었다. "편지 왔나
보네?" 선임이든 후임이든 근무표를 바꾸자고 하면 다들 반가워했다. 새벽 근무가 있는
날에는 제대로 잠을 잘 수가 없었기 때문이다. 하지만 편지를 가진 내게 그 시간은 소중했다.
모두가 나를 위해 고요히 있어주는 시간. 낮부터 품속에 넣어둔 편지봉투 안에는 말 그대로
꾹꾹 눌러쓴 글자들이 빼곡했다. 차렷 자세로 그것들을 확인하던 순간들은 얼마나 올올했나.
자유의 의미를 모르던 나였기에, 그 완전한 기쁨이란 나 혼자서는 결코 만들어 낼 수 없는
종류의 것이었다. 사방이 막힌 새벽의 막사 안에서, 나를 보고 싶어 하는 사람의 마음과 내가
가본 적 없는 장소의 풍경 속으로, 나는 군복 차림을 하고 마음껏 돌아다녔다. "라호르, 훈자,
레에-, 판차세."
10여 년이 지나 나는 형을 사석에서 만났다. 형의 여행기가 실리던 그 월간지에 적은
지면이나마 할애받아 글을 써보게 되었는데, 당시 편집장이던 선배가 술자리에 형을 불러
소개해 주었던 것이다. 소개에서 그치지 않고 짓궂게 놀려대는 바람에 고맙다는 말조차
제대로 못 해 속상했던 기억이 난다. 그 이후에도 종종 마주쳤지만, 그런 인사는 역시 할

기회가 없었다. 이렇게 저렇게 시간이 흘러서 "응, 진우 알지. 잘 지냈니?" 그런 인사를
여러 번 받는 동안 이따금 나도 형이라고 부를 수 있게 되었을 뿐이다. 많은 독자들이 그렇듯,
오히려 거리를 두는 것도 좋겠다는 생각이 들기도 했다. 괜히 귀찮게 굴기 싫다. 고맙다는
말이 내 할 말의 전부다. 그런 마음이었던 것이다. 그런 생각 때문이었을까. 1년에
한두 번씩은 만날 수 있던 형은 언젠가부터 2년, 3년이 지나도 만나지 못하는 사이가 되었다.
세어보니 형이 새로운 글을 쓰지 않은 지도 오래되었고, 새 글은커녕 이미 발행한 책들도
절판 처리를 꼼꼼히 해나가고 있다고 들었다. "태국에서 몇 년 살다가 한국에 들어와서는
전주에 자리를 잡았어." 누군가 말해 주었다. 전주가 형의 고향이라고. 어머니가 거기에
혼자 살고 계셨다고.

네팔 대신 전주로

"나 기회가 있을 때 네팔 한번 가보고 싶어요. 셋이서." H에게 내가 말했다. 내가 말한
세 명이란, 여행 작가 형과 H 그리고 나였다. 형과 H는 사실 오래된 인연으로, 둘은
젊은 시절에 매일 만나서 어디든 쏘다니던 사이였다. 나와 H와의 관계는 5년 전이었던가
6년 전이었던가. 삶의 관계는 한 번도 일대일로 존재한 적 없이 늘 들풀처럼 엉켜 있는 것
같다. 결과만 떼어놓고 말하자면, 나는 그때 제일 좋아하는 두 명의 형들이랑 네팔 여행을
가고 싶다고 고백하던 참이었다. H는 나보다 일곱 살이 많고 형은 H보다 여덟 살이
많았기에, '기회가 있을 때'라고 운을 띄우면서. "내가 비행기표 살게요." 셋 중에 제일
어린 내가 말해서 그랬는지 H가 웃었다. "그래 진우야. 네가 형한테 한번 말해봐."
몇 개월이 지나 H와 함께 전주에 가던 날, 내 가방에는 봉투가 네 개 들어 있었다. 각각의
봉투에는 내가 붙여 놓은 네팔 여행 사진들이 있었고, 그 안에는 오만 원짜리 지폐가
열 장씩 들어 있었다. (내가 군대에 있을 때 네팔행 항공권이 오십만 원이었다.) 세 개를 제외한 나머지
하나는 전주에 살고 있는 형의 애인을 위한 봉투였다. 물론 셋이서만 가리라 생각했지만,
혹시 분위기가 안 좋으면 다같이 가자고 말해 보려는 속셈이었다.
"아직 오지 말아봐! 밖에서 밥을 좀 먹고 있어. 금방 전화할게!" 전주에 거의 다 도착했을
때 다급한 목소리로 형이 전화를 걸어왔다. 전주에 닿자마자 술을 진탕 마시고 싶었는데,

어디에서 나왔는지 형 집에 개미들이 들끓고 있다는 내용이었다. 우리가 아무리 괜찮다고
해도 형은 개미를 다 없애기 전까지 우리를 집에 들일 생각이 없었다. "네 알겠어요, 형."
졸지에 전주까지 와서 H와 둘이서 낮술을 먹고 있자니 웃음이 나왔다. 해가 다 지고 나서야
형을 만날 수 있었다. "나 술 잘 안마셔." 형의 말 한마디에 H와 나는 정신을 좀 차렸다.
테이블에 앉아 개미 이야기를 좀 듣다가 자정이 다 된 시간에 형을 따라 산책에 나섰다.
몇백 년이 된 큰 나무를 지나, 성북동 꼭대기 마을 같았던 좁은 길들을 지나 한옥마을까지
한가로이 걸었다. 집에 돌아왔을 땐 이미 새벽 3시가 넘어 있었다. 그 산책에서 형은 H를
통해 그간의 서울 소식을 모두 업데이트하는 듯했다. "파이는 잘 지내니? 그래, 파이 같은
애가 어딨겠어. 도로시는 요즘 어디에 있니. 세탁소는 결혼했고? 이혼했다구?" 긴긴 산책
동안 나는 거의 한마디도 할 필요가 없었다. 염라대왕 앞에서 삶을 갈무리해 보는 거북이들
같던 두 사람. 수많은 이야기 중에 나는 형이 했던 어떤 대답을 메모해 두었다.
"형은 사건 같은 거 안 기다려요?" H가 물었을 때 형이 말했다. "응. 이제 안 기다리는
척해도 안 온다는 걸 알아."
돌아보면 그날 전주에서는 술에 취하지 못했고, 이제 세상에 할 말을 다 했다는 형의 묘한
고백만 듣고서 돌아왔다. 다음 날 아침 형이 데려간 식당에서 밥을 한 끼 얻어먹고 H와
나는 서둘러 서울로 향했다. 국도를 벗어나 시야가 트일 때쯤 H가 물었다. "진우야 왜 네팔
얘기는 안 했어?" 나는 무슨 대답을 하긴 했는데, 아무 대답도 못 한 것과 같이, 내용이 없는
말들이었을 것이다. 그럼에도 H는 다 알아듣는 듯했다.

나를 줄이면 환한 바깥

전주에 또다시 찾아간 건 그 뒤 1년이 더 지나서였다. H가 그사이 책을 한 권 썼는데, 전주의
한 도서관에서 강연 요청이 들어온 것이다. "진우야 형 보러 같이 다녀올래?" H의 말에 나는
곧장 수락한 후 몇몇 일정을 기쁘게 바꿨다. 형을 보러 가는 일에는 늘 긴장과 설렘이 함께.
영원히 멀리 있을 것만 같은 사람.
H는 가게를 만들고 장사를 하는 법에 관해 책을 썼다. 그 작은 시작부터, 움직이고
유지하고 확장해 나가는 부분까지, 그간 자신의 경험을 통해 느낀 것을 읽기 쉬운 문장들로
정리했다. 장사도 결국 누군가를 제대로 만나야만 하는 일. H의 책에는 단순히 물건을 파는
방법이 아니라 자신을 찾아온 사람들을 서운하게 돌려보내지 않는 방법들이 적혀 있었다.
그래서인지 예비 자영업자들뿐 아니라 그들의 친구, 또 미래의 고객에게도 선물해 줄 만한
책이 되었다. 내가 서점 주인이라면 자기계발서와 시집 사이에 H의 책을 두리라, 혼자
생각했다.
"형 제 책 읽어 봤어요?" H가 묻자 형은 놀리듯 대답했다. "그래 좋더라. 다 말이 되더라고."
그 이후에 어떤 대화가 오갈지 다 알고 있다는 듯 H는 고개를 저었다. H의 강연이 끝날
무렵, 사람들이 별다른 질문을 하지 않자 H는 맨 뒷자리에 앉아 있는 형을 지목하며 질문이
있느냐고 장난스럽게 물었다. "이 다음엔 뭐가 있나요?" 형이 물었다.
H의 강연 직전에 우리는 점심을 먹으며 '이야기'에 관해 대화했다. 형이 말하길 이야기란
'말이 되는 것.' 우리 각자가 본능적으로, 혹은 사람들과 나누기 위해 꾸며 만든 것이라는
말이었다. 하지만 사실 삶의 대부분은 그렇지 못한 것으로 이루어져 있어서 설명은커녕
의식하는 것도 쉽지 않다는 내용도 이어졌다. "이 다음엔 뭐가 있나요?" 강연 말미에 나온
형의 질문은 그래서 참 대답하기 까다로운 것이었다. "이런 꾸며낸 것 말고요, 당신의 진짜
삶은 무엇이고 어디에 있나요?" 대충 그런 질문이 아니었을까. 강연을 마무리해야 하는

H는 형의 그 질문에 회사 운영의 새로운 계획들을 말하며 차분하게 잘 넘어갔었다.
"진우야 이 형 예전에 강연할 때 한 번에 오백만 원도 받고 그랬어." 점심을 먹고 나와 앉아
있을 때 H가 말했다. "형, 그때 주로 하던 강연 내용이 뭐였더라?" 웃기만 하고 대답 안 하던
형이 결국 말해 주었다. "나를 줄이면 환한 바깥."
"맞아 그거였지." H는 기억들이 다시 떠오르는 게 반가운 듯 바쁘게 말을 이어갔다.
"그런데 강연이 뒤집어지기 일쑤였어. 강연 담당자들이 맨 뒤에서 그만 멈춰달라고
두 팔로 엑스자를 그렸다니까." 자기 얘기가 아닌 것처럼 형도 웃으며 듣고 있었다.
"한번은 암 환자들 앉혀놓고 강연을 하는데, 뭐라고 했는지 알아? 투병하다가 완치됐다고
세상의 주인공이 된 것처럼 굴지 말라고 했다니까." 나는 순간 어쩔 줄 모르다가 이내
키득키득 웃었다. "너무 덥다. 얼른 차에 타." 형이 차에 시동을 걸며 말했다.
그래서요 형. 그들에게 그다음에 뭐라고 했어요? 나는 그렇게 물어보리라 메모해 뒀지만,
그날 저녁 막걸리를 마시며 형의 사랑 이야기를 듣다가 그만 질문하는 걸 까먹어 버렸다.
하지만 서울로 돌아와 며칠 지나보니 형의 대답이 들리는 것만 같았다. 어떤 대화가 오갈지
다 알고 있다는 듯 고개를 젓던 H처럼 나도 이제는 형이 무슨 말을 할지 조금은 알 것만
같았다. "나를 줄이면 환한 바깥." 언제나 한 가지 이야기에만은 정중히 반응하는 방식으로
형은 살아가고 있는 게 아닐까. 멀리 있을 때나 고향에 있을 때나 말이다. "응, 그릇만
다르지." 내가 제대로 된 질문을 하기도 전에 형이 미리 대답해 주었던 것처럼.

이 도시의 독특한 표정

글 이주연(산책방)   일러스트 휘리

누구에게나 약점은 있다. 얼핏 다 가진 것 같아 보이는 '그' 사람에게도 아킬레스건이라 부를 만한 것이 있을 테다. 정 없다면 진짜 아킬레스건이 약점이겠지. 약점이 있는 위인들을 안다. 당장 떠오르는 사람을 이야기해 보자면 《명탐정 코난》의 쿠도 신이치(남도일), '해리 포터' 시리즈의 헤르미온느 진 그레인저, 한글의 창시자 세종대왕, 독립운동가 김구. 신이치나 헤르미온느가 위인이냐 묻는다면… 적어도 나에게는 그렇다. 나는 한글이 좋다. 한글은 지혜로운 글자처럼 보인다. 직관적이고, 꾀를 부리지 않아서 좋다. 훈독과 음독이 따로 있는 타국의 언어와 달리 모양 하나에 소리가 하나씩 맞춰지는 구조가 살가워 보인다. 세종은 주체성이 강하고 혁신적인 성격이었다고 한다. 글자 없이 생활하며 인간으로서 권리를 제대로 찾지 못하고 있는 국민들을 보고 통탄해하던 그는 생각했을 것이다. 외국 세력에 지지 않을 우리만의 것을 만들어야겠다고, 그것으로 우리의 것을 지켜 나가야겠다고. 마침 집현전에는 세종의 꿈을 실현해 줄 학자들이 모여 있었다. 그들은 세종의 생각에 동의하여 그간 배운 것들을 몽땅 꺼내 보였을 것이다. 기꺼이 연구를 시작했을 것이다. 첫소리, 가운뎃소리, 끝소리를 만들고, 이 요소가 한데 모여 소리를 낼 수 있도록 구조를 만드는 과정이 기뻤을 테다. 과학적이고 독창적인 글자가 만들어지기까지, 감히 상상할 수 없는 수많은 노고가 있었을 터. 적당한 스트레스와 보람도 함께였을 것이다. 그 스트레스 한쪽엔… 어쩌면 우두머리 세종이 있었을지도 모른다.

밤낮없이 일에 몰두하는 세종. 세종은 지독한 일 중독자였다고 한다. 일부러 그러려는 것은 아니었겠지만, 한시도 자리를 뜨지 않고 한글 창제에 몰두하는 그를 두고 어느 신하가 감히 먼저 책을 덮고 잠자리에 들었겠는가. 눈이 절로 감기는 어느 밤, 피곤에 못 이긴 어느 한 학자는 자음과 모음을 간신히 조합해 세종의 흉을 한가득 써두었을지도 모를 일이다. 그의 집요한 일 중독증 덕분에 한글이 탄생했지만 그 때문에 학자들이 지쳤고, 함께 일하기 힘들어했다는 기록이 남아 있다면 이것은 어떤 의미에서는 아킬레스건이지 않을까.

해리 포터의 친구 헤르미온느는 똑똑하다. 엄청 똑똑하다. 잘난 체도 할 줄 안다. 우수한 지능을 지녔고 학업에도 충실하여 교수들의 총애를 얻는다. 하지만 지나치게 모범적인 나머지 융통성이 없다. 자기가 모르는 일은 없는 일, 자신이 이해할 수 없는 것은 사실이 아니라고 생각하는 경향이 있어서 당장 진척되어야 마땅할 일을 가로막는 걸림돌이 되기도 한다. (그럴 땐 진짜 답답하다.) 모든 일에는 빛과 어둠이 있고, 칼에도 양날이 있다. 헤르미온느는 철저하게 계획적이라 즉흥적인 친구들, 해리와 론 사이에서 중심을 잡아주는 지혜를 지녔지만, 애석하게도 계획하지 않은 일에는 문자 그대로 '얼어버린다'. 시간을 되돌려 같은 시간에 진행되는 수업을 모두 듣고도 들키지 않을 정도로 철저하지만, 계획되지 않은 일이 눈앞에 펼쳐지면 어찌 할 바를 몰라 아무것도 할 줄 모르는 사람이 된다. 한편 쿠도 신이치는 어떠한가. 극 중에서 그는 경찰도 해결하지 못하는 사건을 척척 해결하는 고등학생 탐정이다. 똑똑한 건 물론이고 운동도 잘하고, 얼굴도 잘생겼다. (아, 나의 오랜 이상형….) 전문가도 제대로 할 수 없는 정밀 사격이 가능하고 경비행기와 대형 여객기까지 조종할 줄 안다. 그런 신이치가 못하는 게 하나 있다면 바로 노래. 절대음감으로 살인 사건까지 해결하지만… 그는 지독한 음치다.
약점은 가끔 아무것도 아닌 것처럼 보이고 때로는 치명적이어서 평판을 망치고 목숨을 위협하기도 한다. 약점을 일컫는 아킬레스건은 인체에서 가장 크고 긴 힘줄이다. 그리하여 히포크라테스가 'Tendo Magnus(큰 힘줄)'이라 이름 붙였다는 설도 있는데 나는 아킬레우스의 유일한 약점이 발꿈치였다는 설화를 좀더 오래 기억하고 싶다. 기실 아킬레스건은 발꿈치에 위치하지 않는다던데, 그럼에도 나는 약점을 아킬레스건이라 부르는 게 좋다. 누구에게나 있는 근육이고, 약점은 누구에게나 있을 테니까. 아, 그러고 보니 김구의 약점을 빼먹었는데 그는 지나친 개구쟁이에 사고뭉치였다고 한다. 동그란 안경을 쓰고 짓궂은 짓을 일삼는 남자애. 김구 선생님은 캐릭터부터 아킬레스건까지 어쩜 이다지도 귀여운 것인지.

그리나까 나에게도 있다

칭찬을 싫어하는 사람도 있을까? 누군가는 당당히 칭찬을 받아들일 것이고, 누군가는 "아유 아니에요." 얼굴을 붉히며 부끄러워할 테지만 어쨌든 사람이라면 대체로 칭찬을 좋아할 테다. 나는 다소 일찍 칭찬의 맛을 알아버린 어린이였다. 나를 향한 좋은 말, 힘이 되는 말을 들으면 어깨가 든든해졌다. 칭찬을 받아 꼭 쥐고 다니는 날이면 아무것도 없는 가방에 뭔가 가득 차는 기분이었다. 어깨가 조금 당겨도 '기쁘다'는 마음이면 금세 없어질 고통이어서 나는 그 무게를 짊어지는 것이 좋았다. 가끔 내 것이 아닌 것 같은 칭찬을 들을 때도 기어이 내 것으로 만들고 싶었다. 고래도 춤추게 하는 칭찬인데, 내가 춤추지 않을 재간은 없었으니까.

언제였던가, 어린 시절 부모님 친구 가족들 여럿이 떠난 여행에서 잠시 들른 쉼터. 냇가 큰 바위에 걸려 하염없이 나부끼는 누군가의 넥타이(같은 것)를 보며 "저기 넥타이가 있어. 그 위를 나비가 계속 날아다녀." 했을 때 한 아저씨가 내게 말했다. "주연이는 관찰력이 좋네." 그 말이 기뻐서 나는 뭔가를 집요하게 관찰하기 시작했다. 그 칭찬이 내 것이 아닌 것 같아서 내 것으로 만들고 싶던 까닭이다. 칭찬이라면 가리지 않고 흡수하던 어린애는 칭찬을 받기 위해 뭐든 열심히 했다. 발표를 하고 싶어 손을 들고, 선생님과 교감하기 위해 초롱초롱 눈을 맞추고, 시험 기간이 되면 열띠게 교과서를 훑었다. 교과서 장장을 이미지로 외워버려서라도 점수를 잘 받고 싶었다.

지금껏 치러온 무수한 시험을 전부 기억할 순 없지만 초등학교 어느 날의 사회 시험만큼은 선연하다. 마지막으로 사회 과목 시험지를 받아들며 '이번 시험 꽤 잘 봤다.' 스스로 토닥이던 기억도 난다. 그보다 더 선명하게 기억나는 게 있다면 사회 과목 마지막 문제. 하필 시험지 가장 마지막 장에 배열돼 있어 '대단원의 막'처럼 시험지를 뒤집어야만

볼 수 있던 그 문제. 잊으려야 잊을 수가 없다. 한반도 윤곽이 그려진 커다란 지도와 함께
적힌 문제는 이런 것이었다. "우리나라 수도의 위치를 표시하세요(5점)." 다른 문제가
2점, 3점인 것에 비해 5점은 너무 큰 배점이었다. 우리나라 수도가 서울이라는 것은 안다.
서울이 내가 사는 인천보다 조금 위쪽이라는 것도 안다. 그런데 정작 인천이 어디인지
모르겠다. '조금 위쪽'이 어디쯤인지도 실은 잘 모르겠다. 내 지독한 약점은 지리다. 그땐
이런 영역을 '지리'라 부른다는 것도 잘 모르던 시절인데, 어쨌든 지도를 본다는 건 내게
지독히도 난감한 일이었다. 서울은 평양보다는 아래고 부산보다는 위다. 그래서 평양이
어디고 부산이 어디냐 묻는다면… 모르겠다. 정말 모르겠다. 눈을 감고 교과서에 있는
지도를 한참 떠올렸다. 지도가 어떤 색으로 인쇄돼 있었는지도 기억이 나는데, 서울…,
그 서울 위치만은 흐릿하다. 수업 종이 치기 몇 초 전에야 '에라, 모르겠다!' 심정으로
여기겠지, 싶은 곳에 까맣게 표시했다. 한 번도 이렇게 애매한 마음으로 정답을 골라본 적
없는, 칭찬이 좋은 어린애는 그때 불안의 맛을 정확히 알았다.
초등학교 시험이란 대체로 용기를 주기 위한 것이었으므로 조금만 공부해도 어렵지 않게
맞힐 문제로만 구성되었다. 많은 학생이 좋은 성적을 받았다. 시험지를 꽉 쥐고 사회
점수를 확인했다. 95점. 사회 과목 최고점은 98점이었다. 98점을 받은 아이와 95점을
받은 나는 똑같이 한 문제를 틀렸지만 애석하게도 칭찬은 내 것이 아니었다. 역시나 마지막
문제에 그어진 빨간 빗금, 그리고 지금도 생각나는 나의 답. 내가 까맣게 색칠한 부분은
아마도… 대전 부근이었던 것 같다. "이건 맞히라고 낸 문젠데!" 선생님의 코멘트가
칭찬보다 세게 마음에 박혔다. 그 어린 날의 속상함 때문이었을까, 나는 끝끝내 지리와
친해질 수 없었다.

전주에는 흘낭리는 빨래들이 있다

취재로 혼자 전주에 간 적이 있다. 몇 번 다녀온 적 있는 도시지만 그곳이 어디에 있는지 나는 모른다. 위인지 아래인지, 전라도인지 경상도인지, 북도인지 남도인지. 여하간, 그런 전주에서 취재만 하고 돌아오긴 아쉽고, 그렇다고 여행할 만큼의 여유는 또 없어서 고민하는 나에게 친구가 "전주에서 끝내주는 1박 2일을 만들어주겠다."며 며칠 더 묵을 것을 제안했다. 전주에서 나고 자란 그는 자신이 전주 출신이란 사실을 언제나 자랑스럽게 여겼다. 전주에 영화제가 있다는 것도, '가맥집'이라는 것도 마치 자신이 만든 것처럼 언제나 자랑스럽게 소개하곤 했다. 친구는 나의 전주행이 '현지인 루트'로 완벽해지도록 준비할 테니 믿고 맡겨달라고 했다.

여행을 떠난다면, 나는 경우의 수를 A부터 D까지 준비하고(가장 빠른 교통수단 시간표 탐색, 시간대를 고려하여 앞뒤로 두 대 이상의 시간표 확보, A 버스를 놓치면 탈 수 있는 교통수단 B 알아보기, B로 이동했을 때 목적지 도착 시각 확인하기, 변수가 생길 걸 대비해 20여 분 여유를 두고 플랜 C 만들기, 최후의 수단 D의 경우에 포기할 수 있는 일 확인 등등⋯), 가능하다면 동선이 꼬이지 않게 정확한 거리와 발자국 수까지 가늠해서 기록하는 편이다. 헤르미온느처럼 계획이 틀어지면, 예상치 못한 상황이 닥치면 마음이 동요하는 걸 스스로 견디지 못해서다. 그러나 이번 전주행은 취재라는 목적이 있던 만큼 여행 계획을 짤 필요가 없었고, 그럴 시간도 없었고, 친구가 안내해 준다고 하니 굳이 뭔가를 더할 필요가 없었다. 혹시라도 친구 계획에 차질이 생길 때 제안할 수 있는 느슨한 플랜 B를 준비하긴 했지만 대단히 촘촘한 건 아니어서 없는 셈 쳐도 좋았다.

친구는 오지 않았다. 취재가 끝나는 날부터 연락이 닿지 않았고, 그다음 날이 밝아도 마찬가지였다. 결국 나는 남은 이틀을 혼자 보내야 했다. 플랜 B 노트를 펼쳤으나 혼자서는 할 수 있는 일이 없었다. 왜 식당 메뉴는 꼭 '2인 이상'일까. 왜 한 사람은 비빔밥도, 한정식도 먹을 수 없는 걸까. 나는 낮 모를 전주 어딘가를 하염없이 걸었다. 그 길에서 몇 점의 빨랫감을 보았다. 낯선 곳을 여행할 때면 나는 곧잘 빨래들을 찾는다. 이름도, 얼굴도 모르는 누군가의 빨래가 나부끼는 걸 보면 마음이 편해지고 비로소 이 도시에 편입되었다는 느낌이 든다. 그때 만난 몇 점의 빨래에게서 받은 것은 심심한 위로. 친구가 왜 오지 않았는지 끊임없이 생각했지만 별거 아닌 일처럼 느껴지기도 했다. 빨래를 보며 걷던 길 끝에서 자그마한 가게를 만났다. 한옥보다는 구옥에 가까운 동네 밥집스러운 가게. 엄청난 허기에 패배에 작은 종을 흔들며 문을 열었다. "혼자인데요⋯." 입을 떼자 '알고 있어.' 하는 눈짓으로, 그게 뭐 대수라는 양 자리를 안내해 주신 둥근 아주머니. 방석이 폭신했고 눈에 걸리는 기물들이 다정했다. 내가 주문한 건 그 집 식당 이름을 달고 있는 정식이었다.

시간이 꽤 걸려 나온 밥 한 덩이는 커다란 연잎에 감싸인 채 연잎 줄기로 단정하게 묶여 있었다. 연잎 줄기를 풀어 나가면서 나는 잊어버렸다. 친구가 별안간 사라진 것에 관해, 전주에 나를 혼자 둔 것에 관해. 나는 연잎에 싸인 밥을 오래 씹으며 전주의 표정을 생각했다. 그것은 누군가의 안내로 볼 수 있는 일이 아니라 우연히 마주치게 되는 것이라고, 전주는 모두에게 제각기 다른 표정을 보여줄 것이라고 조용히 생각하고 있었다. 그 갑작스러운 여정을 끝내고도 친구에겐 연락이 오지 않았다. SNS에 게시물은 올라왔지만 내게 메시지가 도착하는 일은 없었다. 우리는 SNS에서 말없이 서로를 삭제했다. 그로부터 한참 후에, 그러니까 8년 만에 SNS 팔로우 알람을 받았다. 예의 그 친구였다. 불과 몇 달 전에 일어난 일이고, 계획해 본 적 없는 상황이다. 헤르미온느처럼 얼어붙은 것도 잠시, 어떻게 할까를 고민하기에 앞서 나는 전주의 표정을 떠올렸다. 다 제쳐두고 그 표정을 보러 전주에 다시 가고 싶어졌다. 영영 전주가 어디에 있는지 모를지라도, 당장은 괜찮을 것 같다.

당신을 위한 것이나
당신의 것은 아닌

글·그림 한승재—푸하하하하프렌즈

《당신을 위한 것이나 당신의 것은 아니》은 2021년 문학동네에서 발행한 정지돈 작가의 산문집이다. 산책을 즐긴다는 작가는 프랑스 파리에 머물며 도시를 만드는 자나 도시를 계획하는 자의 입장이 아닌 도시를 걷는 자의 시선으로 도시에 대해 썼다. 다른 나라의 거리를 걷다가 문득 한국의 거리를 떠올리기도 하고, 산책과 길거리에 대해 이야기하다가 이와 관계된 다른 이야기를 하기도 한다.

'당신을 위한 것이나 당신의 것은 아니'라는, 짓다 뺐는 것 같아 어딘가 엄미운 느낌이 드는 제목의 이 책은 도시에 대한 이야기다. 도시라고 하면 너무 딱딱하게 들리는지도 모르겠다.

그냥 우리 주변이라고 적어도 좋을 것이다.

도시는 나를 위한 것이지만 내 것은 아니다. 중·고등학생 때는 욕 한마디 제대로 못 하던 내가 가진 욕을 입에 붙이고 살게 된 건 건축가로서 일하기 시작하면서부터였다. 도시가 내 것이라고 생각했기 때문이다. 산책하며 눈겨보던 내가 좋아하던 것들, 나를 뿌듯하게 만들던 것들이 마음대로 사라지거나 망가졌을 때, 나랑 친구들은 누가 들으라고 하는 것처럼 욕을 퍼부었다. 나의 것이라고 생각했던 것들이 나의 것이 아니었을 때 할 수 있는 건 불평밖에 없었데, 불평은 너무 착하니까 욕을 퍼부었다.

집 근처에 마음에 들어 하는 담벼락이 있었는데, 매일 아침 검은 자동차가 도열해 기다리는 부잣집의 담벼락이었다. 담이라고 하면 콘크리트나 벽돌로 만드는 게 일반적인데, 예전엔 무거운 돌을 쌓아 만들기도 했다. 해가 질 무렵 붉은 햇빛이 그 담벼락을 옳게 그을리고

지나갈 때 그 집에 비추는 붉은 빛깔과 오톨도톨한 돌의 질감이 얼마나 예뻤는지, 가끔 담벼락 아래로 축 늘어진 이파리들이 자신보다 훨씬 큰 그림자를 담벼락에 세기기도 했다. 때면 부벽 고개를 숙여 "감사합니다." 인사라도 하고 싶었다. 언젠가부터 검은색 승용차가 그 앞을 지키지 않았고, 그리고 그 아름다운 벽은 공사 가설 펜스로 가려졌다. 그리고 길지 않은 공사 기간이 지난 후 '두두둥장!' 하고 나타난 것은 오피스텔.

그 오피스텔이 어떻게 생겨 먹었는지에 대해선 군이 설명하고 싶지 않다. 매일 아침저녁으로 보다 내 것이 없어졌고 서막해졌다.

"왜 내 것을 뺏어 갔느냐고 왜 그거 있지 않느냐고!!!" 만들던 검은 돌 그게 어디 갔느냐!!! 따져 묻고 싶었는데 따질 곳이 없었다. 만약 아무 일이나 따져 물을 수 있는 전화번호가 있었다면 나는 전화를 해서 따져 물었을 것이고, 그랬다면 전화기를 통해 누군가는 이런 이야기를 전해왔을 것이다.

"딱하군요. 그건 당신을 위한 것이었으나 당신의 것은 아니었어요." 맞는 말이다.

그러나 그 제목에는 두 가지 감정이 공존한다. 당신의 것은 아니라는 차가움은 어쩌면 당연한 것이다. 나는 도시에서 작은 부분 하나도 지분을 주장할 수 없다. 김가리에 나무 한 그루 심은 적이 없으니. 그러나 도시가 당신을 위한 것이라는 말은 어쩐지 당혹스러울 정도로 따뜻하다. 누군가 대가를 바라지 않고 나를 위해준다는 건… 가슴 뭉클하다.

어릴 때 전주를 자주 갔다. 전주는 아버지가 살던 곳이었다. 그 곳엔 할머니 혼자 살고 있었고,

Essay

안타깝게도 할머니는 "오구오구 우리 손자 있쩨요~?" 하면서 궁니 팡팡 쳐주는 스타일은 아니었다. 할머니는 꽤 쿨한 사람이었기에 나랑 잘 놀아주거나, 함께 놀 만한 친척이나 친구가 그곳에는 없었다. 그래서 전주는 억지로 부모님을 따라가는 곳이었다. 기억에 남는 것은 혼자 동네를 돌아다니던 장면들이다. 동네를 돌아다니는 게 그곳에서 할 수 있는 일의 전부였는데, 전주의 골목길은 혼자 다니기에도 무섭지 않을 정도로 쾌적했다. 골목길 한가운데엔 무거운 콘크리트 맨홀이 차선과 연결되어 있어 나에게는 마치 길을 안내하는 차선과 같았다. 콘크리트로 만든 두꺼운 맨홀을 밟으며 동네를 돌아다니다가 슈퍼에 들러 새콤달콤 하나씩 사 먹었다. 언젠가는 할머니 집 근처 슈퍼마켓에서 해처럼 붉은색 연시를 싸게 팔았는데 겨우 백 원이었다. 백 원은 지금도 작은 돈이지만 예전에도 큰 돈은 애들 주머니에 몇 개씩은 들어 있을 정도로 작은 돈이었다. 마을을 돌고 슈퍼마켓을 만날 때마다 감을 사 먹었다. 한 개 먹고 두 개 먹고, 막다 남은 감은 담벼락에 던져 마을을 지저분하게 만들었다. 매년 한두 차례 전주는 나와 놀아주는 장소가 되었다. 전주는 나를 위한 것이었다.

오랜 시간이 지나 전주를 다시 만나게 될 것은 인스타그램 피드를 통해서였다. '전주천 버드나무 하살 사건.' 시에서 하루아침에 전주천의 버드나무 260그루를 모두 베어 버렸다는 기사를

보았다. 무력해지는 기분이 들었다. 어떻게 그럴 수가 있을까? 전주천에 고개를 떨구고 머리를 감던 버드나무가 떠올랐다. 시에서는 수양버들에 적어라도 품고 있는 듯 나무를 모두 베어 버렸다고 한다. 나름의 이유가 있었겠지만 이유 따위 듣고 싶지 않다.

"이런(　)!(　)!(　)!!"

이 글을 읽는 당신이 나 대신 괄호 안에 욕을 적어 주길.

마지막으로 전주로 향했던 건 할머니가 조금 전이었다. 오랜 시간 아빠는 차를 운전해 전주로 향했다. 길게 머리카락을 흘러내린 수양버들은 전주의 시작이었다. 할머니는 병원에 계셨고, 할머니가 살던 양옥집엔 다른 사람이 살고 있었다. 그래서 아버지의 자동차는 어릴 때 돌아다니던 마을로 향하지 않았다. 병실에서 할머니를 만나고 다시 한번 전주천의 버드나무를 보았다. 낮에 보았을 때와는 다르게 붉은색 햇빛으로 물들어 있었다. 내가 아는 전주의 풍경들, 콘크리트 맨홀과 할머니의 양옥집, 막다 버린 홍시. 그것들을 다시 볼 수 없을 거라고 직감했다. 어떤 건 사라지기도 하고 어떤 건 다른 사람 소유가 되기도 하니까.

그러나 전주천변에 붉게 핀 꽃을 다시 보지 못하게 될 좋은 몰랐다. 누군가 자신을 위한 것을 두고 자신의 것이라고 착각한 때문이었다.

향이로운 프랑로 놀았음

질문과 빛의 여행

여행은 자유롭기 위해 떠나는 것, 몸만 아니라 생각도 자유롭게
풀어둔다. 아주 오래전 첫 전주 여행을 추억하며, 철학자들을 만나는
기차 여행, 그리고 인도 뭄바이의 빛과 어둠을 따라갔다.

글 한수희   일러스트 점선면

스물네 살에 처음 전주에 갔다. 나는 막 한 잡지사에 입사한 참이었는데, 다음 달에 회사가 망해 버렸다. 하지만 크게 충격받지는 않았던 것 같다. 좀 막막하긴 했지만 아직 젊으니 뭐든 할 수 있을 거라고 생각했다. 그래서 시간이 난 김에 친구와 여행을 떠나기로 했다. 한 번도 가본 적 없는 전라도를 향해서.

우리의 첫 목적지는 전주였다. 전주는 작고 단정하고 고풍스러운 도시였다. 한옥마을을 걷고 전동성당을 구경하고 비빔밥을 먹었다. 우리는 감탄했다. 이런 곳이 있었구나. 우리나라에도 이런 데가 있었어. 뒤이어 우리는 담양에 가고 광주에 가고 목포에 가고 구례에 가고 변산에 갔다. 잠은 찜질방이나 싸구려 모텔에서 잤다.

7월 말, 숨 막히게 더운 때였다. 딱히 가야 할 곳도, 가고 싶은 곳도 없었기에 그때그때 즉흥적으로 '여기 어때? 저긴 어떨까?' 하고 다음 목적지를 정했다. 그 자유로운 여행은 고작 며칠이었지만 기억은 여전히 색이 바래지 않는다. 전주의 객사 앞에서 누군가를 기다리던 젊은 사람들, 타 죽을 것 같던 담양의 메타세쿼이아길, 대나무 숲 평상에 누워 즐긴 낮잠, 끝내주게 맛있던 목포의 백반, 유달산에서 내려오는 길에 보이던 해 질 무렵의 바다, 낡은 극장에서 맥주를 홀짝이며 본 《그놈은 멋있었다》, 구례 민박집 근처의 고요한 저수지 풍경, 생각지도 못했던 광주의 화려함, 변산 바다에서 잃어버린 친구의 선글라스.

돌아오는 버스에서 회사 선배의 전화를 받았다. 잡지를 다시 발간하기로 했으니 돌아오라고 했다. 또 이력서를 쓰고 면접을 보지 않아도 좋겠구나, 하고 생각했다.

> 철학과 기차는 서로 잘 어울린다. 기차 안에서 나는 생각을 할 수 있다. (중략) 기차는 내가 가고 싶은 곳으로 나를 데려다준다. 그것도 생각의 속도로.
>
> —에릭 와이너, 《소크라테스 익스프레스》 중에서

여행의 가장 좋은 점은 몸이 자유로워지는 만큼 생각도 자유로워진다는 거다. 에릭 와이너는 《소크라테스 익스프레스》라는 책에서 바로 그런 여행을 한다. 기차에 몸을 싣고 전 세계 철학자들과 사상가들, 작가들의 여정을 좇는 동시에, 그곳에서 그들의 책을 읽으며 생각이 자유롭게 뻗어나가는 경험을 하는 여행. 나는 이 책을 무척 좋아해서 여러 번 다시 읽었다. 소크라테스, 니체, 간디, 루소, 소로, 쇼펜하우어, 공자, 몽테뉴 등 인류 역사에 길이 남을 이들의 철학과 사상을 가볍고 즐거운 마음으로 맛보기 할 수 있을 뿐만 아니라(그들의 벽돌 같은 저서를 읽지 않고도 아는 체할 수 있다), 살아가는 데 도움이 될 만한 글귀들로 가득하기 때문이다.

에릭 와이너는 루소의 박물관이 있는 스위스의 작은 마을 크레페리에 앉아 《고독한 산책자의 몽상》을 읽다가, 책에 등장한 섬 생피에르를 향해 충동적으로 떠난다. 소로가 사랑한 콩코드에서 월든 숲을 산책하고 스타벅스에 앉아 소로의 일기를 읽기도 한다. 에피쿠로스의 정원을 찾아간 그리스의 한 카페에서는 맥주를 마시며 에피쿠로스가 말한 쾌락에 대해 생각한다. 이 얼마나 멋진 여행인가.

나는 내 기분 좋은 마음 상태를 알아채지만 너무 깊이 생각하지는 않는다. 쾌락의 역설의 희생자가 되지 않기 위해서다. 행복에 대해 너무 열심히 생각하면 행복은 사라진다. 작별 인사를 나누면서 톰에게 근처 카페를 추천해줄 수 있느냐고 묻는다. 내가 기대하는 곳은 헌신적인 바리스타가 한 잔 한 잔 애정을 담아 커피를 내리는 그런 독특한 곳, 특별한 곳이다.
"저기 길 아래편에 스타벅스가 있어요."
톰이 말한다.
실망스럽지만, 곧 스스로에게 묻는다.
"에피쿠로스라면 어떻게 했을까?" 물론 스타벅스에 갔겠지. 그래서 나도 그렇게 한다. 독특하지 않다. 애정을 담아 커피를 내리는 직원도 없다. 특별하지 않다. 하지만 충분히 좋다.
다른 말로, 완벽하다.

—《소크라테스 익스프레스》 중에서

책에 등장하는 이들의 철학과 사상은 그들이 태어난 장소와 시대, 환경만큼이나 다르다. 에릭 와이너는 이렇게 다른 색과 크기로 빛나는 구슬들을 하나의 목걸이로 솜씨 좋게 꿰어낸다. 나는 니체의 말에 고개를 끄덕이다가, 에피쿠로스의 글귀에 밑줄을 긋고, 세이 쇼나곤에 가슴 설레며, 소로의 주장에 감명받는다. 뒤죽박죽인 것 같지만 이 책 전체를 관통하는 하나의 명제가 있다. 바로 철학은 답이 아니라 질문이라는 것. 그것도 좋은 질문이라는 것.

좋은 질문은 그렇다. 사람을 단단히 붙잡고 절대 놓아주지 않는다. 좋은 질문은 문제의 프레임을 다시 짜서 완전히 새로운 시각으로 바라보게 한다. 좋은 질문은 문제의 해답을 찾게 할 뿐만 아니라 해답을 찾는 행위 그 자체를 재평가하게 만든다. 좋은 질문은 똑똑한 대답을 끌어내기도 하지만 침묵을 끌어내기도 한다.

—《소크라테스 익스프레스》 중에서

얼마 전 마음에 드는 인도 영화 한 편을 봤다. 칸 영화제에서 심사위원대상을 받은 〈우리가 빛이라 상상하는 모든 것〉(2024)은 인도 영화에 대한 나의 선입견을 무너뜨린다. 이 영화에는 발리우드 영화를 상상할 때 떠올림 직한 갑작스러운 노래와 춤도, 허황된 줄거리도, 과장된 연기도 없다. 아니, 인도도 이런 영화 만들 수 있었잖아! 영화의 주인공은 뭄바이의 한 병원에서 간호사로 일하는 30대 여성 프라바. 얼굴도 보지 않고 중매결혼을 했으나

독일로 일하러 떠난 남편은 오랜 세월 소식이 없다. 함께 일하는 의사는 프라바를 짝사랑하고 그 역시 마음이 없지는 않지만, 결혼한 여자라는 처지에 구애를 거절한다. 어느 날 독일에서 발신인이 찍히지 않은 소포가 도착한다. 열어보니 전기밥솥이다. 어쩌면 남편이 보낸 것인지도 모른다. 외로운 밤, 프라바는 밥솥을 끌어안고 자신의 처지를 한탄한다.

영화는 우기인 뭄바이의 밤거리 풍경을 시처럼, 음악처럼 비춘다. 전철에서 쏟아져 나오는 수많은 사람들, 낡은 건물들, 어딜 가나 조명은 충분히 밝지 않고, 포장되지 않은 길은 진흙탕이다. 그럼에도 사람들은 잠들지 않은 채 도시를 타오르게 하고 있다. 그 모습은 생명력이 넘쳐 보이기도 하지만, 또 반대로 견디기 버거워 보이기도 한다. 너무 많은 사람들, 너무 뜨겁고 너무 습한 공기, 너무 밝고 너무 시끄러운 장소.

프라바와 같은 병원에서 일하는 젊은 아누는 이교도 남자친구와 몰래 사랑을 나눌 곳을 찾아 늦게까지 그 혼란스러운 거리를 헤맨다. 또 다른 동료인 나이 든 파르바티는 유일한 재산인 낡은 집을 빼앗길 처지에 놓인다. 집을 잃고, 외로움에 몸부림치고, 사랑을 허락받지 못한 각기 다른 나이대의 세 여자에게 뭄바이는 삶의 터전이면서도 그들이 가진 빛을 잃게 만드는 도시인 것 같다.

나는 20년쯤 전에 뭄바이에 간 적이 있다. 뭄바이에 대해서는 아무것도 몰랐고 어떤 기대도 없었다. 뭄바이에 대한 내 인상은 카오스 그 자체였다. 21세기에도 이런 곳이 다 있나 싶었다. 90세가 다 된 미국 참전 군인들이 여전히 노르망디에 상륙하던 순간의 냄새까지 생생하게 기억하는 것처럼, 나 역시 뭄바이의 모든 것을 잊지 못한다. 그때도 우기였다. 거리는 차와 오토바이와 사람들과 가지가 마구 뻗친 커다란 나무들로 가득했다. 여자들은 대개 전통 의상을 입고 있었고, 어디서나 짙은 어둠 속에서 하얀 눈동자들만 반짝거렸다. 저녁 무렵 갑자기 비가 미친 듯이 쏟아졌다. 숙소가 있는 건물 입구에는 노숙인들이 그득했다. 아침에 일어나자 흐린 창밖에서 까마귀가 깍깍 울었다. 거리는 더러웠고 노숙인들은 어딘가로 사라지고 없었다. 밤 기차를 타러 간 뭄바이 기차역 바닥에는 발 디딜 틈 없을 정도로 많은 사람들이 자리를 깔고 앉거나 눕거나 밥을 먹고 있었다. 전쟁이라도 난 건가 싶었다. 영화 속 뭄바이는 20여 년 전 그 뭄바이와 별반 다를 것이 없어 보였다. 나는 문득 그 도시가 그리워지기도 했고, 여전히 진저리가 나기도 했다.

집을 잃은 파르바티는 체념하고 고향에 있는 옛집으로 돌아간다. 얼마 후 프라바와 아누가 파르바티를 만나러 갔을 때, 파르바티는 새로운 직장을 구해 씩씩하게 살고 있다. 혼란스럽고 화려한, 그러나 어쩐지 어둠이 가득한 뭄바이와는 다른 이 한적한 바닷가 마을에서 프라바와 아누는 자유로운 시간을 보낸다. 프라바는 해변에 떠내려온 이름 모를 남자를 구해준 뒤, 그가 자신의 남편이 되는 환상적인 체험을 한다. 아누는 숲속에서 이교도 남자친구와 자유롭게 껴안을 수 있게 된다. 영화의 마지막 장면에서 여자들은 희미한 전구로 불을 밝힌 해변의 술집에 나란히 앉아 웃는다. 그들은 아주 오랜만에 느긋함을 되찾은 것 같다.

> 삶을 성찰하려면 거리를 둬야 한다. 자기 자신을 더 명확하게 들여다보려면 자신에게서 몇 발짝 물러나야 한다. 이렇게 거리를 둘 수 있는 가장 좋은 방법은 대화를 나누는 것이다.
>
> —《소크라테스 익스프레스》 중에서

오래전처럼 그렇게 자유로운 여행을 떠나고 싶다. 그곳에 무엇이 있을지도 모르고, 그저 이름 하나와 설레는 마음만 들고 떠나는 여행. 철학이라고도 몽상이라고도 할 수 없는 생각들을 하며 느긋하게 걷고 움직이는 여행. 무언가를 확인하기 위해서가 아니라 그저 보고 느끼기 위해 떠나는 여행. 그곳에서 나는 무엇을 발견하고, 누구를 만나게 될까? 그곳에서 돌아온 후에 나는 어떤 사람이 될까? 아마 그 여행에서 돌아온 후 프라바와 아누 역시 조금은 달라지지 않을까? 프라바는 소식 없는 남편 기다리는 일을 드디어 그만두지 않을까? 아누는 남자친구와의 관계를 새롭게 정립하지 않을까? 결코 호락호락하지 않은, 뭄바이라는 도시에서 일하는 여성으로서의 삶을 꿋꿋이 헤쳐나가지 않을까?

'우리가 빛이라 상상하는 모든 것.' 이 아름답고도 모호한 제목은 무엇을 의미할까? 프라바와 아누는 무엇을 빛이라 상상했을까? 그들은 그 빛을 찾았을까?

문득 그런 생각이 든다. 어쩌면 그들이, 그들 자신이 빛이 아닐까?

그곳에 두고 온 과거와 미래

전주를 둘러싼 우리의 열두 가지 이야기.

한옥 구들장 | 발행인 송원준

큰 기대 없이 한옥마을에 숙소를 예약했다. 입구에 들어서는 순간 놀라운 광경이 펼쳐졌다. 장작을 아궁이에 넣어 불을 지피고 있었다. 진짜 온돌일 줄은 생각도 못 했는데. 불에 탈까 봐 살짝 걱정하며 따뜻한 하룻밤을 보냈다. 내 인생 첫 구들장 온돌이었다. 또 만날 수 있을지 모르겠다.

해달분식의 수제비 | 편집장 김이경

전주 하면 맛있는 식당이 가장 먼저 떠오른다. 가는 곳마다 실패하지 않았던 전주의 맛. 지도에 별 표시를 해둔 게 많은데 그중에서도 남부시장의 해달분식은 아직 가보질 못했다. 수제비 먹으러 꼭 가야지.

클래식과 전주의 아침 | 에디터 황진아

숙소에서 나갈 채비를 하는데 J는 불현듯 영화 〈클래식〉(2003)을 틀었다. 우리는 이미 몇 번 본 그 영화를 배경으로 단장을 시작했다. 어떤 장면에는 잠시 눈길을 주고, 외운 대사를 읊조리기도 하면서. 지금도 〈클래식〉을 보면 특별한 대화도 없던 그 아침이 떠오른다. 마당에 심어진 큰 목련 나무가 환했던 날이었다.

덕분에 | 에디터 차의진

취재로 전주에 향하던 날, 몸이 정말 아팠다. 안색이 좋지 않은 에디터를 종일 걱정한 박은비 포토그래퍼, 그리고 종일 운전기사를 자처해 주신 박진채 선생님. 이 다정한 부녀 덕분에 난 전주에서의 하루를 영영 잊지 못하겠지.

사라진 버드나무 | 마케터 문주원

키가 큰 풀과 버드나무가 울창했던 남천교는 소설 〈습지의 사랑〉이 떠오르는 아름다운 곳이었다. 이제는 많은 나무가 벌목되어 아쉽게도 그 풍경을 볼 수 없지만, 언젠가 다시 남천교의 버드나무 사이를 걸을 수 있길 바란다.

이씨들의 내적 친밀감 | 브랜드 프로젝트 디렉터 하나

내가 주민등록번호처럼 외우는 ID 정보가 있으니 바로 '전주 이씨 효령대군파 21대손'. 할아버지는 집안의 뿌리를 자주 이야기했고, 덕분에 나는 가본 적 없는 그곳을 내심 친근하게 여긴다. 이번 호를 계기로 찾아가야지. 할아버지의 이름을 걸고!

달빛과 대지를 품어내는 순간 | 브랜드 프로젝트 매니저 전지영

9월의 어느 날, '모악산의 아침'에 갔다. 너른 마당과 시간과 세월이 오래 묻어난 공간은 정말 완벽했다. 내 안의 감정들을 돌아보고, 소중한 사람들과 연결성을 회복했던 경험이 기억에 남는다.

전주콩나물국밥 | 브랜드 프로젝트 매니저 정현지

마지막 아우트로라 감동을 담고 싶었지만, 어라운드와 전주의 상관관계를 찾다 결국 먹는 이야기로 마무리. 해장이 필요한 날이면 꼭 갔던 회사 앞 콩나물국밥집. 함께 밥을 먹는 동료들에게 "전주에는 두 가지의 콩나물국밥이 있어."라고 말하곤 했다. 그중 좋아하는 건 '남부시장식'인데, 날달걀을 따로 풀어서 찍어 먹는 것이 별미다. 문득 전주가 궁금한 날에 꼭 먹어보길!

영화제가 열리지 않는 계절에서 | 브랜드 프로젝트 매니저 오은정

몇 년 전, 친구와 전주에서 〈성적표의 김민영〉(2021)을 봤다. 함께 전주국제영화제에 가던 친구와 엉뚱한 계절에, 그해 영화제 상영작을 극장 개봉작으로 함께 만난다는 사실만으로도 즐거웠던 날. 우리 사이의 특별함이 전주를 통해 어떤 모양으로든 증명된 듯한 기분까지.

전주역 뒷골목, 고향 시래기 | 브랜드 프로젝트 매니저 최하은

기차에서 내려 가장 먼저 향한 식당에서 시래깃국을 먹던 중 옆 테이블 중년 아저씨들과의 대화가 얼결에 시작되었는데, 조금 친해진 우리를 시내까지 차로 내려나 주신 유쾌하고 다정한 기억이 전주를 떠올릴 때마다 따라다닌다.

영화는 나의 힘 | 브랜드 프로젝트 매니저 정희석

세 시간 거리에 있는 도시, 전주. 5월이면 흐드러지게 궁금해지는 도시. 영화와 이야기가 피어나고 그 한가운데서 흐르는 시간마저 붙잡을 수 있는 곳. 그때 내가 만난 용기와 포용은 아직 나를 지탱하는 가장 큰 힘.

전주 이모 | 브랜드 프로젝트 매니저 한지원

팔남매 중 막내인 나의 엄마 덕분에 거의 전국 팔도에 한 곳씩 친척들이 살고 있다. 전주를 살며 딱 한 번 가본 탓에 기억에 남는 에피소드는 딱히 없지만, 덕분에 오랜만에 이모에게 전화를 드려 안부를 물었다.

1년 정기구독

AROUND는 격월간지로 짝수 달 초에 발행됩니다. 정기구독을 신청하시면 어라운드를
온라인 콘텐츠로도 만나볼 수 있으며, 홈페이지에서 사용 가능한 포인트를 드립니다.

AROUND 매거진(총 6권) & 온라인 콘텐츠 감상 & 홈페이지 포인트 지급
97,200원 / a-round.kr

AROUND NEWSLETTER

책에서 못다 한 이야기를 펼쳐 보입니다.
또 다른 콘텐츠로 교감하며 이야기를 넓혀볼게요.
홈페이지에서 뉴스레터를 구독해 주세요.

a-round.kr > Newsletter

Publisher

송원준 Song Wonjune

Editor in Chief

김이경 Kim Leekyeng

Senior Editor

황진아 Hwang Jinah

Editor

차의진 Cha Uijin

Art Director

김이경 Kim Leekyeng

Designer

윤원정 Yoon Wonjung

Cover Design Guide

오혜진 O Hezin

Cover Image

최모레 Choe More

Photographer

강현욱 Kang Hyunuk

김혜정 Keem Hyejung

박은비 Park Eunbi

윤동길 Yun Donggil

해란 Hae Ran

Project Editor

이주연(산책방) Lee Zuyeon

이명주 Lee Myeongju

김건태 Kim Kuntae

배순탁 Bae Soontak

전진우 Jun Jinwoo

정다운 Jung Daun

한수희 Han Suhui

한승재 Han Seungjae

Illustrator

권주연 Kwon Jooyeon

점선면 Jeom Seon-myeon

휘리 Wheelee

Marketer

문주원 Mun Juwon

Copy Editor

기인선 Ki Inseon

Management Support

강상림 Kang Sanglim

Publishing

㈜어라운드

도서등록번호 제 2014-000186호

출판등록일 2009년 12월 5일

ISSN 2287-4216

창간 2012년 8월 20일

발행일 2025년 10월 1일

AROUND Inc.

서울시 마포구 동교로51길 27

27, Donggyoro 51-gil, Mapo-gu, Seoul, Korea

광고 문의 / 070 8650 6359

구독 문의 / 070 8650 6375

around@a-round.kr

a-round.kr

instagram.com/aroundmagazine

blog.naver.com/aroundmagazine

상상 너머를 여는 AI
Imagine with AI

TREND SIGHT

12   **Opinion**

AI가 만드는 새로운 놀이 문화

이지은 리서치인사이트팀

14   **Dialogue**

상상에 날개를 다는 법

빙그레 〈처음 듣는 광복〉 캠페인

Google Gemini 〈All Day Assistant〉 캠페인

22   **List**

머릿속 상상을 실현해 주는 다섯 가지 AI Tool

Google Gemini·ElevenLabs·Runway·HeyGen·Synthesia

26   **Experience**

다시 보게 되다

김효민 아트디렉터·윤병구 CX크리에이션팀·이기쁨 DCX기획팀

30   **Behind**

게임 캠페인의 공식을 깨다

넥슨 서든어택 20주년 캠페인

40   **Ideas**

도구를 넘어 동료로: AI와 항해하는 디자이너

변사범 플러스엑스 고문

LOOK INSIDE

50   **Creator Manual**

칸을 흔든 13분, 광고의 경계를 넘어선 〈밤낚시〉

현대자동차 〈밤낚시〉 캠페인

64   **Spotlight**

고단한 하루의 끝에

KCC건설 스위첸 〈집에 가자〉 캠페인

68   **Universe**

고객 경험을 전시하다

현대자동차그룹 〈UX스튜디오 서울〉

78   **Network**

현대자동차, 중동 시장을 달리다

아중동 법인 〈Champions' Choice〉, 〈Just get a Hyundai〉 캠페인

82   **Media Now**

도시의 인프라가 된 공공 캠페인

〈세상에서 가장 큰 라이프가드〉

86   **Inspiration**

최근 가장 인상 깊었던 콘텐츠

88   **Inno Post**

91   **Global Map**

Imagine with AI
상상 너머를 여는 AI

기술의 진보는 언제나 인류의 상상력을 시험해 왔습니다. 오늘날 생성형 AI의 등장은 광고와 커뮤니케이션 산업에 새로운 도전과 기회를 동시에 안겨주고 있습니다. 때로는 '창의적 영역마저 AI가 대신하지 않을까?' 하는 우려의 목소리도 있지만, 저희는 이를 단순한 위협으로 보지 않습니다. AI는 인간의 창의적 본질을 대체하는 것이 아니라, 오히려 그 무대를 더 넓히는 데에 도움을 주는 동반자라 믿습니다.

광고의 핵심은 사람의 마음을 이해하고 움직이는 데 있습니다. 이는 인간만이 지닌 감각과 통찰, 공감의 능력이 뒷받침될 때 비로소 완성됩니다. AI는 그 과정에서 새로운 영감을 제시하고, 상상을 구현하는 속도와 가능성을 크게 확장해 줍니다. 결국 인간과 AI의 관계는 대체가 아닌 협력이며, 공존 속에서 진정한 혁신이 태어난다고 확신합니다.

이번 호에서는 'AI와의 화합과 공존'이라는 메시지를 통해, 앞으로도 사람과 기술이 함께 조화를 이루는 길에 관해 이야기하고자 합니다. 인간의 창의성과 AI의 역량이 어우러질 때, 우리는 더 깊이 있는 메시지와 더 넓은 세계와의 소통을 끌어낼 수 있습니다.
《LIFE IS ORANGE》는 변화의 흐름 속에서도 인간적 상상력의 가치를 잊지 않고, 기술과 크리에이티브가 만나 만들어낼 새로운 가능성을 담아내고자 합니다.

이노션 대표이사 사장
이용우

실수로부터 피워낸 상상의 나래

AI의 실수는 멈춤이 아니라 시작이었다. 노상호 작가는 그 불확실한 흔적을
붙잡아 새로운 상상으로 확장했다. 이번 화보에서는 기술의 예기치 못한
오류가 예술적 영감으로 전환되는 순간을, 그의 작품을 통해 마주한다.

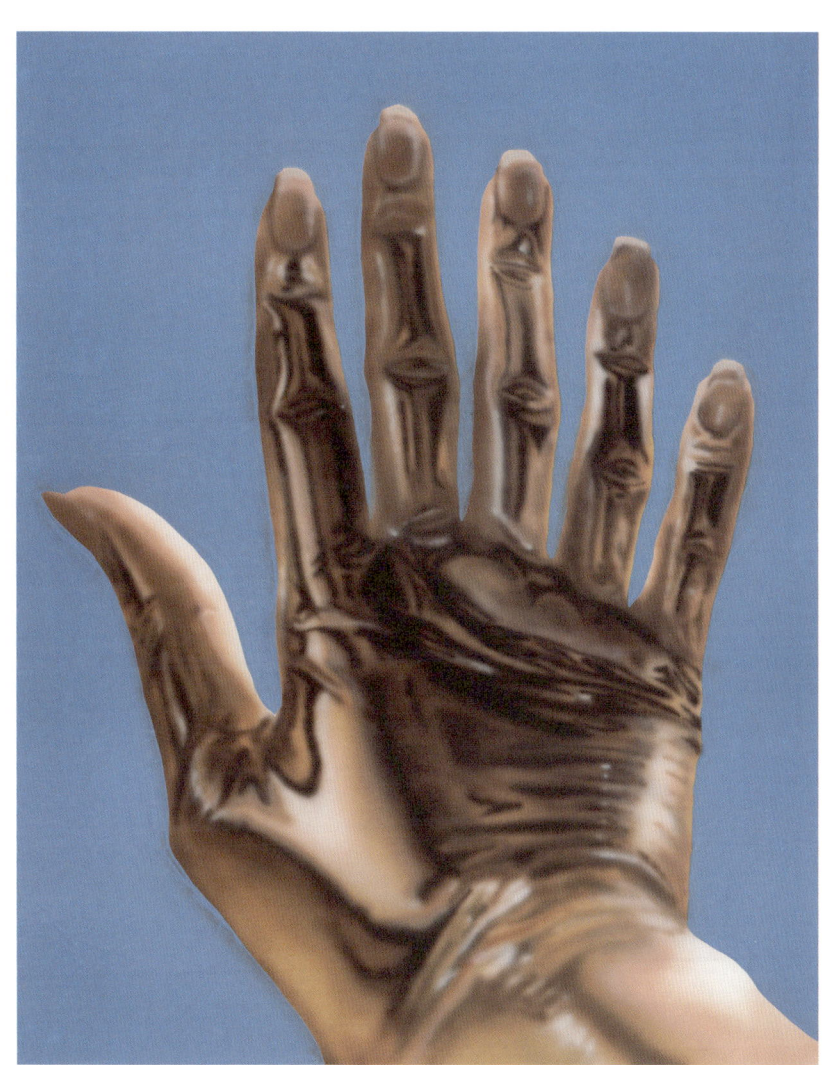

에디터 한지원 일러스트레이터 노상호

TREND

12   **Opinion**

AI가 만드는 새로운 놀이 문화

14   **Dialogue**

상상에 날개를 다는 법

22   **List**

머릿속 상상을 실현해 주는 다섯 가지 AI Tool

SIGHT

26   **Experience**

다시 보게 되다

30   **Behind**

넥슨 서든어택 20주년 캠페인

40   **Ideas**

변사범 플러스엑스 고문

AI가 만드는
새로운 놀이 문화

WRITER

이지은 리서치인사이트팀

숫자 너머의 감각을 읽고, 그 안의 가능성을 해석한다.

최근 온라인 콘텐츠의 기준은 누가 더 기발하고, 더 말도 안 되는 상상을 할 수 있느냐에 맞춰지고 있다. 그리고 사람들의 이러한 황당한 상상은 AI 기술을 활용해 이미지나 음성으로 구체화되며, 콘텐츠를 넘어 놀이로 확장되고 있다. 상어를 닮은 강아지, 꿀을 부은 키보드, 나이키를 신은 고래처럼 현실에 존재할 수 없는 상상들이 AI를 통해 시각과 청각으로 펼쳐지고, 사람들은 그 장면을 보고 웃고, 따라 하고, 변주하며, 놀이의 영역을 끊임없이 넓혀간다. 이러한 흐름 속에서 AI는 단순히 상상을 구현하는 도구를 넘어, 상상에 형체를 부여하고, 그 형체가 다시 새로운 상상으로 이어지도록 자극하는 창의의 매개체이자 확성기가 된다. 놀이 역시 정해진 규칙을 따르는 것이 아니라, 각자가 만든 세계관을 바탕으로 함께 상상하고 표현하는 열린 행위로 바뀌고 있다. 상상이 콘텐츠로, 콘텐츠가 다시 새로운 상상의 출발점이 되는 이 순환 구조 속에서 AI는 '창의성의 파트너'로 자리 잡아가고 있다.

보법이 다른 디지털 네이티브의 상상
AI를 만나 문화가 되다

Z세대가 주도하는 창의성의 흐름은 이전 세대와는 결을 달리한다. 이들은 더 이상 정교하거나 완성도 높은 결과물에만 매료되지 않는다. 오히려 낯설고 기이하며, 때로는 연결될 것 같지 않은 요소들의 조합에 끌린다. 이상한데 웃긴 상상에 몰입하는 것이 자연스러운 감각으로 자리 잡았고, 이를 밈이나 챌린지로 변주하며 공유하는 방식으로 확장되고 있다.

이러한 흐름은 AI 생성형 콘텐츠를 통해 더욱 뚜렷하게 드러난다. '트랄랄레로 트랄랄라' 콘텐츠는 무의미한 문장을 AI 음성으로 합성하고, 기괴한 캐릭터에 촌스러운 편집과 과장된 효과음을 더해 'Italian Brainrot'이라는 독특한 유행을 만들어냈다. 카푸치노가 담긴 커피잔이 머리인 '발레리나 카푸치나', 세계관 최강자인 방망이 '퉁퉁퉁퉁퉁퉁퉁퉁 사후르', 바나나 속 초록 침팬지인 '침판지니 바나니니' 등의 캐릭터는 사람들 손을 거쳐 새로운 세계관으로 확장되거나 굿즈로 재생산되며, 하나의 놀이로 자리 잡는다. 비슷한 맥락에서 확산된 '가상 ASMR' 콘텐츠 역시 주목할 만하다. '키보드에 꿀을 부으면 무슨 소리가 날까?' 같은 무의미하지만 끌리는 상상들이 AI를 통해 시각과 청각으로 구체화되고, 실현 불가능한 행동들이 감각 자극 콘텐츠로 소비되며 새로운 놀이 방식으로 자리 잡고 있다.

이러한 기이한 상상력을 구현하는 데, 생성형 AI 툴의 접근성 강화는 결정적인 역할을 한다. 복잡한 기술 없이 몇 마디 텍스트만으로 상상이 이미지와 소리로 형태를 갖는 환경이 조성된 것이다. Z세대에게 상상이란, 결과를 만들어내는 것이 아니라, 그 과정을 공유하고 변주하는 감각의 놀이에 가깝다. AI는 이 창의성에 즉각적인 구현력을 더하며, 상상의 실험성과 표현 범위를 확장시키는 도구로 자리 잡고 있다.

나의 상상으로 시작된 콘텐츠
모두의 놀이가 되다

콘텐츠를 대하는 감각이 달라졌다. 예전처럼 정보를 얻기 위해 콘텐츠를 정리해 소비하던 시대는 지났다. 이제 콘텐츠는 완성된 정보가 아니라, 상상을 자극하고 반응을 유도하는 '열린 형태'로 소비된다. 사람들은 콘텐츠를 단순히 보는 데서 멈추지 않고, 그 안의 상상력을 받아들이고, 따라 하고, 변주하는 방식으로 놀이에 참여한다. 한 번 보고 지나치는 정보가 아니라, 다시 만들고 싶은 감각, 함께 공유하고 싶은 재미가 콘텐츠의 핵심 가치가 되고 있다. 특히 숏폼은 짧은 러닝타임과 반복 가능한 구조, 몰입감 있는 편집으로 놀이의 확산을 가속화하고 있다. AI 기반 캐릭터나 음성 콘텐츠는 밈(meme)화되며 유저 간의 자발적 놀이 규칙을 만들어내고, 하나의 콘텐츠가 커뮤니티 전체로 확장되는 흐름을 만들어낸다.

그 흐름은 실험적 콘텐츠에서 더욱 뚜렷하게 드러난다. 김밥 위로 용암이 흐르고, 고기가 젤리처럼 반짝이는 AI 이미지가 화제가 되자, 일부 먹방 유튜버들은 이를 실제 재료로 구현하는 콘텐츠를 선보였다. 단순히 흉내 내는 것을 넘어, 기이한 상상을 인간의 방식으로 재해석하고 구현하는 시도다. AI가 먼저 던진 이미지에 인간이 다시 응답하고, 그 결과는 또 다른 상상을 자극한다. 콘텐츠의 무게 중심은 '무엇을 먹느냐'보다 '어떤 상상을 어떻게 구현했느냐'에 놓인다. 표현이 목적이 아닌 놀이의 수단이 되고, 상상을 구현하는 행위가 콘텐츠의 본질이 된다.

이러한 창의의 순환은 오프라인에서도 이어진다. 요즘 술자리에서는 AI가 게임 마스터 역할을 한다. 슈퍼맨 모드를 입력하면 누군가가 하늘로 날아가고, 경찰 모드에선 친구가 연행된다. 황당하지만 실감 나는 장면이 현실 공간 위에 펼쳐지면, 모두가 그 낯선 상상에 반응하고 웃으며 새로운 규칙을 만들어낸다. 이처럼 상상은 이제 개인의 머릿속에서 멈추지 않고, AI의 기술적 구현을 통해 눈앞에 펼쳐지고, 사람들 간의 놀이로 이어진다. 중요한 건 기술이 아니다. 기이하고 유쾌한 상상이 AI와 만나 형체를 갖고, 그 형체가 또 다른 상상을 낳는 이 상호작용의 흐름이야말로 지금 콘텐츠가 진화하는 방식이다.

상상을 일로 연결하는 AI
광고 업계의 창의성을 확장시키다

AI가 인간의 창의성을 대체할 수는 없다. 하지만 인간의 상상을 시각화하고 실현 가능성을 탐색할 수 있게 해주는 도구로, AI는 크리에이티브 업계에 전에 없던 무기를 쥐어줬다. 광고인의 머릿속에만 존재하던 아이디어는 이제 텍스트 몇 줄만으로 이미지, 사운드, 모션의 형태로 구현된다. 이는 곧 '상상을 증명할 수 있는 시대'가 도래했음을 의미하며, 아이디어의 전달력과 설득력을 결정짓는 프로토타입 제작 과정이 빠르고도 풍부하게 진화하고 있음을 보여준다.

더 나아가 AI는 단순한 생성 도구를 넘어, 새로운 감각과 조합을 실험하는 창의적 파트너로 기능하고 있다. 예측 불가능한 조합, 기이한 제안 속에서 AI는 상상력의 촉발점이 되며, 인간은 그 제안들을 다듬고 방향성을 부여한다. 기술과 감각의 접점을 탐색하는 이 협업 속에서, 상상은 더 이상 혼자만의 작업이 아니다. 기획자, 디자이너, 카피라이터, 모션그래퍼가 협업하듯, 이제 AI도 하나의 팀원처럼 브레인스토밍의 일부가 되고 있다.

결국 중요한 건 상상력이다

AI는 상상력을 대체하는 존재가 아니다. 오히려 인간의 상상이 구체적인 형체를 얻도록 돕고, 그 형체가 다시 새로운 상상을 자극하도록 매개하는 존재에 가깝다. 이 상호작용을 통해 인간과 AI는 서로의 창의성을 증폭시킨다. 특히 요즘 세대에게 놀이는 정해진 규칙을 따르는 게 아니라, 각자가 만든 세계관 안에서 함께 상상하고 표현하는 '열린 행위'다. 그리고 이 열린 창작의 장에 AI가 자연스럽게 개입하면서, 상상의 과정과 결과 모두가 더 확장된 형태로 진화하고 있다.

우리는 지금, AI를 도구처럼 활용하며 상상을 콘텐츠로, 콘텐츠를 다시 새로운 맥락의 언어로 풀어내는 실험을 이어가고 있다. 그 실험이 브랜드의 메시지가 되기도 하고, 업무 아이디어의 출발점이 되기도 한다. AI는 창의적 상상을 빠르게 시각화하고 공유할 수 있도록 도우며, 결과물의 완성도보다는 '상상하는 힘'에 주목하게 만든다. 결국 중요한 건 기술 그 자체가 아니라, 그 기술을 놀잇감 삼아 상상할 줄 아는 태도일지도 모른다. 창의성은 그런 태도 속에서 자라난다.

Dialogue

상상에 날개를
다는 법

네모난 검색창에 질문을 던지던 습관이 어느새 챗봇에게 말을 거는 방식으로 바뀌었다. 우리 곁의 AI는 크리에이티브라는 무대 위에서 어떻게 변주되고 있을까? 일상과 비일상에 AI를 접목한 캠페인을 만들며 인공지능의 다채로운 면모를 겪은 네 사람을 만나 현시점 AI 툴의 역할, 나아가 주목해야 할 지점을 물었다.

SPEAKER

신지나 Creative α

이윤경 캠페인플래너

임예술 아트디렉터

김건희 캠페인플래너

평소 어떤 상황에서 AI를 사용하나요?

신지나 주로 아이디어 구상할 때 자료 조사에 ChatGPT를, 구체화 단계에서는 레퍼런스를 뽑는 용도로 미드저니를 사용해요. AI 툴이 상용화되기 전에는 시안 작업할 시간을 따로 확보해야 했는데요. 이제는 기획 작업과 동시에 이미지를 곧바로 만들 수 있으니, 시간을 절약하고 아이디어 자체에 집중할 수 있어요.

임예술 저도 시안 만들 때 자주 활용해요. 특히 포토샵에 AI 기능이 생긴 뒤엔 예전 같으면 외주를 맡겼을 작업을 직접 해결할 수 있게 됐어요. 콘티 작업에 붙잡혀 있느라 밤새우는 일이 잦았는데 AI 덕분에 고생이 줄었죠.

김건희 다양한 AI를 비교해 보면 툴마다 강점이 확실해요. 특정 AI는 좀 더 돌발적이고 생각지 못했던 답변을 주는 반면, 팩트 기반으로 충실한 답변을 주는 AI도 있죠. 일을 하면서 업무별 특성에 따라 AI를 다양하게 활용하고 있어요.

이윤경 은근히 업무 외적으로도 유용해요. 저는 맛집을 찾아달라고 하거나 사주도 봐요. 궁금한 걸 바로 그리고 끊임없이 이어서 질문할 수 있다는 게 편리해요.

요즘 사람들이 AI에 매료된 이유는 무엇일까요?

신지나 예전엔 그림을 그리거나 애니메이션을 만드는 건 소위 '금손'의 영역이었어요. 하지만 이제는 간단한 프롬프트만 입력할 줄 알면 누구나 창작 욕구를 손쉽게 해소할 수 있죠. 이런 점이 커다란 매력인 것 같아요.

임예술 더욱 흥미로운 건 비약적으로 발전하는 AI의 성질인데요. 하루가 다르게 새로운 기능이 생겨나며 빠르게 진화하는 면이 사람들에게 색다른 설렘을 주는 것 같아요.

김건희 대중에게 있어 컴패니언으로 자리 잡은 듯합니다. 자기만의 AI 콘텐츠를 만드는 채널이 날로 늘어가는 걸 보면 거부감을 보이는 단계는 지났고, 저마다의 창의력을 발현시키는 툴처럼 갖고 노는 시대가 도래한 것 같아요.

이윤경 최근 '야나두' 유튜브 채널에서 본 짧은 영상이 기억에 남아요. 젊은 흑인 남성과 할머니가 나와 일상 영어 회화를 알려주는 콘텐츠였는데, AI로 만든 게 뻔해도 끝까지 보게 되더라고요. 특유의 웃음 코드가 있어요. 알면서도 재밌으니까 본다는 지점이 AI에 끌리는 이유 아닐까요?

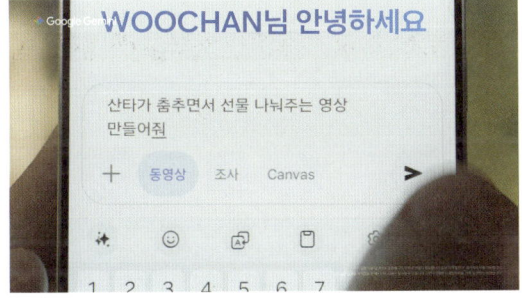 

Google Gemini 'ADP 우찬&타잔이 준비한 미리 크리스마스 선물' 편

초창기에는 AI로 만들었다는 사실만으로도 화제가 되었으나, 이제 신기함에 주목하는 단계는 지난 것 같아요. 업계에서 AI를 바라보는 시선은 어떻게 달라졌나요?

임예술 얼마 전까지는 기술적 완성도에 집중했던 것 같아요. AI로 만든 콘텐츠를 불쾌한 골짜기라고 표현했던 것처럼 콘텐츠가 진짜인지 가짜인지, 오류가 있는지 없는지가 주된 기준이었어요. 반면 이제는 설득력의 유무가 관건이 되었다고 생각합니다. 쓸데없이 기술만 남용한 건 아닌지 소비자가 스스로 평가하며 자정 작용을 일으키고 있으니까요.

신지나 확실히 작년까지만 해도 AI로 만든 캠페인은 그 자체로 새롭고 특별하다고 여기는 인식이 있었어요. 단순한 기술 시연만으로도 충분히 눈길을 끌 수 있었거든요. 하지만 이제는 AI를 적재적소에 활용해 가치 있는 결과물을 만들어낼 수 있느냐가 업계의 핵심 과제예요. 어떻게 사용할지 더욱 많이 고민하고, 창의력을 확장하는 수단으로 AI를 바라보는 스텝으로 나아가는 중이에요.

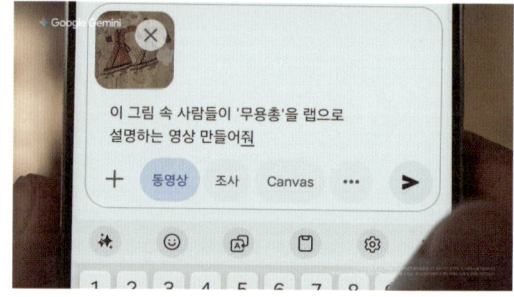

Google Gemini 'ADP 타잔 애니가 알려주는 재밌게 공부하는 꿀팁' 편

Google Gemini 'ADP 우찬이가 알려주는 홍대입구역의 비밀' 편

앞서 이야기 나눈 AI 경험이 실제 캠페인에서는 어떤 모습으로 구현되었을지 궁금하네요. Google Gemini 'All Day Assistant' 캠페인을 소개해 주세요.

임예슬 타이틀에서 알 수 있듯 기획의 핵심은 명확했어요. Google Gemini가 하루 종일 곁에서 든든한 조수 역할을 하는 내용을 대학생 눈높이에서 소구하고자 했어요. 학업, 동아리 활동, 콘텐츠 제작까지 이어지는 대학 생활 속에 AI 기능들이 어떤 도움을 줄 수 있을지를 구체적이면서 친근한 장면으로 풀어낸 캠페인입니다.

김건희 실용성 키워드에 중점을 두고 대학생들의 일상 속 AI 활용법을, 있는 그대로 보여주기 위해 Veo3 영상 생성 기능을 실제 제작에 활용했어요. 광고 속 주인공들이 Google Gemini를 가지고 노는 모습을 보여주면서 AI가 복잡하고 어려운 기술이 아닌, 필요할 때 바로 꺼내 쓸 수 있는 유용한 도구라는 메시지를 전달했어요.

임예슬 그러기 위해서 대학생들이 일상에서 쓸 만한 소재를 구체화해야 했어요. 캔버스(Canvas)로 간단한 게임을 만들어 아이스브레이킹하는 장면을 담았고, 제미나이 라이브(Gemini Live) 기능을 이용해 복습용 퀴즈를 만드는 모습을 보여줬어요.

김건희 모델 캐스팅도 동일한 맥락에 있었는데요. 대학생 타깃층이 주목할 수 있도록 최근 Z세대 사이에서 인기를 끌고 있는 K-pop 혼성그룹 '올데이 프로젝트(ALLDAY PROJECT)'와 예능인 이수지의 부캐인 래퍼 '햄부기'를 기용했어요. 특히 티저 영상에서 올데이 프로젝트 멤버 우찬이 Veo3를 활용해 과거 산타 밈을 재해석하며 관심을 끌어냈죠.

Google Gemini의 Veo3는 아직 생활 전반에 자리 잡지 않은 미래 기술처럼 느껴지기도 하는데요. 낯선 기능을 일상적인 경험으로 확장하기 위해 어떤 점을 고려했나요?

김건희 자연스럽게 쓰이도록 하는 게 가장 큰 숙제였고, 우리가 발견한 답은 공감대였어요. 대학교를 등교할 때, '지하철역 입구에서 실제 캠퍼스 입구까지 너무 멀다'는 불평을 한 번씩 해본 경험이 있을 텐데요. 이 점을 활용하여, '홍대입구역'에서 캠퍼스까지 연결되는 포털이 있다는 귀여운 상상으로 연결해 보았어요. 공감 가는 포인트를 영상으로 구현해 친근하게 다가가려고 노력한 것이죠. 동시에 AI 영상으로부터 파생되는 불쾌감이나 비현실적으로 느껴지는 부분은 철저히 걸러내고 최대한 즐거운 분위기로 캠페인을 풀어낸 것도 주요한 고려 지점이었죠.

임예슬 무엇보다 괴리감을 없애는 게 고민이었어요. 그래서 캠페인 안에서 기능 사용법을 구구절절 설명하기보다는 직접 만든 콘텐츠를 보여주는 장면으로 풀어냈는데요. 예를 들어 역사책 삽화를 사진 찍으면 그림 속 인물들이 랩을 하면서 암기를 도와주는 거예요. 학창 시절에 '태정태세문단세…'를 노랫말로 외워본 적 있죠? 이미 우리에게 익숙한 방식에 AI를 더하니 낯설게 느껴지지 않고 재밌는 포인트가 생기더라고요.

이번에는 빙그레 '처음 듣는 광복' 캠페인을 소개해 주세요.

이윤경 광복 80주년을 맞아 진행한 이번 캠페인은 지금 세대가 그날의 함성을 들을 수 있으면 어떤 심적 울림을 느끼게 될지 가정해 보는 데에서 출발했어요. 후손으로서 사진과 기록은 마음먹으면 찾아볼 수 있어도 "대한 독립 만세."를 외치는 함성만큼은 공백으로 남아 있잖아요. 소리라는 감각이 주는 감동은 또 다른 차원일 거라고 생각했어요.

신지나 음향 복원 과정만 놓고 봐도 치밀한 프로젝트였어요. 먼저 사료와 문헌 기록을 폭넓게 수집했고, 역사학자의 자문과 독립운동가 후손의 증언을 더해 당시의 분위기를 최대한 사실적으로 추적했어요. 여기에 1945년 그날의 장소적 특성과 날씨까지 고려해 AI 기술로 함성을 되살렸죠. 역사적 사건을 귀로 듣고 마음으로 공감하는 장면으로 불러내는 과정에서, AI가 시대와 세대를 잇는 매개체가 될 수 있다는 걸 확인했어요.

이윤경 그렇게 완성된 '처음 듣는 광복'은 다큐멘터리 장르로 CGV 극장에서 상영됐습니다. 이때 러닝타임을 8분 15초로 맞춘 건 8·15 광복의 상징성과 캠페인을 연결하려는 장치였어요. 또 티켓 예매 금액 1,000원 중 815원을 독립 유공자 후손을 위한 기금으로 대한적십자사에 기부해 사회적 의미를 담은 캠페인으로 확장하고자 했어요. 팝업 전시, 극장 상영, 디지털 콘텐츠 등 다양한 채널로 접점을 만들어 감동을 공유했다는 점에서 이번 캠페인의 진정성이 잘 드러날 수 있었던 것 같아요.

제작 과정에서 AI가 구체적으로 어떤 역할을 했나요?

신지나 기록에 남아 있던 '서대문형무소 앞에서 어머니가 흐느끼는 소리'나 광복의 기쁨에 '양철 간판을 두드리는 소리' 같은 음향 요소를 텍스트로 추출해 프롬프트화한 뒤 음원 소스를 생성했고, 이렇게 모은 재료들을 시간대와 상황에 맞춰 레이어링 해 현장 분위기를 생생하게 되살리고자 했어요. 서울역 함성을 구현할 때는 지도와 건물 구조를 분석한 데이터로 수만 명의 인파가 모였을 때 울림과 음압이 어떻게 형성될지를 시뮬레이션했고요. 그리고 이런 제작 과정을 압축해 캠페인 영상에 담았는데요. 어떤 자료를 기반으로 했으며 어떤 과정을 거쳐 만들어진 결과물인지 보여주는 게 중요했거든요. 소비자가 신뢰를 느끼고 캠페인에 설득되어야만 비로소 우리가 의도한 감동이 전달될 테니까요.

AI로 만든 제작물에 대한 거부감이나 완성도에 대한 우려가 있음에도 불구하고 두 캠페인에서 보여준 콘텐츠들은 자연스러운 공감을 불러일으켰어요. 인간적인 감정과 공감을 끌어내기 위해 어떤 점에 특히 신경 썼나요?

신지나 감동 포인트에만 집중하는 대신 냉정하게 결과물로 말하자는 쪽을 택했어요. 실제 해방 직후 인터뷰 아카이브를 보면 읽기만 해도 뭉클한 대목이 많은데요. 그런 요소들을 억지로 끼워 넣어 인위적으로 호소하기보다 팩트 기반의 과정을 치밀하게 보여준 전략이 최종 결과물에서 큰 공감을 불러일으킨 일등 공신이라고 생각해요.

임예술 요즘 학생들은 혼자 브이로그와 카드뉴스를 만들 정도로 콘텐츠 제작에 익숙하고 진심이에요. AI가 일을 대신하는 기술적인 존재라는 상식을 넘어, 일상을 콘텐츠화하는 도구가 되어 적극적으로 사람들과 교류할 수 있도록 돕는 동반자라는 걸 보여주려 했습니다.

김건희 특히 Veo3가 대중들 사이에서 막 회자되기 시작한 시기여서 Veo3 모델을 중심으로 캠페인을 전개하는 데 집중했죠. 예를 들면, 대학 축제 홍보 영상을 만든다거나, 공부에 도움이 되는 암기 영상을 만드는 걸 보여주는 식으로요.

작은 단서만으로 명료한 결과물을 만드는 게 AI의 유용한 강점인데요. '이 정도 자료로 이렇게까지 구현할 수 있다니!' 하고 놀란 경험이 있나요?

임예술 AI로 영상을 만들면서 흥미로웠던 건 입력값보다 상상력이 중요했다는 점이었어요. 누가, 어디서, 어떤 카메라 기종의 무슨 앵글로, 어떻게 움직이는지 마치 시나리오 쓰듯 프롬프트를 구체적으로 입력하면 기대 이상의 결과물이 나오더라고요.

이윤경 업무 할 때 많이 놀랐어요. 방대한 자료 분석이 필요한 일에 AI가 두각을 나타냈거든요. 뼈대를 잡아주는 능력이 대단해요. 물론 할루시네이션* 때문에 검증 과정은 계속 필요하지만, 거듭 피드백을 하다 보면 점점 정확도가 올라가요.

신지나 해외 페스티벌에 관한 리서치를 맡았을 때가 떠오르네요. 젠스파크의 딥 리서치 기능을 사용했는데 표면적인 요약을 넘어서 웹상에 만연한 기사와 데이터를 몽땅 모아 10장 분량의 리포트를 뽑아주더라고요. 며칠은 족히 걸렸을 작업을 단 몇 시간 만에 요약 정리해 준 게 인상적이었어요.

---

*할루시네이션(AI hallucination): 생성형 AI가 존재하지 않거나 맞지 않는 답을 마치 진실인 듯 답변하는 것을 의미한다.

빙그레 '처음 듣는 광복'

반면 AI는 기획자의 의도에 반하는 결과를 내놓기도 해요. 예측 불가능함이 긍정적으로 작용한 사례, 혹은 당황스러웠지만 극복한 경험이 있나요?

이윤경 다들 그러실 텐데, 이미지 시안 만들 때 황당한 경우가 많아요. 눈썹이 있다 없거나, 손가락이 여러 개로 표현된다거나… 아직 후보정은 필수예요.

임예슬 AI도 사람과 마찬가지라는 생각이 든 적이 있어요. 오류 좀 줄이라고 타박하며 요청을 계속하다 보면 뜬금없고 이상한 결과물이 나와요. 마치 야근을 반복한 사람에게 번아웃이 오는 것처럼 AI도 산만해지나 봐요. 그럴 때는 한 템포 쉬어가며 프롬프트에 리프레시를 준 뒤 다시 시작해요.

김건희 그래서 첫 프롬프트를 얼마나 정확하게 쓰는지가 중요해요. 특히 한국어로 입력해도 영어로 번역되어 처리되기 때문에, 의도한 워딩이 제대로 번역될지까지 고려해야 해요. 몇 번이나 시도해도 같은 오류가 반복되면 아직 AI가 학습하지 못한 개념이거나, 번역이 잘못되었다고 판단해 아예 다른 표현이나 디테일한 문장으로 바꿔서 물어봐요. 여러 번 시도해 가면서 원하는 결과를 얻는 식으로 예상 밖의 결과물을 극복해 왔죠.

신지나 빙그레 캠페인을 하면서 감정이 담긴 소리를 뽑아내는 게 쉽지 않았어요. 흐느끼는 소리나 울음소리는 비교적 잘 구현되었지만, 울분과 절박한 감정은 전혀 느껴지지 않는 결과물이 나오고 말았거든요. 심지어 현 시국 표준어를 쓰더라니까요(웃음). 우리가 원하던 당대의 "대한 독립 만세."라는 외침과 무척 달라 당황했어요. 결국 옛날 김구 선생님의 실제 선창 음성을 참고한 소리에 성우 목소리를 더해 음성을 재현했고, 거기에 다양한 연령대의 톤으로 사운드 베리에이션을 쌓아 올렸어요. 지난한 시행착오 끝에 비로소 감응 있는 만세삼창을 만들 수 있었죠.

이윤경 캠페인플래너, 신지나 Creative α

시야를 넓히는 새로운 도구

앞으로 AI가 더 정교해진다면 캠페인을 기획하고 제작하는 과정에 어떠한 가능성을 열어줄까요?

김건희 광고주와의 커뮤니케이션 과정이 훨씬 원활해질 거라고 예상해요. 예전에는 짧은 문구 몇 개로 방향을 제시하다 보니, 양측이 떠올리는 그림이 다른 경우가 종종 있었거든요. AI로 간단한 시각 자료를 먼저 보여준다면, 클라이언트가 원하는 톤과 무드를 초기에 잡아낼 수 있을 겁니다. 제작 단계로 넘어갈 때 시행착오도 줄고, 전체적인 업무 흐름도 매끄러워질 거요.

이윤경 기획팀의 시선을 넘어 관점을 다양하게 확장할 수 있을 것 같아요. 예를 들어 타깃을 설정해서 '50대의 시선에서 보면 어떨까?', '북미 시장의 문화적 특성을 고려했을 때 어떤 반응이 나올까?' 라고 질문한다면, 방대한 빅데이터 분석을 통해 해당 타깃의 행동 패턴, 문화적 맥락 등을 분석해주기에 나름의 인사이트로 활용할 수 있거든요. 이는 단순한 가설이 아닌 데이터에 기반한 분석 자료이기에, 클라이언트가 가진 시각과의 격차를 줄이고 더욱 설득력 있는 근거를 제시할 수 있을 거라고 기대해요.

임예슬 비용과 제작 여건 때문에 할 수 없었던 아이디어를 쉽게 시도해 볼 수 있을 거예요. 색다른 도전도 가능해질 거고, 풍성한 결과물을 만들 수 있을 것 같습니다. 물론 배우의 연기 같은 요소

제일기획 애드미디어 수 이인용 그래픽디자이너

는 대체할 수 없으니 기존 이미지 및 영상 장르와는 또 다른 독립된 영역으로 발전하지 않을까 생각해요.

신지나 AI가 의외로 현실적인 프로세스를 잘 뽑아주고, 아이디어 피저빌리티를 일차적으로 검증할 때 편리해요. 이제는 전문가에게 자문하기 전 팀 내에서 어느 정도 가닥을 잡아 프로젝트를 자신 있게 추진할 수 있게 됐는데요. 앞으로 AI가 더욱 똑똑한 조력자가 되길 기대해요. 과감한 상상도 구현할 수 있도록요.

마지막으로 AI의 미래에 대해 가볍게 이야기 나눠보고 싶어요. 업계에서 AI의 위상과 역할은 어떻게 변할 것으로 전망하나요?

신지나 한때는 AI가 광고 회사를 대체할지도 모른다는 이슈로 내부 보고서까지 쓸 정도였죠(웃음). 하지만 남들을 놀라게 하거나 웃게 만드는 뾰족한 한 방은 여전히 사람의 몫이에요. 반복적인 작업, 시각화, 자료 조사 같은 면에서는 역할이 분명해지겠지만 광고 회사의 존재 이유를 약화시키진 않을 겁니다. 그저 크리에이티비티를 강화해 주는 도구로 위상을 굳히게 되겠죠.

이윤경 동감해요. AI를 고도화시키는 것도 결국 사람이 할 일이라고 봐요. 곧 이력서에 AI 툴 활용 능력을 주요 스킬로 적는 시대가 올 거예요. AI를 얼마나 잘 다루는지가 개인의 새로운 경쟁력이 될 거고요.

김건희 유튜브가 크리에이터 시대의 포문을 연 것과 유사하게, AI를 활용함으로써 더 많은 창작자들이 참여하는 새로운 시대가 한 번 더 열린 것 같습니다. 광고 업계는 어떻게 하면 다양한 창작 콘텐츠들과 차별성 있고 재미있게 브랜드의 콘텐츠를 보여줄 수 있을 지 고민하고, 때에 따라서는 AI를 적극 활용해 차별화된 크리에이티브를 보여줘야 한다고 생각해요.

임예술 AI를 활용하면 개인이 기획, 카피, 디자인까지 대부분 해낼 수 있으니, 역할이 세분되거나, 일부 직무는 사라지고 새로운 롤이 등장하는 등 변화가 있을 것 같아요.

김건희 캠페인플래너, 임예술 아트디렉터

머릿속 상상을 실현해 주는
다섯 가지 AI Tool

IIElevenLabs

AI는 이제 단순한 검색 도구를 넘어, 머릿속 아이디어를 실제로 구현해
주는 창작의 동반자가 됐다. 한때 AI는 질문에 답하는 역할로 주목받았지
만, 이제는 우리가 마음속에만 그려둔 이미지와 이야기, 감정을 영상, 음
성, 아바타 등 다양한 형태의 콘텐츠로 만들어낼 수 있다. 멀티모달 능력
으로 풍부한 디지털 콘텐츠 제작을 돕는 Google Gemini, 나만의 아바
타와 인터랙티브 영상을 만드는 HeyGen, 자연스러운 목소리로 이야기
를 들려주는 ElevenLabs를 비롯해 다섯 가지 AI 툴은 상상력을 현실로
연결하며 새로운 창작 경험을 선사한다.

Before

After

©Google Gemini

©Google Gemini

Google Gemini

Google Gemini는 텍스트, 이미지, 오디오, 코드, 영상 등 다양한 입력을 한 번에 이해하고 처리할 수 있는 멀티모달 AI 어시스턴트이다. Gemini 2.5를 포함한 초대형 언어 모델 계열을 기반으로, 사용자가 머릿속에서 상상한 이미지를 현실처럼 구현하거나 복잡한 시뮬레이션, 코딩 작업까지 지원한다. Google Gemini의 멀티모달 능력 덕분에 텍스트와 시각, 음성을 결합한 복합형 콘텐츠 제작이 가능해, 사용자는 단순한 아이디어를 풍부한 디지털 콘텐츠로 변환할 수 있다. 그중에서도 지난 5월 새롭게 공개된 Google Gemini의 Veo3는 영상 제작에 최적화된 프롬프트 기반 AI 툴로, 사용자가 상상하는 장면을 사실감 있게 구현해 낼 수 있다. 예를 들어 '유리로 빚어낸 듯 반짝이는 과일이 서로 부딪히며 맑은 울림을 내는 ASMR 장면'을 프롬프트로 입력하면, 실제 유리 오브제를 촬영한 듯한 시각적 질감과 청각적 디테일이 살아난 유리 과일 ASMR 영상을 만들 수 있다. 특히 Veo3는 단순히 이미지를

영상으로 바꾸는 수준을 넘어, 질감과 소재의 특성을 정밀하게 반영한다는 점에서 주목할 만하다. 또한, 지난 8월에는 이미지 생성 및 편집에 특화된 Gemini 2.5 Flash Image 모델(일명 나노바나나)이 출시되어 업계의 이목을 끌고 있다. 가장 주목을 받는 부분은 이미지 속 인물 구현 및 묘사에 일관성이 유지된다는 점이다. 기존의 이미지 생성 AI들은 사용자가 이미지를 일부 수정하려고 하면, 맥락이나 스타일이 엉뚱하게 바뀌는 문제가 빈번했는데, 이를 해결한 것이다. 이를 통해, 평소 좋아하는 아이돌의 피규어를 가상으로 만들어본다거나, 구매 고려 중인 옷을 미리 착용한 본인의 사진을 만들어보는 등의 작업이 가능해졌다. 이처럼 Google Gemini의 Veo3와 나노바나나 기능을 통해, 상상 속에만 구현될 수 있는 비주얼들이 실체화된 콘텐츠로써 재탄생된다. 이는 크리에이터에게 새로운 콘텐츠 언어를 제시하며, AI가 열어가는 창작의 지평을 새롭게 넓혀준 것이라고 볼 수 있다.

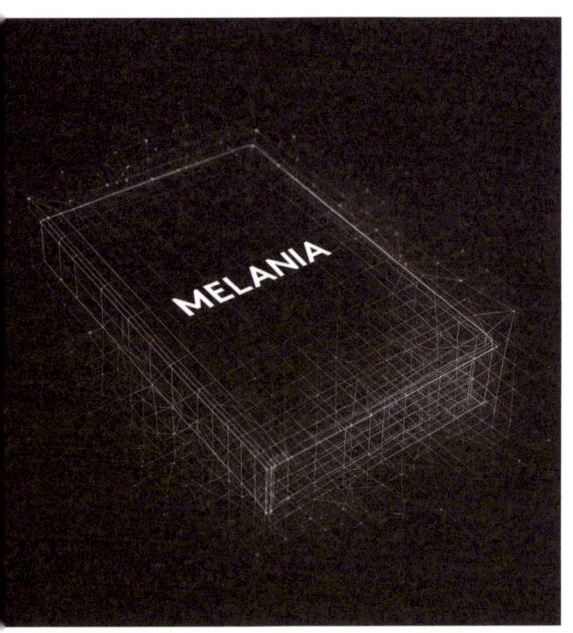

©ElevenLabs

©Runway

ElevenLabs

ElevenLabs는 AI 기반 음성 생성과 오디오 기술 부문에서 빠르게 주목받고 있는 글로벌 선두 플랫폼이다. 자연스러운 목소리와 감정 표현이 가능한 최고 수준의 텍스트 투 스피치(Text to Speech) 모델을 제공하며, 29개 이상의 다양한 언어와 1,000개 이상의 음성 스타일을 지원한다. 특히 즉시 클론(Instant Voice Cloning) 기능을 통해 짧은 음성 샘플만으로 빠르게 테스트할 수 있고, 전문 클론(Professional Voice Cloning)은 더 많은 음성 데이터를 기반으로 원본과 거의 구분이 불가능한 수준의 복제를 실현한다. 또한 낮은 지연 시간, 풍부한 감정 표현, 강화된 보안 기능을 갖추고 있어 오디오북, 팟캐스트, 고객 응대 그리고 다양한 창작 및 비즈니스 오디오 콘텐츠 제작에 폭넓게 활용되고 있다. 미국의 퍼스트레이디 멜라니아 트럼프는 ElevenLabs의 기술력을 바탕으로 AI 오디오북 '멜라니아 AI 오디오북'을 선보이기도 했다.

Runway

Runway는 인공지능을 이용한 영상 편집 및 생성 툴이다. 기존의 영상 편집 프로그램은 복잡한 기술적 지식이 있어야 하는 반면, Runway는 직관적인 인터페이스와 다양한 AI 모델들을 통해 누구나 손쉽게 영상을 편집할 수 있도록 도와준다. Runway는 사용자가 텍스트나 이미지를 입력하면 영화 같은 장면을 사실적으로 구현해 준다. 특히 실시간 영상 생성과 AI 기반의 영상 스타일 변환, 오브젝트 추적 및 제거 등의 기능이 직관적인데, 복잡한 편집 없이 영상 배경을 바꾸거나, 특정 요소를 자동으로 제거할 수 있어 영상 편집에 들어가는 시간과 노력을 절약할 수 있다. Gen-4는 Runway의 4세대 영상 생성형 AI 툴로 이전 세대보다 정교해진 모션과 화질은 물론, 동일한 캐릭터나 오브젝트, 환경을 다양한 화면에서 일관되게 유지할 수 있어 연속적인 스토리텔링이 가능해진 것이 특징이다. Runway Gen-4로 제작한 영상 'The Lonely Little Flame'에서 살펴볼 수 있다.

에디터 저지선

©Synthesia

©HeyGen

HeyGen

HeyGen은 텍스트와 이미지, 음성을 입력해 현실감 넘치는 AI 영상을 자동으로 생성해 주는 플랫폼이다. 2025년 미국의 소프트웨어 및 비즈니스 솔루션 리뷰 플랫폼인 G2(G2 Crowd)에서 가장 빠르게 성장 중인 제품으로 선정됐으며, 기업 고객은 10만을 돌파했다. HeyGen은 텍스트 입력만으로 자연스러운 말투와 입술 움직임이 있는 영상을 생성할 수 있고, 아바타 종류도 무척 다양하다. 500개 이상의 스톡 아바타를 비롯해 맞춤형 사진, 영상으로 사용자 고유의 아바타 생성이 가능하며, 텍스트 프롬프터로 완전히 새로운 아바타를 만드는 것도 가능하다. HeyGen의 아바타는 인터랙티브 아바타로, 질문에 실시간으로 응답할 수 있는 것이 특징이다. HeyGen은 2024년 세계경제포럼에서 아르헨티나 대통령의 연설을 실시간으로 영문 번역 및 립싱크하는 데 사용되며 크게 화제를 모았다. 단순한 자막이나 영어로 동시통역한 것보다 목소리의 개성을 살린 채 영어로 통역한 것이 훨씬 파급력이 있었기 때문이다.

Synthesia

Synthesia는 AI 아바타 영상 제작 플랫폼이다. 사용자가 간단한 텍스트를 입력하면, 실제 사람처럼 보이고 말하는 아바타가 그 내용을 영상으로 전달해 준다. 사용자는 별도의 촬영 장비나 스튜디오, 전문 성우 없이도 간단히 영상 콘텐츠를 제작할 수 있다. Synthesia는 140명 이상의 다양한 외형, 성별, 언어, 억양을 가진 AI 아바타와 한국어, 영어, 스페인어, 일본어를 비롯한 120개 이상의 언어를 지원한다. 플랫폼에서 지원하는 아바타는 자연스러운 입 모양과 표정으로 내용을 전달하며, 어조, 발음, 말의 속도까지 조정할 수 있어 세밀한 편집이 가능하기에 단순한 정보 전달을 넘어, 사용자는 보다 시청자에게 몰입감과 신뢰감을 주는 영상 제작이 가능하다. Synthesia를 활용하면 실제 사람을 촬영하거나 목소리를 녹음하지 않아도 완성도 높은 영상을 만들 수 있어 기업 홍보 영상, 제품 설명, 온라인 강의, 교육 콘텐츠, 고객 안내 영상 등 다양한 곳에 활용되는 추세다.

다시 보게 되다

익숙한 듯 당연하게 여기던 AI, 하지만 어떤 콘텐츠는 그 존재를 전혀 다른 시선으로 바라보게 만든다. 기술 이상의 의미를 건네거나, 인간의 창의와 감정을 비추는 거울이 되기도 한다. 새로운 생각의 전환점이 되어준 경험은 단순한 감탄을 넘어, AI와 우리가 맺어갈 관계를 다시 그리게 한다. 이노시안이 발견한 'AI를 새롭게 바라보게 한 콘텐츠'를 함께 만나보자.

월 29,000원 실장님

김효민 아트디렉터

매달 29,000원을 내고 나는 실장님 한 명을 고용했다. 이 실장님은 점심시간도 없고, 휴가도 안 가고, 심지어 추가 수정 견적도 바라지 않는다. 아침 출근길에 불쑥 아이디어가 떠올라 "워싱 좀 해줘."라고 던지면 바로 해주고, 밤 11시에 이미지를 요청해도 언제나 환영이다. 무엇보다 내가 이 실장님을 제일 좋아하는 이유는 수정을 몇십 번 시켜도 내가 전혀 미안해할 필요가 없다는 점이다!

특히 이마트 '고래잇' 캠페인은 진짜 이 실장님이 하드캐리한다. 고래잇은 매달 세일 콘셉트에 맞게 변신해야 하는데, 이때 필요한 건 빠른 속도로 콘셉트를 정확히 구현해 줄 파트너다. 우리가 던진 아이디어를 단순히 말로만 상상하는 게 아니라, 이미지로 즉각 구현해 보여주니 회의 속도와 상상력이 동시에 가속된다. 덕분에 '될까?' 하고 머릿속에만 맴돌던 장면이 눈앞에 펼쳐지고, 아이디어는 구체적인 형태로 팀원들 앞에 공유된다.

최종 온에어 된 락커 고래잇

29,000원 실장님이 만들어준 아이디어 단계의 락커 고래잇

물론 완벽하진 않다. 몇 번이고 "다시!", "좀 더!", "그거 아니야!"라는 주문을 반복해야 한다. 하지만 그 과정에서 의외의 영감이 튀어나오기도 한다. 광고라는 게 원래 이런 예기치 못한 충돌에서 탄생하기도 하니까. 이 실장님은 단순한 보조 인력이 아니라, 때로는 나보다 더 엉뚱한 발상을 던져 새로운 영감을 일으키는 존재다.

생각해 보면 한 달에 29,000원으로 이런 실장님을 둔다는 건 사실 말이 안 된다. 진짜 사람이었다면 최저시급도 안되는 금액에 24시간 대기, 무한 야근까지 감당해야 한다. 누가 봐도 노동력 착취다. 그럼에도 이 실장님은 묵묵히 나를 서포트해 주고 아이디어를 끊임없이 만들어낸다. 그래서 오늘도 나는 29,000원을 기꺼이 내고, 실장님과 함께 아이디어를 쥐어짠다.

이 글은 AI로 작성되었습니다

윤병구 CX크리에이션팀

"이 문장 다듬어줘."

요즘 내가 제일 자주 쓰는 말이다. 조금 과장하자면 "안녕하세요."보다 더 자주 쓰지 않을까? 생성형 AI가 처음 등장했을 때, 나름 디자인을 다루는 사람인지라 트렌드에 뒤처지고 싶지 않았다. 그래서 업무에 쓸 만한 AI를 찾겠다며 수많은 계정을 팔로우하고, 검색하고, 공부도 했지만, 결국 돌고 돌아 ChatGPT다. 메일과 보고서 작성이 업무의 절반 이상을 차지하는 나한테는, 결국 ChatGPT다. ChatGPT가 나인지 내가 ChatGPT인지 헷갈리는 요즘이다.

회의

AI를 쓰다 보니 자연스럽게 동료들과의 협업 방식도 바뀌었다. 예전 같으면 다들 머리 싸매고 단어 하나 떠올리고 고르던 걸, 요즘은 AI에게 먼저 묻고 의견을 나눈다. 결국 사람이 하는 건 '톤앤매너에 적절한가?'를 결정하는 일. 웃긴 건, 회의가 줄어들 줄 알았는데 오히려 AI가 준 답안을 두고 토론하는 시간이 늘었다는 거다.

회의감

AI를 쓰면서 조금 두려운 건 깊게 생각하지 못한다는 점이다. 초기 아이디어만 AI에게 던져주고 나머지는 AI가 답한 걸 선택할 뿐, 중간 고민 과정에 AI가 끼어들며 점점 파편적인 아이디어들만 띄올리는 스스로를 느낀다. 숏폼 트렌드화에 맞춰 내 머리도 숏폼화가 되는 건 아닌가 생각도 해본다.

귀멸의 칼날

'트렌드에 뒤처지기 싫어병'에 걸린 나한테는 지나칠 수 없는 요즘의 트렌드가 있다. 바로 〈귀멸의 칼날〉이다. 일명 귀칼. 지난 주말, 영화관에서 귀칼을 보고 나와 가장 먼저 한 일은 역시나 네이버로 관련 정보 습득이다. 우연히 내가 AI에 관한 글을 쓰는 걸 아는지 검색하자마자 나온 게 'zeta'였다. 몇 가지 정보와 상황을 기입해 가상의 인물을 설정하고 채팅하는 AI 서비스인데, 누군가 〈귀멸의 칼날〉 등장인물들과 채팅할 수 있도록 설정해 둔 걸 발견한 것이다. 잠깐 체험해 봤는데도 캐릭터가 실존하는 느낌을 받았다. 10대, 20대 사이에서 유행이라는데, 이제는 단순히 정보를 찾는 걸 넘어 등장인물과 채팅하며 세계관을 디깅하는 방식으로 확장되는구나 싶었다. 오늘도 트렌드 습득 +1.

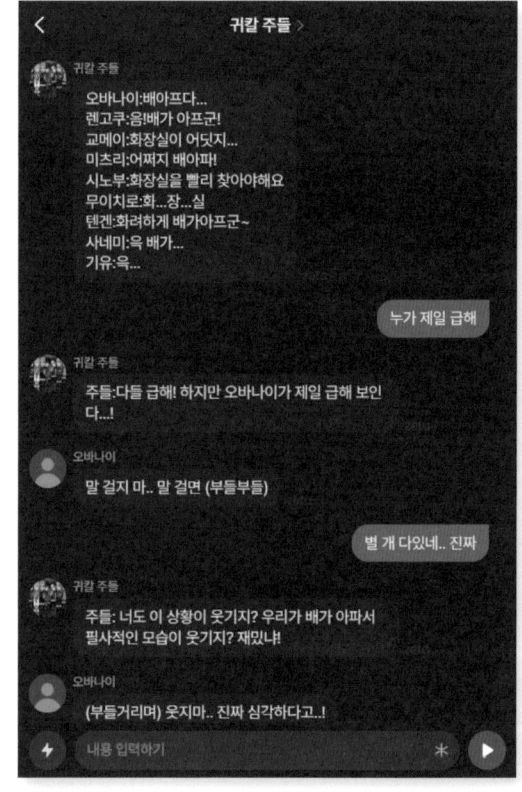

© zeta

"이 문장 다듬어줘." 2

그리고 역시나 이 글도 AI가 다듬어줬다.

AI 입덕부정기

며칠 전 튀르키예 여행을 다녀왔다. 현지어로 "감사합니다."라는 말이 입에 붙지 않았다. 지체 없이 AI에게 한국인을 위한 쉬운 발음을 물었다. 그러자 친절하게 "테세큘에데림."을 추천해 줬다. 지중해 뒤로 펼쳐진 높은 산의 전경을 찍었다. 마음에 들었지만, 삐쭉 솟은 엘리베이터가 살짝 거슬렸다. AI 편집기를 켜서 엘리베이터 주변에 테두리를 그리자, 순식간에 사라졌다. 10초면 원하는 결과를 만들 수 있는 세상임을 실감했다.

근미래의 디스토피아를 다룬 해외 드라마를 좋아한다. 〈블랙 미러(Black Mirror)〉에선 마음 맞는 연인 찾기를 AI에게 맡긴다. 〈이어즈&이어즈(Years and Years)〉에선 딥페이크에 의한 가짜 뉴스가 확산하며 진짜와 가짜의 경계가 흐려졌다. 드라마는 'AI를 경계하라'고 일러주었고, 그들의 상상은 어느 정도 현실이 되었다. 어떤 사람들은 주변에 꺼내기 어려운 주제를 AI 친구에게 털어놓으며 위로받고, 또 어떤 사람들은 자신이 취할 행동에 대한 결정권을 AI에게 넘기기도 한다. 나는 그럴수록 AI에게 마음을 주지 않아야 한다며 혼자만의 철벽을 쳤다.

사실 그 철벽도 오래 가지 않아 무너졌다. 한참 생성형 AI 붐이 일었던 초반, 인기 예능이었던 〈무한도전〉 멤버들의 목소리를 AI로 재현해 만든 영상을 보게 되었다. 멤버들의 목소리며 말투까지…. 이토록 섬세한 AI라니. 그야말로 덕통사고였다. AI는 불가능을 가능으로 만들며 내 감정을 무장 해제시켰다. 추억 앓이 하던 예능의 재현으로 설렘을, 떠나보낸 이를 AI를 통해 다시 만나는 장면으로 감동을, 가상인 것을 알면서도 강아지가 열심히 햄버거 알바를 하는 영상을 보며 대견함까지 느낀다.

결국 AI는 경계의 대상이 아닌 감정을 공유하는 공존의 대상임을 인정하게 되었다. 인정하는 순간 더 편안한 세상이 보이기 시작했다. 적확한 단어가 떠오르지 않을 때 추천을 받아 답답함을 해소했고, 가끔은(가지 말라고 하길 바라며) 오늘 필라테스를 갈지 말지 물어보기도 한다. 물론 가면 좋다는 의견은 참고만 할 뿐, 질문에 대한 최종 결정권은 여전히 나에게 있다. 지금의 글 또한 AI와의 협업을 통해 완성되었다. 협업은 하고 싶은 말이 많은 내가 말을 쏟아내었고, AI에게 더 적절한 표현을 추천받는 형태로 진행했다. 요청하지 않았던 칭찬까지 가미해주니 괜히 어깨가 으쓱해진다. 매일 AI에 대한 소식이 쏟아진다. 또 어떤 놀라움으로 건강한 덕질을 인도해줄지 기대해 본다.

원본
© 이기쁨

Ver. AI
© 이기쁨

게임 캠페인의
공식을 깨다

넥슨 서든어택 20주년 캠페인
비하인드 스토리

20년 동안 한국 FPS(1인칭 슈팅게임)의 상징처럼 자리해 온 '서든어택'.
"20주년을 어떻게 특별하게 기념할 것인가?"라는 질문 앞에서 이노션은
단순한 답을 택하지 않았다. 기념식이나 아이템 증정 같은 익숙한 형식 대신,
게임을 현실로 끌어내는 팝업스토어 〈서든캠프〉와 유머 감각을 전면에
내세운 숏폼 영상 〈서든 효능〉으로 과감히 방향을 틀었다. 낯설지만 유쾌한
방식으로 팬들과 소통하려는 시도였고, 이는 곧 팀워크와 집요한 실험
정신이 빚어낸 도전의 결과물이기도 했다. 이번 캠페인이 남긴 뜨거운 반응과
비하인드 스토리를 제작팀, 기획팀의 목소리로 들어본다.

SPEAKER

CR3센터	임현철 CD
	박상준 아트디렉터
	오원택 아트디렉터
	주연수 아트디렉터
	이다은 카피라이터
	채우리 카피라이터

BX4본부5팀	최광희 팀장
	구민지 캠페인플래너
	조재형 캠페인플래너
	안설 캠페인플래너

서든어택 20주년 캠페인

넥슨의 대표 FPS 게임 '서든어택'이 출시 20주년을 맞았다. 이번 캠페인에서 이노션은 단순한 기념행사를 넘어, 오래된 팬과 새로운 유저가 함께 즐길 수 있는 캠페인을 기획했다. '서든캠프'라는 오프라인 팝업스토어와 숏폼 영상 시리즈 '서든 효능'을 두 축으로 전개하며, 온라인과 오프라인을 넘나드는 실험적 시도로 게이머들에게 활력소가 되어주었다.

서든캠프

성수동에 마련된 팝업스토어 '서든캠프'는 '서든어택'을 직간접적으로 체험할 수 있는 오프라인 이벤트였다. 게임 속 훈련소를 콘셉트로 구현하여 입장객에게는 닉네임이 새겨진 군번줄을 나눠주고, 사격 체험과 '고스트 스텝(고텝)' 도전, 집라인, 굿즈숍(PX) 등 다양한 부스를 운영했다. 단순 전시가 아닌 참여형 체험 공간으로 설계되어 기존 유저는 물론 게임을 모르는 방문객도 자연스럽게 즐길 수 있었다. 9일간 약 8천 명이 다녀갔으며, 팝업스토어 수익 전액이 독립유공자 후손 지원에 기부되며 의미까지 더했다.

넥슨 서든어택 '서든 효능' 캠페인

서든 효능

온라인에서는 숏폼 영상 시리즈 '서든 효능'이 공개됐다. "서든어택을 하면 스트레스 해소, 피부 관리, 청력 증진까지 된다."라는 다소 황당한 콘셉트를 약장수 톤으로 풀어낸 것이다. 실제 효능과는 무관하지만, 유저들이 밈처럼 즐겨 쓰는 표현을 과장된 연출로 살려내면서 신선한 웃음을 줬다. 특히 '과학적으로 증명되지 않은 사실입니다'라는 문구는 캠페인의 대표적인 유머 코드가 되어, 게임 팬덤을 넘어 라이트 유저와 대중에게까지 확산되었다.

게임 캠페인의 새로운 가능성

이번 20주년 캠페인은 온라인과 오프라인을 긴밀히 연결한 점에서 의미가 크다. 숏폼 영상으로 온라인 관심을 끌어올리고, 영상 말미에 팝업스토어를 안내해 오프라인 참여로 유도하는 선순환 구조를 만들었다. SNS에서는 팝업 인증샷과 밈이 자발적으로 확산되며 화제가 이어졌다. 그 결과 '서든어택'은 PC방 순위 2위까지 오르며 게임성과 브랜드 이미지를 동시에 강화했고, 게임 캠페인이 브랜드 크리에이티브의 실험장으로 확장될 수 있음을 보여주었다.

넥슨 서든어택 '서든 효능' 캠페인

서든 효능, 웃음으로 만든
20년 차의 약발

먼저 이번 서든어택 20주년 캠페인을 총괄한 팀과 각자의 역할을 소개해 주세요. 팝업스토어 '서든캠프'와 '서든 효능' 캠페인은 어떻게 분담해 진행했나요?

오원택 저는 비주얼 아이디어를 맡았고, 소재 개발 아이디어까지 함께 내면서 전반적인 크리에이터 역할을 맡았습니다.

채우리 제작팀 카피라이터로서 전체적인 큰 콘셉트부터 디테일한 아이디어 구체화 작업을 진행했어요.

임현철 캠페인을 총괄했어요. 팀의 대장 역할입니다.

조재형 캠페인의 기획 방향을 고민하고, 제작팀과 함께 결과물이 잘 나올 수 있도록 기획을 담당했습니다.

구민지 저는 주로 팝업스토어를 총괄했어요.

보통 20주년 캠페인은 기념식이나 아이템 증정 같은 전형적인 이벤트가 많은데, 이번에는 '팝업스토어'와 '서든 효능'이라는 두 갈래 기획을 했어요. 이렇게 구성한 배경과 의도는 무엇이었나요?

임현철 팝업스토어는 요즘 젊은 사람들이 많이 찾고, SNS에서 퍼지는 힘도 크다고 봤어요. '서든어택'에서는 해보지 않았던 방식이라 도전해 봤는데 반응이 좋았어요. 9일 동안 약 8천 명이 방문했고, 굿즈도 모두 완판됐죠. 단순히 20주년 광고에 그치지 않고 IMC관점에서 소셜 확산까지 이어진 점이 의미 있었어요. '서든 효능'의 경우, 효능 자체는 근거가 있는 건 아니지만 20년간 사랑받아 온 데에는 이유가 있다고 생각했어요. 게임은 단순히 즐기는 걸 넘어 스트레스를 풀어주고, 친구를 만나게 해주는 등 실제로 '효과'가 있잖아요. 아이디어 출발점은 아트팀이 가져온 식당 포스터였어요. 장어나 누룽지에도 효능을 적어놓듯 '서든어택도 효능이 있다고 말해볼 수 있지 않을까?' 해서 시작했죠. 결국 유저들이 공감할 만한 메시지라고 봤어요.

사실 이런 아이디어는 일상에서 보이는 걸 포착해 캠페인으로 연결하기까지 쉽지 않잖아요. '서든 효능' 콘셉트는 어떻게 구체성을 갖게 됐나요?

채우리 '서든어택'은 스트레스를 단번에 날려주는 게임이라는 팀 내 합의에서 출발했죠. 박상준 아트디렉터님이 처음 '서든 효능'이라는 콘셉트를 제시했고, 그렇게 스트레스 해소를 효능처럼 풀자고 시작해 점차 확장됐어요. 그러다 보니 피부 미용, 청력 증진 같은 과장된 효능까지 갔는데, 결국 '즐거움을 주는 게임이라 이런 효과까지도 가능하다'는 식으로 발전시킨 거예요.

'서든 효능'은 FPS 게임을 생활 속 효능 언어로 풀어낸 점이 독특했어요. 랄랄이 등장해 스트레스 해소, 컨디션 회복, 피부 노화 방지 같은 일상 언어로 표현했는데요. 이 콘셉트 배경과 전하고 싶었던 메시지는 무엇이었나요?

오원택 "20주년을 맞아 유저들이 다시 한번 게임을 하게끔 만들자."라는 게 광고주의 요청이었어요. 효능 콘셉트가 그 요청과 일상 소재에 잘 맞았죠. 효능도 직접 해봐야 알 수 있듯, "궁금하면 서든해!"로 이어지면서 자연스럽게 유저를 게임으로 유도할 수 있었어요.

조재형 20년 동안 들어왔다가 떠난 유저도 있고, FPS 장르 특성상 장벽을 느끼는 사람도 있어요. 20주년을 계기로 기존 유저는 물론 게임에 익숙하지 않은 사람까지 새롭게 유입 시키자는 의도도 담았죠. 앞으로도 꾸준히 찾아오길 바라는 마음이었어요.

아이디어 회의 분위기는 어땠나요? 이번 캠페인을 준비하며 인상 깊었던 점이 있었나요?

구민지 회의 때는 늘 깔깔 웃으면서 했어요. '서든어택'은 보는 것만으로도 즐겁고 유쾌한 영상을 지향해 왔거든요. 그래서 제작팀에 "꿈을 마음껏 펼쳐 달라. 하고 싶은 거 다 해 달라."고 부탁했죠. 광고주분들도 유연하셔서 '이런 것까지 받아줄까?' 싶었던 아이디어까지 긍정적으로 받아주셨어요. 그런 지지가 있었기에 가능했던 캠페인이었어요.

이번 캠페인을 실제 광고로 구현하는 과정에서 특히 기억에 남는 연출이나, 중점적으로 활용한 포맷이 있었나요?

오원택 재미있던 게 정말 많았어요. 애니메이션을 패러디한 버전에서 화장실 장면에 무지개가 피어오르는 컷이 있었거든요. CD님이 "여긴 무지개가 꼭 있어야 한다."고 강조하셨고, 실제 결과물이 참 예쁘게 잘 나와서 뿌듯했어요.

오원택 아트디렉터, 임현철 CD, 채우리 카피라이터, 이다은 카피라이터, 주연수 아트디렉터, 박상준 아트디렉터

안설 캠페인플래너, 구민지 캠페인플래너, 최광희 팀장, 조재형 캠페인플래너

임현철 숏츠 포맷은 정형화된 틀이 있어요. 그 틀을 빌리되 우리 아이디어를 자연스럽게 녹여보자는 게 핵심이었죠. 후보가 워낙 많아서 내부에서 예선전처럼 걸러 올렸고, 장르도 다양하게 시도했어요. 화장실 아이디어는 듣자마자 다들 빵 터졌는데, 거부감 없이 구현하려고 애니메이션 형식을 택했어요. 팀원들이 '새로운 걸 해보자'는 마음으로 모여 더 재밌게 만들 수 있었다고 봐요.

채우리 효능 콘셉트가 워낙 많아서, 담아내기엔 숏츠가 딱 맞았어요. 단순히 웃기기만 한 게 아니라 우리 콘셉트와 정확히 맞아떨어지면서 재미까지 살렸죠. 내부에서도 뿌듯했고, 실제 반응도 좋아서 기분이 좋았어요.

어떤 반응이 기억에 남았나요?

채우리 "이게 광고였어?"라는 반응이 제일 기억에 남아요. "광고가 아니라고 하니까 더 웃기다."라는 얘기도 있었고요. 사람들이 콘텐츠 자체를 갖고 노는 모습이 인상적이었어요.

이번 영상을 '광고처럼' 보이지 않게 만들기 위해 특별히 신경 쓴 장치나 기준이 있었나요?

구민지 인트로에 '서든어택' 로고가 바로 보이지 않도록 의도적으로 감췄어요. 광고처럼 보이지 않게 하려는 장치였죠.

조재형 랄랄을 전면에 내세우지 않은 것도 포인트예요. 인트로나 아웃트로에서만 활용하고, 본편에서는 최대한 감췄어요. 모델이 전면에 드러나면 광고로 인식되니까요. 브랜드 모델을 숨기는 건 쉬운 결정이 아니었는데, 광고주도 처음엔 우려하셨지만 잘 설득해서 풀었어요.

'서든어택'은 지난해 캠페인으로 큰 반향을 일으켰어요. 이번 20주년 캠페인까지 이어지는 과정에서 팀이 일관되게 중요하게 생각해 온 원칙이나 철학이 있다면요?

조재형 가장 중요한 건 '관심을 어떻게 끌어내느냐'였어요. 관심이 있어야 행동으로 이어지니까요. 젊은 게이머들이 즐겨보는 숏츠와 밈의 맥락을 적극 반영했고, 알고리즘 속에서 자연스럽게 눈에 띄는 방식을 고민했어요.

구민지 게임이 오래 지속되려면 신규 유저 유입이 꼭 필요해요. 15~29세 남성 게이머가 공감할 포인트를 꾸준히 찾았고, OT 준비 때도 그들이 반응할 '짤'을 많이 수집했어요.

오원택 CD님이 늘 "재미있는 것보다 다른 걸 해야 한다."고 강조하셨는데, 그 원칙이 큰 역할을 했어요. 왜 재미있는지에 대한 고민이 있어야 하고, 패러디처럼 보이지 않게 하려는 주문도 그 맥락이었죠. 어렵더라도 새로운 길을 택하자는 원칙이 이번에도 이어졌어요.

'서든캠프' 팝업스토어는 실제 훈련소 콘셉트를 구현했는데, 기획 과정에서 어떤 점을 가장 중점적으로 고민했나요?

구민지 제일 큰 고민은 '서든어택다움을 비주얼로 어떻게 보여줄까?'였어요. 떠오르는 이미지를 그대로 구현하면 군대 체험처럼 보일 수 있잖아요. 그래서 훈련소 콘셉트는 살리되 너무 밀리터리스럽지 않게 만들고 싶었어요. 기존 유저뿐 아니라 게임을 모르는 사람도 자연스럽게 즐길 수 있는 공간을 지향했고요. 성수동 특성상 지나가다 들어오는 분도 많았거든요. '게임 팝업'이라는 선입견 없이 누구나 편히 들어오도록 내추럴하게 꾸민 게 포인트였어요.

현장에서 특히 '이 시도는 통했다'고 느낀 순간이나 장면이 있었나요?

구민지 입장할 때부터 반응이 좋았어요. 커튼을 열고 들어오면 캠프 공간이 펼쳐지는데, 10~20명씩 들어올 때마다 다들 신기해했죠. 군번줄 만들기가 의외로 인기였고, 다들 자발적으로 인증샷을 올려줘서 뿌듯했어요.

조재형 체험존에서 '서든어택'의 승부욕이 그대로 드러났어요. 수류탄 던지기나 '에임스쿨'에서 한 번 더 해보자고 줄 서는 모습이 인상적이었죠. 게임 속성이 오프라인 체험에서도 그대로 발휘된 걸 보면서 팝업스토어가 게임성과 잘 맞았다고 느꼈어요.

이번 캠페인의 성과를 온라인·오프라인 측면에서 평가했을 때, 특히 의미 있게 다가온 지점은 무엇이었나요?

구민지 기존 유저들만의 작은 축제가 아니라, 신규·복귀 유저까지 모두 어울려 '잔치'처럼 즐긴 캠페인이었다는 점이 의미 있었어요.

조재형 게임에서 중요한 건 '얼마나 많은 유저가 오래 하느냐'예요. 이번 캠페인 전후로 PC방 순위가 2위까지 올라간 게 큰 성과라고 봤어요.

채우리 "서든 했더니 키가 5cm 자랐다."라는 댓글이 있었어요. 영상 콘셉트를 정확히 이해하고 유저들이 농담으로 받아친 거죠. 이런 티키타카가 잘 통했던 게 뿌듯했어요.

넥슨의 대표 IP인 '서든어택' 캠페인을 꾸준히 맡아오며 얻은 가장 큰 마케팅 인사이트는 무엇이었나요?

오원택 '서든어택'만의 화법이 점점 '브랜드 언어'로 자리 잡아가고 있어요. 2024년에 진행한 '엄마 아빠 미안해' 캠페인에선 "이 캠페인은 서든어택이 혼자 하고 있습니다."로 끝에 한 번 더 웃음을 주고, 이번 숏츠에선 "과학적으로 증명되지 않은 사실입니다."라는 디테일로 유머를 살렸죠. 과장이지만 모두가 아는 농담으로 풀어내는 방식이에요. 캠페인이 하나의 브랜드 콘텐츠가 되어 소비자와 함께 놀 수 있는 장이 된다는 점이 큰 인사이트였어요. 이 흐름을 계속 이어가고 싶어요.

마지막으로, 이번 캠페인에서 얻은 인사이트를 바탕으로 앞으로 팀이 준비하고 있는 새로운 도전이나 계획이 있다면 소개해 주세요.

조재형 관심을 전환으로 이어가느냐가 늘 숙제였어요. 지금도 전환이 잘 일어나고 있지만 더 극대화하는 방법을 고민해 다음 캠페인에 반영하고 싶어요.

구민지 디지털 마케팅만으로는 타깃이 좁아질 수 있다고 느꼈어요. 전환과 효율은 좋지만, 장기적으로는 대중을 향한 '환기 캠페인'도 필요해요. 팝업스토어나 TV 캠페인처럼 더 넓은 타깃을 향한 리프레시가 게임을 오래 살아 있게 해준다고 봤어요.

오원택 '서든어택'은 20년을 버텨온 토종 FPS라 할 수 있는 이야기가 많아요. '20주년 대잔치' 초대도 그 위상이 있었기에 가능했죠. '한국 FPS의 형님 같은 브랜드'로서 위상에 맞는 소재를 잘 찾아 계속 보여주고 싶어요.

임현철 구체적으로 정해진 건 없지만, '어떻게든 이슈를 만든다'라는 방향은 놓치지 않으려해요. 그런 고민을 이어가다 보면 새로운 아이디어가 나오고, 또 좋은 캠페인을 할 수 있다고 믿어요.

채우리 이번 '서든어택'처럼, 꾸준히 다양한 아이디어와 인사이트를 펼칠 수 있는 브랜드를 만나고 싶습니다.

"AI를 단순히 '사용한다'는 개념을 넘어 '함께 일한다'는 관점으로 접근할 때,
그 활용 가치는 훨씬 극대화될 거예요."

도구를 넘어 동료로:
AI와 항해하는 디자이너

세상은 끊임없이 변화하고, 우리는 그 거대한 파도 앞에 서 있다. 누군가는 휘청이고, 누군가는 파도를 잡아 타고 거침없이 항해한다. 디자인과 기술 그리고 AI의 경계에서 호기심을 나침반 삼아 새로운 길을 개척하는 디자이너가 있으니 바로 플러스엑스의 변사범 고문이다. 20년간 디자인 업계에서 굵직한 족적을 남긴 그는 이제 AI를 도구가 아닌 '동료'로 대하며 또 한 번 진화한다.

플러스엑스 | 변사범 고문

반갑습니다. 독자분들께 간단한 소개 부탁드릴게요.

안녕하세요. 변사범입니다. 디자인피버, 펜타브리드, 네이버를 거쳐 플러스엑스 고문을 맡고 있습니다.

고문님의 삶 속에는 항상 '도전'이라는 키워드가 따라다니는 것 같아요. 전환점마다 마음을 움직인 동기는 무엇이었나요?

도전이라는 단어는 좀 거창한 것 같고, 단순한 호기심에서 출발했던 것 같아요. 호기심이 재미로 이어지고, 잘하고 싶은 욕심이 생기면서 자연스럽게 일로 연결되는 형태가 반복된 거죠.

호기심을 느끼는 분야에 주저 없이 뛰어드시는 성격인가 봐요. UX/UI 분야에서 AI로 확장하게 되신 것도 같은 이유일까요?

맞아요. 저는 원래 궁금한 건 참지 못하는 성격이라서요(웃음). AI도 예외는 아니었어요. 스스로 구현하기 어려웠던 작업들을 AI가 대신 처리해주고, 오랫동안 구상만 했던 아이디어들이 현실화되는 것을 목격하며 흥미를 느꼈어요. 당시에는 UX/UI 패턴이 안정기에 접어들고 모바일 기기도 성숙기에 이르면서 UI 패턴도 10년 가까이 큰 변화가 없었어요. 창의적인 실험이 어려워지는 흐름에 점점 흥미를 잃던 중, 안식년을 두고 쉬기로 했어요. 그런데 그쯤 AI가 등장한 거예요. 자연스럽게 탐구하기 시작했죠.

AI에 관해 탐구할 때 자주 보는 채널이 있나요?

AI 관련 정보는 '레딧(Reddit)'에서 얻어요. 전문가부터 일반 사용자까지 폭넓게 모여 있어 정보가 방대하고, 정제되지 않은 날것 그대로의 정보가 오히려 유용하기도 하더라고요. 제가 직접 테스트해 볼 수도 있고, 빠르게 습득할 수 있는 구조니까요. 정제된 자료들보다 실제 커뮤니티 안에서 생생하게 공유되는 정보가 더 실용적인 경우가 많아요.

생성형 AI를 처음 접하셨을 때 어떤 생각이 드셨어요?

'빨리 써봐야겠다'는 생각이 제일 먼저 들었어요. 저는 필름에서 디지털, PC에서 모바일로 넘어가는 과정을 전부 겪은 세대예요. 필름에서 디지털로 전환될 땐 학생이었지만, PC에서 모바일로 넘어갈 땐 네이버에서 근무하고 있었죠. 그 시기엔 누구도 정답을 몰랐는데, 빨리 뛰어든 사람이 결국 성공하더라고요. 그걸 직접 체감했기 때문에, 기술은 먼저 경험하고 먼저 응용하는 게 답이라는 사고방식이 몸에 배어 있어요. 그래서 AI도 두렵기보다는 오히려 신기했죠.

AI 협업의 장단점이 있다면요?

장단점이 명확하죠. 단점부터 얘기하자면, 우연성에 너무 의존할 경우 시간이 얼마나 걸릴지 예측 불가능하다는 점이에요. 프로젝트는 마감이 정해져 있으니까요. 하지만 그걸 의도적으로 잘 활용하는 게 능력이라고 생각해요. 우연을 응용해 그림을 완성하거나, 좋은 문장이 무심코 써지는 것 같은 상황이요. 저는 그 우연성 역시 AI의 장점이라고 봐요.

AI를 사용할 때 저작권이나 윤리적 측면에 대한 본인만의 원칙도 있으신가요?

아주 명확해요. '정해진 법을 준수하고, 사용하는 플랫폼의 가이드라인을 따르면 된다'고 생각해요. 그 이상은 사실 법률 자문이 필요한 부분이고, 자문을 받아도 결국 돌아오는 답변은 비슷하거든요. 결국은 명시된 법과 서비스 이용 지침이 가장 명확한 가이드라인이에요. 새로운 법안이나 판례가 생기면 거기에 맞추면 되고요. 이것이 가장 깔끔하고 효율적인 방식이라고 생각합니다.

직접 작업하신 프로젝트 중 가장 인상 깊었던 사례는 무엇인가요?

여러 프로젝트가 떠오르지만, AI를 활용한 '블러블러' 프로젝트는 정말 새로운 시도였어요. '블러블러'를 시작하게 된 계기는, 당시 제가 운영하던 코스메틱 브랜드 'Deeponde(디폰데)'의 운영 효율성을 높이기 위한 고민에서 비롯되었습니다. 스타트업 특성상 인력과 비용이 제한적이어서 디자이너가 기획을 하거나, 마케팅 업무나 카피라이팅도 직접 맡는 경우가 있잖아요. 사람을 뽑으면 고정비용이 부담되니, 프리랜서와 일을 하는 방식으로 대처를 했어요. 그런데 당시 미드저니나 ChatGPT 같은 도구들이 등장하면서, 적은 리소스로도 카피라이팅과 이미지 제작을 효과적으로 진행할 수 있음을 알게 되었습니다. ChatGPT로 카피라이팅을 하고 미드저니로 이미지를 만들어서 배너를 완성하는 AI기반 콘텐츠가 실제 전

블러블러 AI 모델 화보 이미지

환율 향상으로 이어진다는 점을 확인한 것이죠. 또 하나 숙제가 모델 촬영이었어요. 모델을 촬영하면, 아무리 합리적인 출연료를 지불하더라도 한 해에 200~300만 원 정도가 들고, 연장할 경우 재계약이나 재촬영을 해야 하죠. 촬영 당일에는 스튜디오 대여와 포토그래퍼 고용 등 다양한 고정 비용이 더해져 부담이 컸습니다. 이에 고정비를 낮출 방안을 고민하던 중, 미드저니와 같은 AI 도구를 활용해 가상의 인물을 만들어 보고, 다양한 콘텐츠 제작에도 시도해 보았습니다. 이러한 시도가 충분히 활용 가능한 수준임을 확인하면서, '내가 만든 가상 모델을 다른 사람들도 활용할 수 있게 하면 어떨까?' 하는 생각이 들었고, 결국 가상 모델 에이전시까지 만들게 되었습니다.

그럼, AI 모델도 에이전시처럼 매니지먼트하는 것까지 고려하고 계신 건가요?
네. 현실 속 모든 배우나 가수가 다 크게 성공하지 못하듯, AI 모델 에이전시 분야도 마찬가지일 거라고 봅니다. 그래서 먼저 기반을 마련해 다양한 모델을 대중과 소통시키고, 그중 인기가 높은 모델만 집중적으로 매니지먼트하는 방식입니다. 사실 모두가 다 성장할 수 있는 건 아니죠. 확률도 낮고요. 대중들은 가상 모델에 대해 아직 거부감을 느낄 수도 있지만, 이는 과도기적인 현상이라고 생각해요. 요즘 유튜브, 인스타그램, 틱톡을 보면 실제 모델의 얼굴이 그대로 노출되는

경우는 드물고, 대부분 보정을 거칩니다. 실제 얼굴도 완전한 '진짜'는 아니죠. 저는 이런 점 자체가 '가짜'라고 보는데, 사람들은 진짜로 여기곤 합니다.
실제로 사람들을 직접 만나 대면하는 기회도 많지 않으니까요. '가짜에 익숙해지는 상황에서 AI 모델에 대한 거부감도 크게 문제가 되지 않을 것'이라고 생각합니다.

플러스엑스에서는 디자인과 콘텐츠 제작뿐만 아니라 마케팅 전략을 같이 수립하고, 브랜딩 솔루션 가이드까지 함께 구축하잖아요. 그럴 때 브랜드 가이드를 빌드업하는 과정에서도 AI 기반의 비주얼이 적용되나요?
예, AI 기반의 비주얼이 많이 적용되고 있습니다. 과거 브랜드 경험 분야에서는 브랜드 전략을 수립하고 핵심 가치를 정의한 뒤 시각 언어를 개발하여 확장하는 방식으로 진행되었어요. 그러나 현재 전략 수립 단계에서는 LLM* 활용이 두드러집니다. 이전에는 전략을 짜기 위한 브랜드 정보 학습에 상당한 시간이 소요되었지만, 이제 LLM을 통해 매우 쉽게 정리되고 요약할 수 있어요. 여기에 아이디어를 더하면 응용도 가능해져, 전략 분야에서 AI활용도가 높답니다. 비주얼 표현 단계

---

* LLM : 대규모 언어모델(Large Language Model)의 약자로, 방대한 양의 텍스트 데이터를 학습해 인간의 언어를 이해하고 생성하는 초대형 인공지능 모델을 의미한다.

블러블러 AI 모델 화보 이미지

Deeponde '퍼스트뮤신앰플' AI 모델 화보 이미지

에서는 목업 합성 작업이 활발해요. 예를 들어, 사이니지 작업이나 포스터 부착 시안 제작 등도 AI를 활용하여 효율성을 크게 높였어요. 브랜드 가이드라인 역시 AI로 제작하고, 이를 Figma Plug-in*을 통해 자동화시켜 주는 방식도 도입되었습니다. 이를 내부에서 쓸 수 있도록 구축해서 납품하는 케이스로 많이 발전하고 있어요.

요즘 AI 밈이 유행이죠. 콘텐츠의 완성도와 신선도 사이에서, 디자이너로서 AI 놀이 문화가 확산되는 것을 어떻게 보시는지 궁금해요.

AI 놀이 문화 확산 현상에 대해 저는 긍정적으로 보고 있습니다. 최근 Veo3도 나오고, 지브리풍 사진은 ChatGPT가 엄청나게 유행시켰죠. 제가 회사에 다니면서 많이 배웠던 것 중의 하나가, 디자이너라는 직업 자체가 주는 의미인데요. 보통 디자이너라고 하면 뭔가 시각적으로 만드는 사람이라고 인지하고 있잖아요. 예를 들어 어르신한테 "저는 디자이너예요."라고 하면 패션 디자이너, 혹은 헤어 디자이너 등으로 대부분 이해하시죠. UX/UI라는 말은 잘 모르시니까 그래픽 디자이너나 포스터 만드는 것을 말씀하시면서 거의 '시각물'

에 집중돼 있긴 하거든요. 그런데 디자인이란 용어를 좀 뜯어보면 '문제를 해결하는 단어'거든요. 회사에서 디자이너는 직군은 무엇인지 생각해 보면, 사업에 이득을 줄 수 있고 문제를 해결하는 사람을 말해요. 디자이너를 단편적으로 보면 '멋있고 예쁘고 사람들이 좋아할 만한 뭔가를 만드는 사람'이라고 생각할 수 있어요. 저도 과거에는 그렇게 생각했어요. 꽤 오랫동안 좋은 걸 만들고 그것을 보여주는 것에 보람을 많이 느꼈으니까요. 그런데 그런 일련의 작업이 대중들에게 갔을 때, 매출이 나지 않거나 혹은 숫자로 결과가 나오지 않으면, 사업적으로는 아쉬운 작업이라고 생각해요. 비즈니스 관점에서 타깃에 부합하는 콘텐츠는 완성도나 퀄리티가 다소 부족하더라도 바이럴이 된다면, 성공적인 작업으로 평가될 수 있습니다. 디자인은 대중과의 명확한 상호작용이 필수적입니다. 시각적 완성도가 높지 않아 보일지라도, 대중의 공감을 얻고 확산을 유도하는 콘텐츠라면 성공적 결과물이라고 생각해요. 이러한 성공은 결코 쉽게 달성할 수 있는 것이 아닙니다.

플러스엑스에서 교육 사업으로 뻗어나가고, 현재 제작팀도 많이 커졌잖아요. 처음 실무를 하실 때의 모습과 지금의 회의 모습에서 어떤 점이 달라졌다고 느끼나요?

전체적인 업무 프로세스는 아직 큰 변화는 없습니다. AI가 업무에 깊숙이 통합되기 위해서는 구성원들의 적극적인 수용

---

* Figma Plug-in (피그마 플러그인): Figma는 디자인 협업 툴로, 다양한 기능을 확장할 수 있는 플러그인을 제공한다. 이 플러그인들은 사용자가 원하는 기능을 추가하거나 반복 작업을 자동화하는 데 도움을 준다.

이 필수적이나, 현재는 과도기적 단계로 보입니다. 일부에서는 여전히 '인간이 AI보다 우위에 있다'는 인식이 존재하는 것 같아요. 저는 AI를 단순한 도구가 아닌, 함께 협업하는 '동료'로 인식해야 한다고 제안합니다. AI를 단순히 '사용한다'는 개념을 넘어 '함께 일한다'는 관점으로 접근할 때, 그 활용 가치는 훨씬 극대화될 거예요. 예를 들어, 아이디어 회의 시 네 명의 사람이 다양한 주제로 토론하는 자리에 AI를 참여시켜 대화한다면, 예상치 못한 새로운 아이디어를 발견할 수 있어요. 저는 점차 AI가 동료가 되는 쪽으로 발전할 거라고 생각합니다. 심지어 사람이 AI에게 의지할 수도 있고요. AI는 늘 사용자의 편에서 긍정적이고 더 나은 방향을 제시해주려고 하잖아요. 다만, 우리가 어떤 지시를 내리느냐에 따라 그 결과는 달라지겠죠.

꿈을 키우는 대학생이나 업계 후배들에게 해주고 싶은 조언이 있을까요?

요즘은 정말 다양한 AI 서비스가 존재해요. 중요한 것은 '무엇이 더 좋다, 나쁘다'의 판단보다는, '자신에게 가장 적합한 도구를 찾는 것'입니다. 어떤 사람에게는 특정 AI가 사용하기 편할 수도 있고, 또 다른 AI가 더 친숙하게 느껴질 수 있을 거예요. 처음부터 AI를 동료로 바라보기는 어렵겠지만, 도구로 바

라보고 적극적으로 사용해 보는 것을 추천해요. AI를 활용한 작업 자체에 대해 부정적인 시각을 가질 필요는 없습니다. AI를 통해 결과물을 만들었다는 사실을 자신 있게 이야기하고, 그 과정에 대한 명확한 이유만 있다면 충분하다고 생각합니다. 사실 요즘 학생들은 AI를 매우 능숙하게 활용하는 것 같아요. 학생들은 '내가 못 하는 부분이니 AI가 더 빠르다'는 점을 깨닫고 사용하는 것에 거부감이 없어 보이거든요. 오히려 현업에 있는 실무자들이 AI 활용에 어려움을 겪는 경우가 많아 보입니다. 이는 기존 작업 방식이나 습관에 AI를 접목하는 것이 쉽지 않기 때문이죠. 솔직히 말하자면, 학생들보다는 시니어 디자이너들에게 이 조언을 더 해드리고 싶기도 합니다(웃음).

그렇다면 자기 세계관을 구축하고 싶어 하는 작가들이나 브랜드를 운영하고 있는 분들께 AI 활용에 대해 권면하고 싶은 말씀이 있을까요?

제 주변에 아트 포스터를 제작하며 타이포그래피 작업을 활발히 하는 친한 작가 지인이 있습니다. 그분은 작품 활동 과정에서 ChatGPT와 많은 대화를 나누는 모습을 보았어요. 시각적인 요소를 응용하거나, 작품에 내포된 의미를 더욱 복합적으로 만들기 위해 ChatGPT와 의견을 교환하고 시각적인 조언까지 얻어가며 작업하더군요. 저는 이러한 방식의 협

문종연 퍼블리그토 표 크리에이티브 디렉터

업이 매우 긍정적이라고 생각해요. 일반적인 사람과의 대화에는 제약이 따르거나 개인의 고유한 관점에 갇힐 수 있습니다. 그러나 AI는 항상 열려 있는 특성을 지녔기 때문에, 오히려 작가의 독창적인 정체성과 세계관을 더욱 깊이 탐색하고 확장하는 데 효과적인 조력자가 될 수 있다고 봐요.

AI를 바라보는 시각에 크게 세 가지가 있다고 보는데, '긍정적으로 대하는 태도', '부정적으로 바라보는 태도' 그리고 '무관심'입니다. 만약 AI에 대해 조금이라도 호기심이 있다면, 일단 '긍정적인 마음'으로 적극적으로 활용해보는 것이 현명합니다. AI를 굳이 자신과 비교하며 경쟁하거나, 적대적인 시선으로 볼 필요는 없다고 생각해요.

그렇다면 제작자와 클라이언트, AI와 기업(브랜드) 간의 관계를 제약하는 요인은 무엇이 있을까요?

AI와 관련된 가장 큰 제약 요인은 바로 '사람들의 두려움'이라고 생각합니다. 특히 'AI가 나의 역할을 대체하지 않을까' 하는 우려요. 실제로 이러한 직업적 위협이 일부 존재한다는 점은 인정할 수밖에 없으며, 이는 변화의 한 부분으로 받아들여야 할 것입니다. 하지만 관점을 달리하면, AI를 통해 오히려 '우리가 생존하고 발전할 수 있는 새로운 방법을 찾을 수도 있다'고 봐요. 저는 개인적으로 긍정적인 면을 중시하는 편이어서, 문제점보다는 AI가 가져올 '긍정적인 기회'에 더 집중하게 되는 것 같아요.

AI가 한국의 디자인 산업의 판도를 바꾸고 있잖아요. 어떠한 방향성으로 나아가야 한다고 생각하나요?

아직은 AI가 한국 디자인 산업의 판도를 직접적으로 바꾸고 있다고 느끼지는 못합니다. 물론 다양한 시도가 활발히 이루어지고 있죠. 피부로 와닿는 변화는 오히려 소프트웨어 엔지니어링 분야에서 더 크게 체감하고 있습니다. ChatGPT나 Google Gemini와 같은 AI가 코딩 작업을 매우 효율적으로 지원하면서, 과거 디자이너보다 위상이 높았던 엔지니어의 부가가치가 상대적으로 낮아진 거죠. MicroSoft, Paypal, Google 등 IT 기업에 재직 중인 지인들의 이야기를 들어보면, 이제는 "AI가 대체하기 어려운 프로덕트 직무의 위상이 더욱 높아졌다."고 해요. 인간의 고유한 역할이 여전히 중요한 영역이라는 의미죠. 미국 시장이 변하고 있고 아마 한국도 그렇게 되겠죠. 이러한 변화의 물결은 디자인 분야에도 필연적으로 다가올 것이라 생각합니다. AI를 활용한 더욱 진화된 디자인 툴이 등장하고, 특정 디자인 작업을 AI가 일정 부분 대체하게 될 때, 우리는 엔지니어링 분야에서 나타났던 것과 비슷

한 상황에 직면할 수 있습니다. 저는 이 거대한 변화의 파도가 밀려오면, '잡아타야 한다'고 생각해요. 큰 파도가 오면 그 파도 위에서 놀아야지 그 속에 파묻히지 않았으면 좋겠다는 생각입니다. 기술이든 디자인이든, 시대의 변화를 외면하고 자신의 방식만을 고집한다면 아무도 알아주지 못하는 형태로 바닥에 잠식될 수 있거든요. 현재의 기술적 변화와 시각적 진화가 함께 달라져야 한다고 생각해요. 숏폼 콘텐츠와 같은 트렌드가 분명히 존재하기 때문에 상업적 흐름을 정확히 인지하고 그에 맞춰 우리의 역량을 정렬하는 것이 중요합니다.

마지막으로 꼭 전하고 싶은 이야기가 있다면 나눠주세요.

제가 여러 인터뷰를 진행하며 느낀 점은, '많은 분들이 AI를 활용하는 데 있어 어느 정도 두려움을 가지고 있다'는 거예요. 하지만 저는 그러한 두려움이 크게 필요하지 않다고 생각합니다. 선배들의 경우도 변화를 느리게 수용한 분들과 빠르게 적응한 분들 간 부의 축적 차이가 분명하다는 점에서 알 수 있어요. 이와 같은 관점에서, 'AI가 제공하는 기회를 적극적으로 경험하며 자신에게 맞는 방식을 찾아가는 것이 중요하다'고 봅니다. 막연한 두려움보다는 직접 사용해보는 긍정적인 태도를 가지시길 권해드립니다.

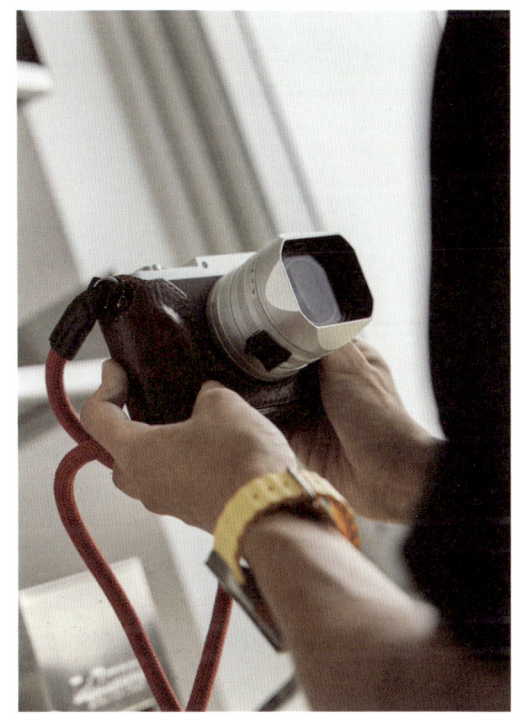

LOOK

50   **Creator Manual**

칸을 흔든 13분, 광고의 경계를 넘어선 〈밤낚시〉

64   **Spotlight**

KCC건설 스위첸 〈집에 가자〉 캠페인

68   **Universe**

고객 경험을 전시하다: 현대자동차그룹 〈UX스튜디오 서울〉

78   **Network**

현대자동차, 중동 시장을 달리다
아중동 법인 〈Champions' Choice〉,
〈Just get a Hyundai〉 캠페인

INSIDE

82   **Media Now**
      도시의 인프라가 된 공공 캠페인

86   **Inspiration**
      최근 가장 인상 깊었던 콘텐츠

88   **Inno Post**

91   **Global Map**

칸을 흔든 13분,
광고의 경계를 넘어선 〈밤낚시〉

〈Night Fishing〉 Blurring The Lines Of Advertisement

현대자동차 아이오닉의 내장 카메라 시점으로 찍은 13분짜리 단편 영화 〈밤낚시〉가 국제광고제 '칸 라이언즈'에서 그랑프리를 수상했다. 광고도 영화도 아닌 새로운 형식은 결국 극장 개봉까지 이어지며 하나의 문화적 포문을 열었다. 이노션 글로벌비즈니스부문과 Creative α는 '광고는 더 이상 TV 광고 몇 편으로 규정되지 않는다'라는 변화의 흐름 속에서, 브랜드를 넘어 콘텐츠와 고객 경험으로 확장되는 가능성을 실험했다. 〈밤낚시〉의 여정은 단순한 수상을 넘어, 광고의 미래가 어디로 가야 하는지에 대한 중요한 힌트를 던진다.

Filmed with a camera embedded in Hyundai Motor Company's electronic vehicle, IONIQ, the thirteen-minute-long short film 〈Night Fishing〉 won Grand Prix from Cannes Lions. This iconoclastic format – blurring lines between advertisement and movies – was premiered in theaters, opening a new chapter in the cultural scene. INNOCEAN's Global Business Division and Creative α bravely faced the trend shift, with advertisement no longer to be defined by a few clips of TV advertisement. These teams of creative talents leaped out of the comfort zone to push beyond the boundary of brand and thus, expand to contents and customer experience. The recent achievement of 〈Night Fishing〉 journey gives a significant hint at the future of the advertisement.

김세진 캠페인플래너, 강민형 팀장, 이승하 카피라이터, 김보경 팀장, 최유나 캠페인플래너, 오은하 아트디렉터, 양도유 카피라이터

Kim Sejin (Campaign Planner), Kang Minhyung (Team Leader), Rhee Seungha (Copywriter), Kim Bokyung (Team Leader), Choi Yuna (Campaign Planner), Oh Eunha (Art Director), Yang Doyu (Copywriter)

Interviewee   글로벌비즈니스부문 **|** 김보경 팀장, 강민형 팀장
Creative α | 양도유 카피라이터

Global Business Division | Kim Bokyung (Team Leader), Kang Minhyung (Team Leader)
Creative α | Yang Doyu (Copywriter)

Part. 1   밤낚시 캠페인, 칸 그랑프리 수상
The Night Fishing Campaign to Win a Grand Prix from Cannes Lions

먼저 '밤낚시'의 칸 그랑프리 수상 진심으로 축하합니다. 자세한 이야기에 앞서 캠페인에 함께하신 팀과 역할을 소개해 주세요.

김보경 현대자동차 '밤낚시' 프로젝트 기획을 총괄했어요. 캠페인플래너로서 6여 년간 현대자동차 브랜드마케팅본부를 전담했고, 이번에는 Creative α, 손석구 배우, 문병곤 감독, 마켄필름, 스테넘 뿐만 아니라 많은 영화업계 분들과 함께 '밤낚시' 프로젝트를 리드하였습니다.

강민형 '밤낚시'는 기획부터 이번 수상까지 3년 정도 걸린 프로젝트예요. 영화 외에도 다양한 활동으로 확장되었고요. 저는 제작 단계 이후에 합류해 캠페인 홍보 및 확산을 기획하고 집행하는 역할을 맡았어요.

양도유 저는 Creative α 소속 카피라이터예요. 저희 팀은 ATL 기반의 광고보다 그 외의 캠페인들을 제작해요. 특히 기

First of all, congratulations on the recent achievement. Before diving into the topic, the Grand Prix from Cannes Lions, please tell us more about the teams and the roles and responsibilities.

Kim Bokyung I've been overseeing the 'Night Fishing' Project. As a campaign planner, I dedicated over six years to Hyundai Motor Company's Brand Marketing Division. For this project, I led the 'Night Fishing' campaign with Creative α, actor Son Suk-ku, director Moon Byounggon, Markenfilm, STANNUM, and many others from the film industry.

Kang Minhyung The 'Night Fishing' project has been a three-year journey from its very beginning to the recent award. Furthermore, the project expanded to different activities later. I joined after the production stage and played my role in planning and execution of promotion and expansion of the campaign.

Yang Doyu I'm a copywriter for INNOCEAN's Creative α. We

술 기반의 프로젝트를 주로 하죠. '밤낚시'도 차량에 탑재된 카메라로 영화를 만든 사례인데, 저희가 시나리오 작업을 감독님과 함께했어요.

김보경 초기 영화 시놉시스 구성에 있어 Creative α의 역할이 굉장히 중요했어요. 광고 감독이 아닌 영화 감독과 밤낚시를 만들어 간 것이 좋은 판단이고 좋은 전략이었지만, 오히려 브랜드 연계성 측면을 고려하는 건 광고 전문가들이 가장 잘하는 부분이라 그 미묘한 부분을 Creative α가 잡아주셨어요. 겉으로는 자동차가 드러나지 않았지만, 결국 현대자동차가 이걸 왜 했을까 하는 질문에 답할 수 있는 단서가 필요했는데, Creative α에서 직접 감독님과 여러 번의 시놉시스 회의를 진행하면서 잘 조율해주셨어요.

칸을 비롯해 여러 광고제에서 수상하기까지, 어떤 전략과 과정이 있었는지 궁금합니다. 특히 판타지아 국제영화제 출품은 어떤 의미가 있었는지도 말씀해 주세요.

김보경 시작은 '판타지아 국제영화제'였습니다. 광고대행사가 영화제에서 직접 수상하는 건 저희에게도 낯선 경험이었어요. 광고제 출품 시점에 대한 내부적인 의견 차이도 있었는데, 당시까지는 이노션을 최대한 숨기고 영화로서 먼저 인정 받게 하는 전략을 택한 거죠. 결과적으로 광고제보다 영화제를 통해 먼저 성과를 거두고 하나씩 단계를 밟아간 것이 옳았던 것 같아요.

양도유 저는 광고제에 가면 심사위원들에게 꼭 물어봐요. "우리 작품에 왜 상을 주셨나요?" 이번 칸에서도 물어봤는데, 흥미로운 대답이 있었어요. 한 심사위원이 자기는 판타지아 국제영화제를 너무 좋아한다면서, 그 영화제에서 상을 받은 걸 보고 "이건 분명히 괜찮은 영화다."라고 생각했다고 하더라고요. 판타지아 관객들의 수준이 높기 때문에, 그곳에서 인정받았다는 건 이미 퀄리티가 있다는 뜻이라는 거죠. 결국 판타지아에서 받았던 작은 상이 일종의 나비효과가 돼서, 칸에서 힘을 발휘한 게 아닐까 생각해요.

강민형 영화제는 광고제와 달리 한 번 상을 받으면 다른 곳에서 중복 수상이 거의 불가능해요. 그래서 판타지아 영화제에 출품한 것도 저희의 선택이었죠. 그전에 여러 곳에서 초청도 받고, 출품할 의향이 있느냐는 연락도 받았는데, 그때마다 "할까, 말까?" 고민했었어요. 결국 저희가 가진 SF적인 측면을 가장 잘 보여줄 수 있고, 임팩트가 크면서 이름 있는 영화제를 기다렸고, '판타지아 국제영화제'가 딱 맞았던 거예요. 그렇게 뜸을 잘 들여 밥을 지은 것처럼, 그 선택이 결국 광고제 수상까지 이어진 것 같아요.

produce campaigns beyond ATL, with a particular focus on technology-driven projects. 'Night Fishing' was filmed with vehicle-embedded cameras, and the team worked closely with the film director on scripts.

Kim Bokyung The Creative α played a crucial role throughout the project. The choice of a filmmaker over an advertisement producer was a good decision, as well as a great strategy. But the brand relevance was obviously the marketing experts' domain, and the team took care of the subtle yet significant details surrounding the scenario. The automotive vehicle may not be explicit throughout the movie, yet still needs clues to answer the audience curiosity as to what made Hyundai Motor Company take on this attempt, and the Creative α did an amazing job of coordination through multiple rounds of synopsis meeting.

Tell us about the strategies and processes that led to winning awards at multiple advertising festivals, including 'Cannes Lions'. In particular, share what significance the submission to the 'Fantasia International Film Festival' had.

Kim Bokyung The story started with the recognition by 'Fantasia International Film Festival.' We should admit that an advertising agency receiving an award at film festivals gave an entirely new experience to us. Since the premiere of the film, the team started discussing whether to participate in advertising awards, but back then, we consciously chose to veil the name INNOCEAN to underline that 'Night Fishing' was a short film. Looking back, I believe it was the right approach to gain recognition through film festivals before advertising festivals, and to take things one step at a time.

Yang Doyu I ask this question to every one of judges at advertising/marketing awards – "what made you decide to give awards to us?" I asked a similar question to Cannes Lions judges and found one of the responses fascinating. One of the judges happened to be a passionate fan of Fantasia International Film Festival, and witnessing the project receiving an award, gained confidence that the short film should be fantastic. The audience of the film festival has got tastes that if you see your film project recognized, you will be rewarded with a credential for the quality. What could have deemed only a small award from the film festival started out a butterfly effect and eventually took the team to Cannes Lions.

Kang Minhyung Quite unlike advertising awards, once you have your film project recognized at any one of film festivals, you won't receive awards from anywhere else. This so-called norm drove us to submit our work to Fantasia International Film Festival. The team had been invited to multiple fil festivals and was contacted after being shortlisted. But we'd often find ourselves hesitating, "Should we have a go or not?" The team waited for a chance to be part of big names in the festive scenes to highlight science-fiction elements in the moves,

해외 현지, 특히 '칸 라이언즈'에서의 반응은 어땠나요? 수상
선정에서 어떤 점이 특히 높게 평가되었는지도 궁금해요.

<u>양도유</u> '스파이크스 아시아(Spikes Asia)'에서도 저희가 그랑
프리를 받았는데, 그때 심사위원이 이번 '부산국제마케팅광
고제'에서 골드(Gold)를 준 분과 같은 분이셨어요. 그분이 저
희에게 상을 준 이유를 두 가지로 정리해줬어요. 첫째, 차량
카메라로 너무 자연스럽게 영화를 찍었고, 그럼에도 브랜드
임팩트가 강하게 드러났다는 점이었어요. 브랜드 로고가 한
번도 나오지 않았지만, 결국 현대차를 떠올릴 수밖에 없었다
는 거죠. 둘째, 단순히 유튜브에 무료로 공개한 것이 아니라,
극장에서 유료 상영을 하며 관객을 모았다는 방식이 매우 신
선하다는 점이었어요. 원래 칸은 심사 기준에서 캠페인의 결
과가 30% 비중을 차지할 만큼 브랜드 성과를 중요시하는데,
이 캠페인이 단순히 재미있게 끝난 게 아니라 '브랜드 인지도
와 이미지까지 긍정적으로 끌어올렸다는 점'이 높게 평가된
거예요.

leaving significance impacts, and the opportunity came with
an invitation from 'Fantasia Film Festival'. I believe that it was
worth the long wait – the selectiveness led us to the award from
Cannes Lions.

**Could you tell us about the reactions and feedback from
the global audience, especially those from 'Cannes Lions'?
Also, please tell us what the winning factors for the award
were.**

Yang Doyu We won a grand prix from 'Spikes Asia', and one of
the judges back then happened to be the judge who awarded us
with Gold Prize at 'MAD STARS in Busan'. The judge gave us two
reasons for the award. First, the movie was filmed seamlessly
with the vehicle-embedded camera and balanced well with
brand messages to leave significant impact. The brand logo
was never revealed, but the audience would eventually have
been reminded of Hyundai Motor Company. Second, the filmed
was premiered in theaters to attract audience who had been
willing to purchase movie tickets, rather than being uploaded
on YouTube for free. The Result category, including tangible
performance and achievements, takes up 30% of review and
judgement process for the Cannes Lions judges. I'd like to sum
up that the campaign had been more than fun and fascinating –
the project enhanced brand awareness and images.

Part. 2　영화 밤낚시, 광고 밤낚시
Night Fishing : The Film and The Advertisement

'밤낚시'는 어떻게 시작된 캠페인이었나요? 기존 광고의 문법
을 과감히 벗어난 만큼, 기획 초기 단계에서 어떤 배경과 의도
가 있었는지 말씀해 주세요.

<u>김보경</u> 아이오닉을 어떻게 하면 더 혁신적이고, EV의 선구자
라는 이미지를 확고히 할 수 있을지 계속 고민했었어요. '단순
히 광고 메시지에 대한 고민으로 충분할까?', '다른 EV 브랜드
와 차별화된 USP 정도의 커뮤니케이션 전략만으로는 부족하
지 않을까'하는 의문이 있었죠. 그래서 아예 포맷을 깨고 제로
베이스에서 시작해 보자고 한 거예요. 이게 광고가 될지, 고객
경험 이벤트가 될지 정해지지 않은 상태에서 자유롭게 아이디
에이션을 해보자는 데서 출발했죠. 보통은 고객사의 브리프를
받아서 기획 방향을 정리하고 제작팀에 전달하는 순서로 가는
데, 이번에는 저희의 고민 자체를 제작팀과 공유하면서 "정말
경계 없이 아이디어를 펼쳐보자."라고 시작했습니다.

**How did the 'Night Fishing' project take off? And could you
please tell us the context and intentions surrounding what
seemingly started out from an out-of-the-box ideas?**

Kim Bokyung From brand perspective, the question lingered
on to find answers to how to highlight groundbreaking and
pioneering aspects of IONIQ. We wondered whether it would
be enough to simply plan advertising messages. Moreover, we
felt that a communication strategy revolving around USPs to
set the brand apart from its rivals would be less than sufficient.
The team boldly decided to jump out of the box and start
out from ground zero – the ideation started out, freestyling.
Nothing had been decided then as to whether the project would
come out into an ad campaign or customer experience events.
Ad campaigns often kick off with briefs from brands before
concluding on ideas and relaying them to production teams. But
we took to the opposite – we shared almost everything with
Creative a and encouraged everybody to unleash their ideas
and imaginations.

어떻게 보면 작업하기 좋은 환경이었겠네요.

<u>김보경</u> 그렇죠. 저희가 오랫동안 현대자동차 브랜드마케팅본부를 대행해 오면서 신뢰가 쌓여 있었기 때문에, 그들의 고민을 저희도 깊이 공감할 수 있었어요. 메시지 하나만으로 아이오닉 라인업을 다르게 보이게 할 수 있을까? 그건 어려운 문제였죠. 막막한 상황에서 제작팀이 여러 아이디어를 주셨는데, 그중 하나가 바로 "아이오닉 카메라로 영화를 찍어보자."였어요. 저는 그 회의 장면이 아직도 생생히 기억나요. 앞에 앉아 다양한 아이디어를 듣고 있었는데, 그 제안이 너무 신선하고 좋았어요. 보통 아이오닉과 관련해서는 친환경이나 CSR 활동 같은 아이디어가 많았는데, 이건 전혀 다른 접근 방식이었거든요. 기존에는 생각하지 못했던 접근이라 '이거 만들어보면 정말 재밌겠다'라는 생각이 들었어요.

영화로서의 '밤낚시' 이야기도 빼놓을 수 없을 것 같아요. 자동차 내장 카메라를 활용한 발상은 어떻게 시작되었는지, 또 스토리 구조 속에 담긴 메시지와 브랜드의 역할은 무엇이었는지 궁금해요.

<u>양도유</u> 사실 '자동차 카메라로 영화를 찍어보자'라는 발상에는 영감의 원천이 있었어요. 아이폰은 카메라 하나로도 영화를 찍는데, 아이오닉은 카메라가 무려 7개나 있더라고요. 사각지대도 없고요. 그걸 보면서 영화 〈서치〉가 떠올랐어요. 〈서치〉를 보면 맥북 카메라로 찍은 장면으로도 이야기를 끌고 가잖아요. 그렇다면 우리는 훨씬 더 풍부하게 영화를 만들 수 있겠다 싶었죠. "아이오닉의 7대 카메라를 활용해 제대로 된 영화를 만들어보자." 이렇게 시작됐어요. 다행히 문병곤 감독님께 콘셉트를 설명해 드렸을 때, 처음에는 조금 당황하셨지만 곧 "시점을 다르게 가져가면 영화 방식 자체가 달라지고, 스토리도 훨씬 특별해질 수 있다."라며 긍정적으로 받아들여 주셨어요. 그래서 기획대로 잘 풀릴 수 있었던 것 같아요.

<u>강민형</u> 수상 이후 칸에서 '밤낚시'의 준비 과정과 캠페인의 성과, 특히 소비자가 경험할 수 있었던 마케팅 파급력을 공유하는 세미나를 진행하였는데요. 세션을 준비하면서 다시 저희가 한 일들을 객관적으로 들여다볼 기회가 있었어요. 어떻게 상품이 직접 등장하지도 않는데 소비자들이 브랜드를 받아들일 수 있었을까 생각해봤는데, 결국 아이오닉 5가 단순히 도구가 아니라 영화의 '하나의 캐릭터'로 등장했기 때문이라는 결론에 도달했어요. 손석구 씨가 열연한 '로미오'와 미확인 캐릭터가 맞서는 공간이자 세트였고, 동시에 아이오닉 5가 제3의 캐릭터처럼 기능했죠. 그래서 저는 이 영화가 사실상 1인극이 아니라 3인극 같다고 생각해요. 배우와 저희에게는 구슬이라 불

In a way, it was a favorable environment to work in.

Kim Bokyung I second that. The team has been working with Hyundai Motor Company's Brand Marketing Headquarters for many years that we could all relate ourselves to their pain points. If you were asked whether a single line of message could give a different angle to the IONIQ's line-up, you would find the question challenging to answer. Facing the barrier, Creative a shared brilliant ideas with us, with one of them nudging us into filming with the camera embedded, in the IONIQ vehicle. I can still remember the moment clearly. Sitting at the front, I listened to plenty of ideas, and the proposals struck me as especially refreshing and compelling. IONIQ had been often associated with environment-friendliness or CSR activities, but the idea brainstormed was taken of entirely different angles with entirely new approaches. I had never imagined this before that I came to conclude with confidence that this should have worked perfectly.

Let go back to the topic. The film, 'Night Fishing' leaves lasting impression with the mysterious hero and synopsis. Could you tell us where the idea came from?

Yang Doyu I can tell you where the team found inspiration from. We observed film producers making films with IPhones and realized that IONIQ had as many as seven cameras embedded, leaving no gray areas at all. This reminded us of a movie, 〈Search〉, with stories told with a MacBook camera. We concluded that we could add rich layers to the stories with "the seven imbedded cameras." When the team share the ideas and concepts with the movie director, Moon Byounggon, he seemed to be a bit puzzled at first, but later said yes, adding "with different perspectives and views, the film format would be entirely different, sprinkling special elements to the story." That's how everything took off.

Kang Minhyung In the seminar we hosted after the award show in Cannes, we looked back upon the preparation process and shared the impact of the 'Night Fishing' campaign from the perspective of marketing that consumers would have experienced. Preparation process made us reflect upon ourselves internally as well. We asked ourselves why, despite the vehicle product remained in veil, consumers recognize and accept brand messages. We concluded it was because the IONIQ appeared not merely as a tool, but as 'a character in its own right'. The IONIQ 5 was a space and set where actor Son Sukku and the unidentified character faced off, while simultaneously the IONIQ 5 functioned like a third character. That's why I believe this film is essentially not a monologue, but a three-persons play. Because the actor, the unidentified character, and the IONIQ 5 drove the story together, I view that the audience could have perceived the advertisement in a film format as 'a genuine film'.

리는 외계인 캐릭터 그리고 아이오닉 5가 함께 스토리를 끌고 갔기 때문에 관객이 봤을 때 '이건 정말 영화다'라고 자연스럽게 받아들일 수 있었던 것 같아요.

직접 현장을 지휘한 문병곤 감독과 손석구 배우의 조합도 강렬했는데요. 두 분과는 어떻게 함께하게 되었는지, 캐스팅 이야기를 들려주세요.

김보경 사실 이 프로젝트는 아이디어만큼이나 중요한 게 캐스팅이었던 거 같아요. 감독과 배우가 누구임에 따라 이 프로젝트의 성립부터 흥행까지, 그리고 예산 규모도 결정될 테니 가장 중요했던 부분이기도 했어요. 그중 단연코 파격적인 제안이 한국 최초 단편 부문 칸 황금종려상을 수상한 문병곤 감독과 손석구 배우의 조합이었어요. 두 분은 이미 무명 시절부터 친분이 있었고 "언젠가 같이 좋은 작품을 해보자."라는 이야기를 나누던 사이였다고 했어요. 그러던 중 손석구 씨가 '이 프로젝트 흥미롭다'라고 하겠다는 의지를 보여주셨어요. 결국 '재미'라는 공감이 모두를 움직이게 한 원동력이었던 거예요.

이 영화는 자동차 내장 카메라의 시선으로 이야기를 풀어가고 있어요. 브랜드가 담기긴 했지만, 상품은 거의 등장하지 않았죠. 광고의 핵심인 제품이 전면에 드러나지 않는 방식에 대해 내부 우려는 없었나요? 클라이언트를 어떻게 설득하고 공감대를 만들었나요?

양도유 현대차로서도 처음 해보는 도전이라 정말 쉽지 않았어요. "로고도 안 나오고, 엠블럼도 안 보이는데 괜찮을까?"

The chemistry between the producer Moon Byounggon and the actor Son Sukku must have been impactful. How did the team come to work with them together?
Kim Bokyung Truth be told, casting was just as crucial to this project as the idea itself. It was a pivotal moment that determined whether the project could see its way through to completion, as well as budget size, hinging entirely on who the director and actors would be. Among them, by far the boldest proposal was the pairing of director Moon Byounggon—the first Korean winner of the Cannes Palme d'Or for Short Film—and actor Son Sukku. The two had known each other since their debuts in the movie scene, and they had been looking forward to working together. Then, the actor was the first to respond, telling us, 'This project sounds interesting', which led to him joining the cast. Ultimately, it was that shared sense of 'fun' that became the driving force moving everyone forward.

The movie unfolds its narrative through the perspective of an in-car camera. While the brand was incorporated, the product itself barely featured. Was there no internal concern about this approach, where the product - the very core of advertising - wasn't prominently displayed? Please tell us how you persuaded the client and built consensus.
Yang Doyu As an advertiser, the project was a first-time challenge and truly not easy. They expressed their concerns saying, "Is this alright without the logo or emblem appearing?" Naturally, opinions arose such as, "Shouldn't we still reveal it's Hyundai?" or "Shouldn't we incorporate the brand identity?" But what we remain grateful for even now is that, ultimately, the advertiser approved the conclusion and direction. The respect shown towards the artist was particularly clear. No requests such as "Could you do it this way?" or "Could you at least add the logo in at the end?" were made regarding Director Moon Byounggon's direction.

Kim Bokyung Needless to say, we had to go through discussions to meet consensus. Both I and the team at INNOCEAN wrestled with the same question: 'would it really be acceptable for the car not to appear at all, and for the brand to remain completely unseen?' At the end of the day, we went through internal discussions and gradually reached agreement. The client, too, was those who considered the brand on a greater level of narratives beyond the realm of product sales that they were willing to agree with us and the idea. Thanks to all of these added together, I believe we were able to push this idea through to the end.

When were you convinced that the project would turn out to be successful?
Kim Bokyung The moment came probably on the day of the theater preview. We had prepared multiple screenings in one day, including a media preview and one for film industry

라는 우려가 있었죠. 당연히 "그래도 현대차임을 드러내야 하지 않느냐.", "브랜드 아이덴티티를 넣어야 하지 않느냐."라는 의견도 나왔어요. 그런데 저희가 지금도 감사하게 생각하는 건, 결국 현대차가 이 방향성을 존중해 주셨다는 점이에요. 특히 아티스트에 대한 존중이 확실했어요. 문병곤 감독의 연출에 대해 단 한 번도 "이렇게 해달라."거나 "로고라도 마지막에 넣어달라."라는 식의 요구가 없었거든요.

김보경 물론 절충의 과정은 있었어요. '차가 나오지도, 브랜드가 전혀 노출되지도 않아도 될까'라는 고민은 저 스스로도, 이노션 내부도 마찬가지였어요. 관성적으로 해오던 방식과 전혀 다르니까요. 그래서 내부적으로도 많은 토론이 있었고, 상호간 토론과 논의를 거듭하면서 점점 더 확신하게 됐어요. 고객사 역시 더 큰 차원에서 브랜드 방향성과 비전에 대해 고민하시는 분들이라 기꺼이 동의해 주셨고요. 그 덕분에 저희도 이 아이디어를 끝까지 밀어붙일 수 있었던 것 같아요.

이 프로젝트에 대한 확신의 순간은 언제였나요?

김보경 확신을 느낀 순간은 극장 시사회 날이었던 것 같아요. 미디어 시사회와 영화업계 관계자분들까지 하루에 여러 시사회를 준비해 뒀어요. 미디어 시사회의 경우, 당시 여러 경쟁 영화들의 시사회도 있었는데 10분짜리 영화에 과연 기자들이 관심 가져줄지 당일까지도 확신이 없었거든요. 게다가 문화부 기자와 산업부 기자가 한자리에 모이는 영화 시사회라는게 업계에서는 굉장히 생경한 일이라고 들었는데 저희는 그분들을 모두 초대했거든요. 미디어 시사회 현장에서 영화를 본 기자들의 리액션과 이후 쏟아지는 질문들을 듣고, 시사회를 모두 마치고 초대했던 영화인들, 업계 관계자들, 우리 스태프들과 함께 저녁 자리를 하면서 직접 살아있는 반응을 생생하게 전해 듣고서야 '우리 뭔가 되는 것 같다'라는 확신을 받은 것 같아요.

사람들이 돈을 내고 광고를 스킵하는 시대인데, '밤낚시'는 영화관에서 개봉해 사람들이 자발적으로 티켓을 구매했어요. 영화관 입장에서도, 관객도, 이노션도 모두에게 새로운 시도였을 것 같은데요. 이를 실현하기까지 어떤 노력이 필요했나요?

강민형 처음에는 쉽지 않았어요. 저희도 처음 배급사와 접촉했을 때는 항상 브랜드에서 해왔던 방식대로 대관이나, 광고 구좌를 구매하라는 반응이 전부였습니다. 김보경 팀장이 주도적으로 멀티플렉스 배급부서를 만나 설득하는 과정을 거쳤죠. 최종적으로 CGV와 개봉을 결정짓고 나서부터는 정말

professionals. For the media preview, there were screenings for several competing films at the time, and even on the day itself, I wasn't sure if journalists would take an interest in a ten-minute film. Moreover, I'd heard that a film preview bringing together culture section journalists and industry section journalists in one place was quite rare in the industry. Yet we had insisted to invite them all. We found ourselves truly convinced, repeating in our inner selves, 'This might work' – this was only after witnessing the journalists' reactions at the media screening, hearing their subsequent barrage of questions, and then gathering with the invited filmmakers, industry insiders, and our own staff for dinner afterwards, hearing their immediate, raw reactions firsthand.

We live in an era where people pay to skip ads, yet 'Night Fishing' was opened in cinemas with audiences willing to pay for movie tickets. This must have been a novel endeavor for everyone involved – the cinemas, the audience, and INNOCEAN. What did the team take to make this happen?

Kang Minhyung It wasn't easy at first. When we initially reached out to film distributors, the only responses we received were in line with what brands had always done—renting venues or buying advertising slots. The team lead took the lead in meeting and persuading distributors. Once we finally secured the release with CGV, we approached it just like any other film release. We held press conferences, GV (audience Q&A sessions), and stage greetings. Initially, the cinemas were conservative, but as we actively proposed ideas, they gradually opened possibilities. What we particularly emphasized was the audience experience. The 'Night Fishing' campaign offered them the chance to experience a thirteen-minute film within the familiar space of a cinema. Rather than saying "Come see this film", we approached with a message reading, "In just the time it takes to enjoy a snack, discover a unique film experience." The key was embedding a new experience within familiar film consumption. Fortunately, the press also found it refreshing and covered it extensively, and audiences responded naturally.

Novel ideas were shared in familiar formats to tear down all the barriers for customer experience.

Kang Minhyung True. This sounds like an obvious textbook story but pulling it off wasn't easy. Even at the time of release, we were half-doubting among ourselves, wondering, "Will this really work?" We were still anxious even after the press conference and the GV. So everyone – the planning team, the Creative α, even the advertiser's representative – kept refreshing the CGV movie theater app, watching the booking situation in real time. But as audiences kept booking more tickets, CGV started expanding the number of screens and adding more showtimes. Initially, we only planned for a two-

일반 영화 개봉처럼 접근했어요. 기자간담회도 하고 GV라는 관객과의 대화도 하고 무대 인사도 했어요. 처음엔 극장에서 보수적이었지만, 저희가 적극적으로 제안하니 점점 가능성을 열어주셨죠. 특히 저희가 강조했던 건 관객 경험이었어요. '밤낚시'는 영화관이라는 익숙한 공간에서 13분짜리 영화로 새로운 고객 경험을 제공한 것이 성공의 요인이라고 생각해요. 항상 새로운 경험에 열려있는 MZ세대에게 "영화를 보러 오세요."가 아니라, "스낵을 즐길 정도로 짧게 색다른 영화를 경험해 보세요"라는 식으로 접근했죠. 익숙한 영화 소비 속에 새로운 체험을 넣어준 게 핵심이었어요. 다행히 언론에서도 신선하게 받아들여 많이 다뤄주었고, 관객도 자연스럽게 호응해 주셨어요.

낯선 것을 제시하되 익숙함 속에서 풀어내어 고객 경험의 장벽을 없앤 거네요.

<u>강민형</u> 맞아요. 교과서적인 이야기 같지만, 실제로 풀어내는 건 쉽지 않았어요. 개봉 당시만 해도 저희끼리 "이게 정말 될까?" 하며 반신반의했거든요. 기자간담회와 GV를 하고 매체의 호응이 있었는데도 불안했어요. 그래서 기획팀, Creative α, 현대차 담당자까지 다들 CGV 앱을 새로고침하며 실시간으로 예매 상황을 지켜봤어요. 그런데 관객들이 예매를 계속 늘리니까 CGV도 상영관을 확대하고 시간을 더 배정하기 시작했죠. 처음엔 2주 반짝 개봉만 생각했는데, 결국 5주까지 이어졌어요. 지인들로부터 "나 '밤낚시' 봤어."라는 연락도 받으면서, '진짜 새로운 경험을 만들어냈구나!' 하는 확신이 생겼어요.

최근 광고가 영화, 전시, 게임 등 다양한 장르와 협업하는 시도가 많아지고 있어요. 앞으로 주목하고 있는 장르나 포맷, 협업 방식이 있다면 이야기해 주세요.

<u>김보경</u> 사실 특정한 포맷이나 협업 방식을 정해 두고 가는 건 아닌 것 같아요. 이제는 영역의 구분이 사라졌다고 보는 게 맞죠. 저희는 단순히 광고 비즈니스를 하는 게 아니라, 콘텐츠 비즈니스, 고객 경험 비즈니스, IP 비즈니스처럼 여러 영역이 서로 얽히고 확장되는 흐름 속에 있어요. 그래서 기존의 '규정된 방식'에서 벗어난 것 같아요. '밤낚시'는 단편 영화를 극장에서 개봉하는 첫 사례로서 문화적 포문을 열었다는 점에서 의미가 있었어요. 하지만 이제 단편 영화가 개봉하는 건 더 이상 새로운 일이 아니잖아요. 그렇다면 또 다른 영역으로 눈을 돌려야겠죠. 중요한 건 '이번에는 영화 말고 뮤직비디오', '이번에는 게임'처럼 타깃을 정해두는 게 아니라, 프로젝트와 브랜드

week limited release, but it ended up running for five weeks. When acquaintances started contacting me saying, "I saw the movie 'Night Fishing'," I felt confident that we'd finally presented an entirely novel idea.

The advertising industry witnesses experiments to collaborate with talents from the film and game industries, and art scenes. Could you tell us about any categories, formats, or collaborations that you and the teams have been eyeing on these days?

Kim Bokyung In truth, I don't think we set out with a specific format or collaborative method in mind. It's fair to say the boundaries between fields have now dissolved. We're not simply engaged in the advertising business; we're part of a flow where multiple domains – content business, customer experience business, IP business – intertwine and expand. So, I suppose we've moved beyond the 'prescribed methods' of the past. 'Night Fishing' was significant as the first instance of a short film receiving a theatrical release, opening a cultural gateway. But now, short films getting theatrical releases are no longer novel, are they? The crucial point isn't setting targets like 'this time, a music video instead of a film, or this time, a game'. It's about keeping an open approach, tailored to the project, the brand's situation, and the problem to be solved. Ultimately, we must consider how to address each brand's objectives and challenges. We've moved beyond the era of simply saying,

의 상황 그리고 해결해야 할 문제에 맞게 열어두고 접근하는 태도예요. 결국은 각 브랜드가 가진 지향점과 과제를 어떻게 풀어낼지를 고민해야 해요. 이제는 단순히 "15초 광고 만들어 주세요.", "TV 광고 집행해 주세요." 수준을 넘어서, 훨씬 더 열린 고민을 던지는 시대가 된 거죠. 그래서 저희가 그랑프리를 받은 의미도 단순히 상의 무게감에 있는 게 아니라, 광고가 더 이상 TV 광고 몇 편으로 규정되지 않는다는 걸 보여줬다는 데 있다고 생각해요. 물론 이런 변화 속에서 어려움도 많아요. 이전 세대는 국장님에게 전화해 한두 통화로 광고 집행이 가능했다면, 저희는 모든 걸 새로 배우고 새로 경험해야 하거든요. 결국 중요한 건 그런 변화를 받아들이고 새로운 방식을 찾아가려는 의지와 힘이라고 생각해요.

"Please make a fifteen-second advert" or "Please run a TV ad" - it's now a time for far more open-minded deliberation. That's why I believe the significance of our Grand Prix win lies not merely in the prestige of the award, but in demonstrating that advertising is no longer defined by a few TV ads. The shift obviously brings considerable challenges. Whereas the previous generation could secure ad placements with a phone call or two to the station manager, we must learn and experience everything anew. Ultimately, what matters most is the will and strength to embrace such change and forge new approaches.

Part. 3 한계와 경계를 허물다
Crumbling Barriers

광고는 늘 '창의적이다', '독창적이다'라는 수식어가 붙어요. 어쩌면 태생부터 틀을 깨야 하는 운명을 타고났다는 생각이 들죠. 그런 틀을 깨는 힘은 어디에서 나온다고 생각하나요? 이노션만의 특별한 작업 방식이나 문화가 있다면 들려주세요.

양도유 우리 팀은 늘 "남들이 안 한 걸 해보자."라는 기조가 있었어요. 영화도 그렇지만, 그전에 배를 만든 적도 있었거든요. 한화그룹이 태양광 패널 사업을 하고 있으니, 그럼 태양광으로 쓰레기를 치우는 배를 만들어 보자는 아이디어였죠. 현대자동차 수소자동차의 부산물인 물을 활용해, 청소 트럭에 개수대를 만들어 미화원분들이 작업 중 손을 씻을 수 있게 한 사례도 있었어요. 누군가 먼저 해보지 않았던 걸 선제적으로 제안하자는 게 큰 방향이었죠. 이런 아이디어가 나오면 리더가 직접 "내가 책임지겠다."라며 고객사를 설득해 주셨어요. "배를 만든다고요?"라는 고객사의 우려에도, "우리가 직접 띄워보겠다."라는 식으로 책임을 지신 거죠. 이런 도전적인 아이디어가 실행될 수 있었던 건, 책임자들이 총대를 메고 '우리만 할 수 있는 게 맞는지', '정말 새로운 게 맞는지'를 끝까지 점검하면서도 과감히 수용해 주신 덕분이라고 생각해요.

김보경 저희도 마찬가지예요. 클라이언트와 내부 의사결정자

Advertising is always described as 'creative' or 'original'. One might even think it's destined from birth to break the mold. Where do you think this power to break the mold comes from? If INNOCEAN has any unique working methods or culture, please share them.

Yang Doyu Our team always operated under the principle of "let's try something no one else has done". It wasn't just about films. Before that, we even built a boat. Since Hanwha Group was in the solar panel business, we came up with the idea of creating a boat powered by solar energy to clean up waste. Another case was with Hyundai Motor's hydrogen truck—using the by-product water, we installed wash basins on cleaning trucks so sanitation workers could wash their hands while working. The overarching direction was to proactively propose things no one had attempted before. When such ideas emerged, the leader would personally step in, declaring, "I'll take responsibility for this," and communicate with the advertiser. For instance, even when faced with concerns like, "You're building a boat?" we would tell with confidence, "We'll launch the boat ourselves." Consequently, the advertiser was reassured when they first saw the boat afloat at the launch ceremony. I believe such challenging ideas could be executed because the responsible parties took the lead, rigorously scrutinizing whether it

들이 늘 요구하는 건 "똑같은 건 하지 말자, 새로운 걸 하자." 예요. 저는 현대자동차와 10년째 일을 하고 있는데, 단 한 번 도 "다른 브랜드가 저런 모습으로 했으니 우리도 해보자."라 는 말은 없었어요. 오히려 남들이 안 한 걸 해달라는 주문이 계속 있었죠. 예를 들어 수소 리더십 캠페인을 준비 할 때 나 왔던 아이디어가, 남극이나 북극에서 첫 콘텐츠 상영회를 해 보자는 아이디어가 나왔어요. 조금 힘들까 싶은 아이디어를 내면 바로 "재밌겠다. 실제로 가능한지 알아보자."라는 반응 이 돌아와요. 통신 시설이 있는지, 허가가 필요한지, 현지에서 접종해야 하는 백신은 없는지까지 실제 검토가 들어가죠. 사 실 이런 아이디어를 내면 저희도 '이거 정말 하게 되는 건가?' 하는 부담이 생겨요. 하지만 그런 부담을 안고서라도 시도할 수 있도록 열어주는 문화가 존재하기 때문에 틀을 깨는 새로 운 시도가 가능했던 것 같아요.

창의성을 발휘할 수 있는 업무 환경이 정말 부러워요. 조직 문화 외에도 개인적으로 아이디어의 인풋을 어디서 얻는지도 궁금해요.

강민형 저는 안 해본 걸 억지로 해보려고 해요. 이노션에 입사 하기 전에는 전시회를 1년에 한두 번 갈까 말까 했는데, 지금 은 일부러 더 찾아가요. 잘 몰라도 일단 가서 보고 오려고 하 고 이런 경험이 쌓여서 아이디어 고민할 때 도움이 되는 거 같 아요. 제게 부족했던 부분을 채우는 과정이에요.

양도유 저는 광고제를 정말 빠짐없이 봐요. 골드, 실버, 브론 즈 따지지 않고 다 챙겨보죠. 그중에서 질투가 날 만큼 좋은

was truly something only we could do and whether it was genuinely novel, while still boldly embracing it.

Kim Bokyung The same goes with my team here. What clients and internal decision-makers constantly demand is, "Let's not do the same thing - let's try something new." I've been working with Hyundai Motor Company for ten years now, and not once have I heard, "Let's try what the others have seen as outcomes." Instead, the constant request has been to do things others haven't done. For instance, when we ran the Hydrogen Leadership campaign, the idea emerged to hold the first screening in Antarctica or the Arctic. It seemed utterly preposterous, but when we pitched such ideas, the immediate response was, "That sounds brilliant. Let's see if it's actually feasible." They genuinely investigate – checking for communication infrastructure, necessary permits, even required local vaccinations. Honestly, when we propose such ideas, we feel the pressure: 'Are we really going to do this?' But it's precisely this culture that allows us to take on that burden and try. That's what makes groundbreaking new attempts possible.

The working environment to encourage creative outlets should definitely be a subject of envy. Other than the organizational culture, please tell us where you personally draw inspiration for your ideas.

Kang Minhyung I try things I've never done before, even if the trial might force myself into new experiments. Before joining INNOCEAN, I might have visited an exhibition once or twice a year at best, but now I make a conscious effort to seek them out more often. Whether it's a renowned exhibition or one I know little about, simply going to see and experience it seems to spark new ideas. It's a process of filling in the gaps in my knowledge.

Yang Doyu I never miss an advertising festival. I watch them all, regardless of whether they win gold, silver or bronze. Among them are ideas so brilliant they make me jealous. The ones that make me think, 'I should have done that' – those are the real inspiration. For example, at this year's Cannes, one award-winning piece adjusted the size and shape of subtitles to match the emotions for the hearing impaired. Angry dialogue was rendered with sharp edges, while sad lines flowed downwards. It turned out the art director who conceived this had family members with hearing impairments. Knowing that background makes you admire it even more, while simultaneously feeling envy and stimulation. The question "How did they think of this?" is the biggest input.

Kim Bokyung I'm not the type to scour academic materials; instead, I ask others a great deal. If I don't know something, I admit it, and I ask questions even if it makes me look foolish. I seek out the right people for advice. And I should find at least a few insights and lessons from those conversations. When

아이디어들이 있어요. '내가 해야 했는데'라는 생각이 드는 것들, 그런 게 진짜 영감이 돼요. 예를 들어 이번 칸에서 상 받은 작품 중에 청각장애인을 위해 자막의 크기와 모양을 감정에 맞게 바꾼 사례가 있었어요. 화난 대사는 뾰족하게, 슬픈 대사는 흘러내리게 표현하는 식이었죠. 알고 보니 그 아이디어를 낸 아트디렉터가 청각장애 가족을 둔 분이더라고요. 그런 배경을 알면 더 감탄하게 되고, 동시에 질투와 자극을 받아요. "어떻게 이런 생각을 했을까?"라는 질문이 제일 큰 인풋이에요.

<u>김보경</u> 저는 학구적으로 자료를 찾아보는 타입은 아니고, 대신 다른 사람한테 정말 많이 물어봐요. 모르면 모른다고 하고, 바보 같아 보여도 질문을 던져요. 적합한 사람을 찾아가 자문하고, 그 대화 속에서 캐치 되는 것들이 분명히 있거든요. '밤낚시' 때도 어디에 상영해야 할지 막막했을 때, 영화 〈범죄도시〉를 제작한 장원석 대표님을 찾아가 직접 조언을 들었어요. 그때 얻은 확신과 팁이 프로젝트 확장에 큰 도움이 됐고요. 저한테 인풋은 결국 네트워킹 그리고 사람과의 대화예요.

끝으로, 이번 캠페인 경험을 바탕으로 앞으로 새롭게 도전해 보고 싶은 분야나 방향이 있다면 무엇일까요?

<u>강민형</u> 제게는 지금도 숙제예요. '밤낚시' 이후 제일 많이 들은 질문이 "다음은 뭐 할 거야?"였거든요. 지금은 다양한 포맷의 프로젝트를 준비하고 있어요. 광고 문법을 벗어난 시도들이고, 영상 매체가 아닌 것도 있어요. 내년 상반기쯤 공개될 것 같은데, 통합적으로 고객 경험을 전달하는 프로젝트를 준비 중이에요. 도전이라면 그 프로젝트가 잘 마무리되는 게 제 목표예요.

<u>양도유</u> 저는 칸 라이언즈의 티타늄 카테고리에 도전해 보고 싶어요. 티타늄은 금은동 같은 등급이 없고, 세상을 바꾸는 아이디어에게 주는 상이에요. 저는 아직 출품해 본 적은 없는데, 언젠가 그 무대에 올릴 만한 아이디어를 꼭 내보고 싶어요. 광고를 넘어 정말 세상을 바꾸는 아이디어, 그게 제 도전이에요.

<u>김보경</u> 저는 이 상을 하나 탄 것만으로도 충분히 감사해요. '앞으로 뭘 더 타겠다'라는 마음은 없어요. 대신 제가 얻은 경험을 숨김없이 공유하고 싶어요. 사실 이런 경험을 해본 사람이 한국에 많지 않잖아요. 주변 분들이 "한국에서도 이런 프로젝트와 상이 나와서 너무 좋다. 국위선양 해줘서 고맙다."라고 해주셨는데, 과장되지만, 그게 정말 큰 의미였어요. 제 경험이 조금이라도 다른 분들에게 영감이나 자양분이 될 수 있다면 제가 가진 걸 솔직하게 나눠드리고 싶습니다.

I was at a loss about where to screen 'Night Fishing', I reached out to Jang Wonseok - the director who produced the film, 〈The Roundup〉 - for advice. The confidence and tips I gained then were hugely helped me expanding the project. For me, input ultimately comes from networking and conversations with people.

Lastly, please tell us any new experiments you look to try, taking lessons from your recent achievement?

Kang Minhyung This remained to be a task to me after the 'Night Fishing' campaign; the question I heard most often was, "What's next?" I'm currently preparing projects in various formats. They're attempts that break away from advertising conventions, and some aren't even video based. They're likely to be unveiled around the first half of next year. I'm preparing for a major event that truly delivers an integrated customer experience. If I had to call it a challenge, my goal is to see that project through successfully.

Yang Doyu I aspire to challenge myself in the Titanium category at the Cannes Lions International Festival of Creativity. Unlike the Gold, Silver, and Bronze awards, Titanium has no tiers - it is a singular prize bestowed upon a game changing idea. Though I have yet to submit an entry, I am determined to one day present an idea worthy of that stage. My challenge lies in creating ideas that transcend advertising and truly transform the world.

Kim Bokyung I am already grateful to have won this award. I haven't thought about what else I must win, going forward. Instead, I wish to share the experience I gained, with no strings attached at all. In fact, there aren't many people in Korea who have had this kind of experience. When those around me commented, "It's so wonderful that something like this has come out of Korea. I'm delighted, as if I'd won it myself," I felt that the comment gave an entire world to me. I'd be glad to share what I have if my experience could provide even a little inspiration or support for others.

밤을 밝힌 목소리
Voices Lighting up in the Dark

칸의 무대에서 울려 퍼질 수상소감은 어떤 빛을 띨까? 〈밤낚시〉 캠페인을 함께 만든 이노션 크리에이터들이 각자의 언어로 그때의 기억과 감정을 기록했다.

What light will the acceptance speeches resonating across the Cannes Lions stage cast? The creative talents of INNOCEAN who collaborated on the 〈Night Fishing〉 campaign shared their memories and emotions.

글로벌현대2팀 | Global Hyundai Team 2

강민형 팀장
Kang Minhyung, Team Leader

현대자동차와 함께한 '밤낚시'가 칸 라이언즈 엔터테인먼트 부문 그랑프리를 수상하게 되어 큰 영광입니다. 브랜드의 혁신적 도전이 세계적으로 인정받은 순간이며, 함께해주신 모든 파트너와 팀에 깊은 감사를 드립니다.

It is a tremendous honor that the 'Night Fishing' project with Hyundai Motor Company has been awarded the Grand Prix in the Entertainment category at Cannes Lions. This marks a moment where the brand's innovative endeavor has gained global recognition, and we extend our deepest gratitude to all partners and the team who contributed.

최유나 캠페인플래너
Choi Yuna, Campaign Planner

익숙하면서도 새로움이 가득했던 도전의 여정 속에서, 모두가 한마음 한뜻으로 같은 목표를 향해 달려왔기에 대중의 마음에 닿을 수 있었던 것 같습니다.
함께한 모든 분들께 진심으로 감사드립니다.

Throughout this challenging journey, filled with both familiarity and novelty, we were able to touch the hearts of the audience because everyone ran towards the same goal with one heart and one mind. We sincerely thank everyone who has been with us.

김세진 캠페인플래너
Kim Sejin, Campaign Planner

'밤낚시'는 결과만이 아니라, 과정 자체가 소중한 프로젝트였습니다. 새로운 시도 속에 많은 낯설음들이 있었지만, 하나의 목표를 향해 달려왔기에 오늘 이 자리에 설 수 있었던 것 같습니다. 긴 시간 동안 그 과정에 함께한 모두에게 진심으로 감사드리고, 축하한다고 말씀드립니다.

'Night Fishing' was not merely about the outcome - the journey itself was a precious endeavor to all of us. Even though this new venture brought many unfamiliar challenges, it is because we pursued a single goal together that we stand here today. To all who shared this long journey with us, I offer my heartfelt thanks.

Creative α

양도유 카피라이터
Yang Doyu, Copywriter

그랑프리라는 놀라운 성과가 단순히 운이 좋았다고 말하기엔 너무나 많은 분들의 열정과 노고가 담긴 캠페인이었습니다. 밤낚시의 시작부터 끝까지 함께해주신 모든 분들께 감사함을 전하고 싶습니다.

The Grand Prix was far too significant to attribute solely to luck – the project was imbued with the passion and hard work of so many individuals. I wish to express my gratitude to everyone who stood by us from the very beginning to the very end of the campaign. To all who shared this long journey with us, I offer my heartfelt thanks and congratulations.

오은하 아트디렉터
Oh Eunha, Art Director

새로운 브랜드 콘텐츠를 향한 모두의 뜻이 모여, 세계적으로 인정받는 큰 성과를 이뤘습니다. 이토록 멋진 캠페인에 함께 하게 되어 영광이었습니다. 함께 해주신 모든 분들께 축하와 감사의 인사를 전합니다.

The collective commitment towards new brand content has culminated in a globally recognized achievement of significant magnitude. It has been an honor to be part of such an outstanding campaign. Congratulations and heartfelt thanks to every member of the team.

이승하 카피라이터
Rhee Seungha, Copywriter

때를 기다리는 낚시꾼의 마음으로 오랜 시간 준비했던 만큼, 기억에도 오래 남을 프로젝트가 될 것 같습니다. '밤낚시'에 참여할 수 있어 기뻤습니다. 함께한 모든 분들께 다시 한번 감사와 축하의 인사를 전합니다.

With the patience of an angler awaiting the right moment, having prepared for so long, this promises to be a project that will linger on. I was delighted to be part of 'Night Fishing'. Once again, I extend my thanks and congratulations to everyone.

글로벌비즈니스지원팀 | Global Business Support Team

김보경 팀장
Kim Bokyung, Team Leader

'재미있겠다'라는 마음이 모여 이룬 필연의 결과라 생각합니다. 2년 반 동안 웃고 몰입했던 순간들이 오늘의 결실로 이어질 수 있도록 함께해 주신 모든 스태프들과 동료들께 감사드립니다.

We came with a simple thought that 'this would be fun' and thus deserve this outcome. I would like to thank all the staff members who made the immersive moments filled with tears and joy bear fruitful outcomes.

고단한 하루의 끝에

KCC건설 스위첸 〈집에 가자〉 캠페인

치열한 하루의 끝. 당신에게 가장 큰 위로와 안식을 주는 곳은 어디인가?
KCC건설 스위첸 〈집에 가자〉 캠페인은 단순히 주거 공간을 넘어, 모든
이의 마음속에 자리한 '집'이라는 본질적 의미를 다시금 비춰낸다.
빠르게 변하는 시대 속에서, 이 메시지가 지금 우리의 마음을 이토록
세게 두드리는 이유는 무엇일까. 그리고 어떤 장치가 숨어 있을까.
이노션이 전하는 그 울림 있는 이야기를 지금 들여다보자.

보편적 감성으로 던지는
위로의 화두

KCC건설 스위첸 광고는 언제나 새로운 화법과 영상 언어로 대중의 공감을 자극해 왔다. 이번 캠페인에서 이노션은 '우리 모두에게는 저마다 그리운 집이 있다'라는 메시지를 중심 화두로 삼아, 집을 단순한 공간이 아닌 삶의 본질적 가치로 격상시켰다. 치열한 하루를 살아내는 현대인들에게 "집에 가자."라는 한마디는 물리적 이동을 넘어, 온전히 나 자신으로 돌아가는 복귀를 의미한다. 그것은 사랑하는 가족과 반려동물이 기다리는 따뜻한 품일 수도, 정겨운 집밥의 기억일 수도 있다.

자극적인 콘텐츠가 넘쳐나는 시대 속에서, 이번 스위첸 광고는 잠시 복잡한 생각을 내려놓게 하며 지친 이들에게 위로와 공감의 인사를 건넨다. 이는 KCC건설 스위첸이 지향하는 '삶의 본질적 가치 철학'과 이노션의 기획력이 만나 빚어낸 성과다.

일상 속 '나'를 투영하게
만드는 서사

캠페인 영상은 퇴근길 직장인, 여행 후 귀가하는 사람, 나라를 지키는 군인, 독서실과 학원에서 지친 학생 등 각자의 자리에서 고군분투하며 하루를 살아낸 다양한 인물들의 '귀가 여정'을 세밀하게 담아낸다. 시청자는 마치 퇴근 알고리즘 피드를 넘겨보듯 영상 속 인물들과 동행하며, 자연스럽게 자기 모습을 투영하고 '나도 집에 가고 싶다'라는 깊은 공감대를 느끼게 된다. 이는 대중의 보편적인 정서를 간파하고 가장 효과적인 스토리텔링으로 풀어내는 이노션의 저력을 보여주는 대목이다. 일상의 피로 속에서 작은 위로를 갈망하는 현대인들에게 KCC건설 스위첸의 '집에 가자' 캠페인은 일상 속 잔잔하지만 강력한 감동과 휴식의 순간을 선물하고, '집'이라는 진정한 의미와 가치를 다시금 일깨운다. 이 광고는 일방적 메시지 전달을 넘어, 시청자의 개인적 경험과 정서에 깊이 개입하여 행동과 인식의 변화를 유도하는 전략이 얼마나 효과적인지 선명하게 증명하는 사례다.

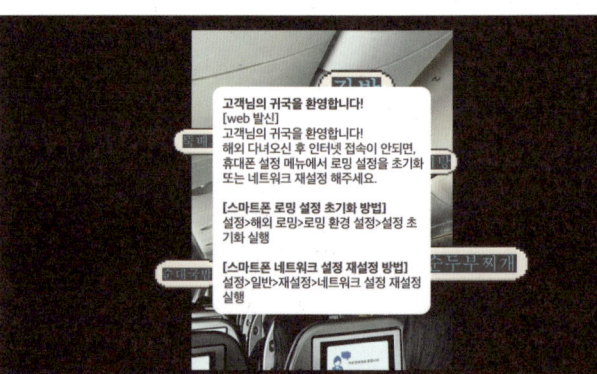

예술과 진정성의 결합

제작 방식 역시 주목할 만하다. 이노션은 현재 SNS에서 가장 활발히 활동 중인 젊은 사진작가들과 과감히 협업하여 '집으로 향하는 순간'을 다채로운 시각으로 담아냈다. 또한, 인위적인 연출 대신 실제 일반인들이 촬영한 듯한 영상을 적절히 배치함으로써 캠페인의 진정성을 끌어올렸다. 이러한 접근은 광고 메시지를 더욱 사실적으로 전달하고 시청자와의 심리적 거리를 효과적으로 단축하는 핵심 기법으로 작용한다.

가수 김창완 특유의 나긋하고 따뜻한 목소리로 들려오는 '집에 가는 길'이 배경음악으로 더해져, 영상 전반에 깊이와 감성을 전한다. 이노션의 이러한 접근은 광고가 단순한 마케팅을 넘어, 삶의 소중한 가치를 나누는 예술적 경험이 될 수 있음을 보여준다.

집, 이상의 가치

본 캠페인은 아파트 광고 이상의 의미를 품고 있다. KCC건설 스위첸은 직접적인 설명 대신 우리의 기억과 일상을 건드리며 대중의 마음을 얻는다. 그래서 광고를 본 이들은 "내 이야기 같다.", "갑자기 울컥한다."라는 반응을 남기고, 높은 호감도와 긍정적 평을 남긴다. 이는 브랜드가 화려한 건축 미학이나 기술 과시가 아닌, '사람'과 '관계'를 중심에 둠으로써 얻는 힘을 잘 보여준다. 이번 캠페인은 아파트 광고의 경계를 허물고 정서적 공감을 불러일으키며, 브랜드의 독자적 지평을 넓혔다. KCC건설 스위첸 광고는 우리가 잊고 있던 가장 단순하면서도 본질적인 가치를 환기한다. 결국 '집'은 모두가 돌아가는 곳이자, 다시 살아갈 힘을 얻는 출발점임을 따뜻한 언어로 상기시킨다. 오늘 하루도 잘 버티고 집으로 가는 길에, 문득 이 광고를 본 사람들이 큰 위로와 감동을 얻는 이유다.

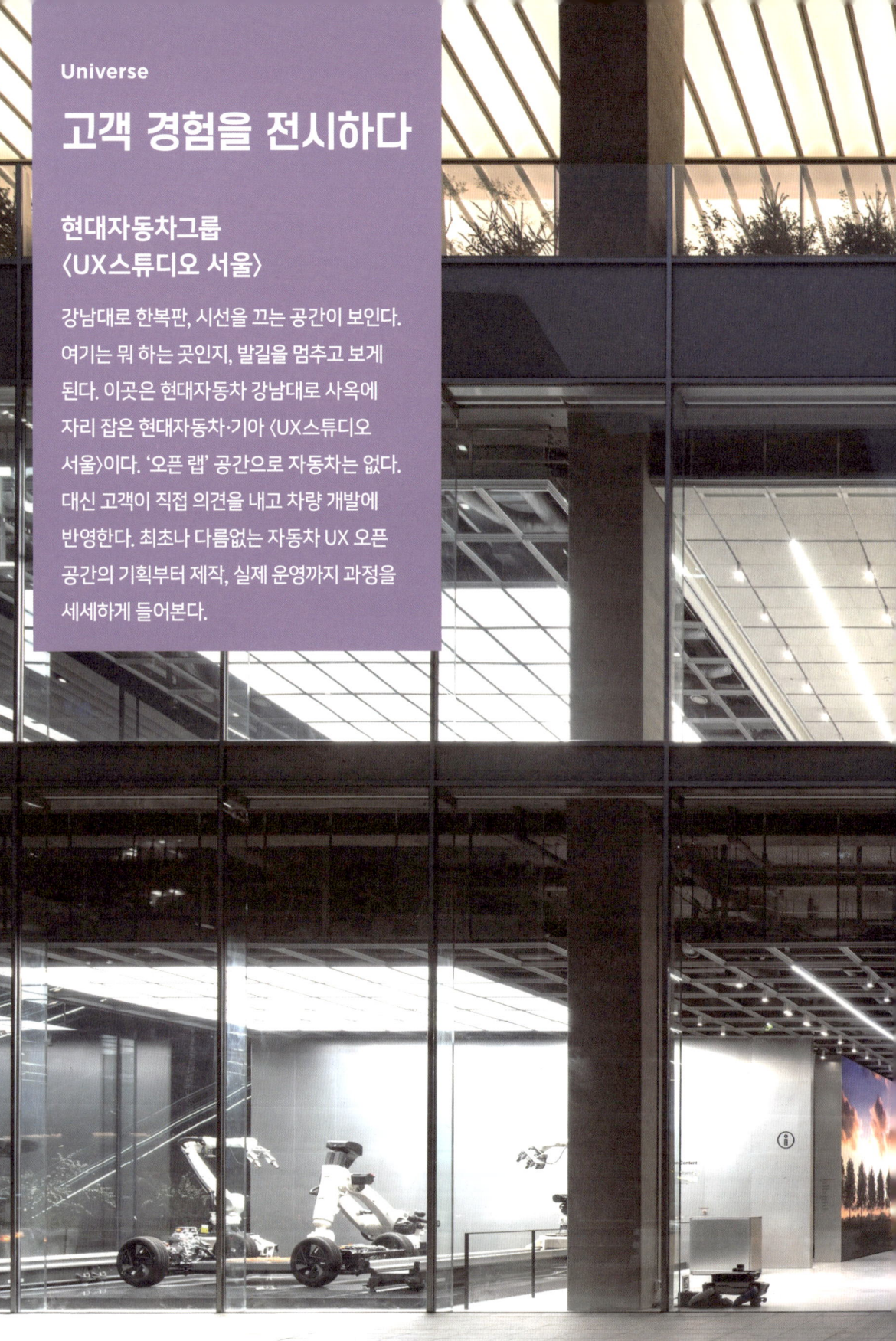

고객 경험을 전시하다

현대자동차그룹
⟨UX스튜디오 서울⟩

강남대로 한복판, 시선을 끄는 공간이 보인다.
여기는 뭐 하는 곳인지, 발길을 멈추고 보게
된다. 이곳은 현대자동차 강남대로 사옥에
자리 잡은 현대자동차·기아 ⟨UX스튜디오
서울⟩이다. '오픈 랩' 공간으로 자동차는 없다.
대신 고객이 직접 의견을 내고 차량 개발에
반영한다. 최초나 다름없는 자동차 UX 오픈
공간의 기획부터 제작, 실제 운영까지 과정을
세세하게 들어본다.

고객 참여가
곧 연구가 되는 전시

차량 전시장은 대개 연구의 최종 결과물인 자동차를 선보이는 공간이다. 'UX스튜디오 서울'은 그 반대다. 완성된 차 대신 내부 구조를 드러낸 모형이나 목재로 만든 프로토타입이 놓여 있다. 자동차 한 대가 완성되기까지 수많은 연구와 실험 과정을 거치게 된다. 'UX스튜디오 서울'은 기존 자동차 전시장의 콘셉트를 벗어나, '사용자 경험(User Experience, UX)' 관점에서 연구의 날것을 보여주는 실험적 공간이다. 고객 역시 완성된 결과물을 감상하는 대신, 연구 과정에 직접 참여하게 된다.

이전에는 자동차의 하드웨어 중심으로 연구가 이루어졌지만, 이제는 '소프트웨어를 중심으로 진화하는 자동차(Software Defined Vehicle)'로 전환되면서 차 안에서의 고객 경험이 핵심이 되었다. 이런 흐름에 따라 'UX스튜디오 서울'은 고객이 UX 연구에 직접 참여하고 체험하며 더 나은 사용자 경험을 검증할 수 있는 '고객 참여형 연구 플랫폼'을 선보였다. 이노션은 공간 기획과 제작, 운영 전반에서 'UX스튜디오 서울'의 가치를 담아내는 작업을 진행했다.

'UX스튜디오 서울'은 1층과 2층으로 구성된다. 1층은 '오픈 랩(Open Lab)'으로, 단어 그대로 '열린 연구실'이다. 누구나 자유롭게 방문하여 연구 과정을 체험하고 직접 의견을 더할 수 있는 개방형 공간이다. UX 테스트 존에서는 실제 진행 중인 미래 모빌리티 연구 과정을, SDV 존에서는 소프트웨어 관련 연구를, UX 아카이브 존에서는 UX에 대한 기획 전시를 볼 수 있다. 반면, 2층은 '어드밴스드 리서치 랩(Advanced Research Lab)'으로, 연구원과 사전 모집 체험자가 몰입형 UX 연구를 수행하는 전문 공간이다. 즉, 1층은 고객의 이해와 참여를 넓히는 열린 경험의 장으로, 2층은 심층적인 검증이 이루어지는 전문 연구 공간으로 구분하였다. 입구부터 미래 연구소에 들어가는 듯한 느낌을 주며, 동선을 따라가다 보면 자연스럽게 연구자의 역할에 스며들게 된다.

이 여정은 단순한 관람이 아니라, '체험 → 이해와 공감 → 참여와 흥미 → 몰입 연구'로 이어지도록 설계하였다. 이름 그대로 UX스튜디오는 단순한 전시장이 아닌 '고객이 더 깊이 참여하고 몰입할 수 있도록 만든 플랫폼'인 것이다. 곳곳에 마련된 피드백 부스는 방문객이 의견을 남기게 하여 고객이 언제든 연구에 참여할 수 있도록 했다. 이렇게 남긴 고객의 목소리는 곧 연구 과정의 일부가 된다.

고객의 목소리로 만드는
미래 모빌리티

'UX스튜디오 서울'의 주요 타깃은 '테크긱(Tech Geek)'이다. 이곳은 일반적인 전시장이 아니라 고객이 자유롭게 피드백을 나누는 공간이다. 내부 콘텐츠 대부분이 터치를 비롯한 참여가 있어야만 작동한다. 이를 가장 흥미롭게, 적극적으로 즐길 고객을 상상하며 이노션은 '테크긱'을 주요 타깃으로 설정했다. 동시에 UX 관점의 공간인 만큼, 관련 기획자나 디자이너 역시 자연스럽게 대상에 포함했다.

고객 의견을 더 생생하게 듣기 위해 투어 프로그램도 기획했다. 일방적으로 콘텐츠를 설명하는 방식은 아니다. FGD(Focus Group Discussion) 방법을 차용하여, 스몰 토크 형식으로 자연스럽게 질문을 던지고 대화를 이어간다. 고객의 다양한 의견 수집이 공간의 목적이기에, 고객의 소리를 계속해서 이끌어내는 것이 무엇보다 중요하다. 이 과정에서 방문객은 단순 체험이 아니라 '자동차 UX에 대해 의견을 나누는 장'으로 UX스튜디오 서울을 인식하게 된다.

단순 호기심에 방문한 일반 관람객부터 테크긱까지, UX스튜디오 서울에서 수집된 고객 의견은 현재까지 약 1,800건에 달한다. 이는 공간이 '리서치 플랫폼'으로 실제 작동하고 있음을 보여준다. 중요한 것은 수집한 데이터를 다시 연구에 활용하는 것이다. 그러나 현재는 내부 직원의 기억과 수기에 의존하고 있어 한계에 있다.

이노션은 AI를 활용해 고객 데이터를 보다 정확하고 빠르게 정리·분석할 방법을 모색하고 있다. 수집한 데이터를 단순히 축적하는 데 그치지 않고, 정량적으로 분석하는 운영 체계를 마련하는 걸 다음 과제로 삼고 있는 것이다. AI 기반 음성 녹음 및 전사 시스템을 도입해 고객의 생생한 목소리를 빠짐없이 기록할 수 있도록 준비 중이다. 이를 통해 데이터 정리 과정의 리소스를 줄이고, 고객 의견을 더 정확하게 관리하여 미래 모빌리티 UX 개발에 실질적으로 반영할 수 있을 것으로 기대한다.

CX크리에이션팀

'UX스튜디오 서울'의 비전과 고객 경험을 총괄 기획하고,
오픈 공간에서의 체험 콘텐츠를 구현

문장현 시니어매니저

이선주 시니어매니저

황인찬 시니어매니저

**공간의 콘셉트와 비전을 실제로 구현할 때, 특히 중점을 둔
요소와 이를 가장 잘 드러내는 포인트는 무엇인가요?**

꾸밈없는 날것 그대로를 보여주는 것이었어요. 강남대로라
는 위치만으로 충분히 임팩트가 있지만, 현대자동차의 UX
연구 과정을 그대로 보여주며 고객들이 편안하게 경험하고
다양한 의견을 내는 소통의 장을 만드는 것이 목표였어요.
공간과 콘텐츠를 세세하게 기획했고, 실제 공간에서도 거의
일치하도록 구현했죠. 이노션 담당자들의 역할이 컸어요.

**'UX스튜디오 서울'은 고객이 차량 개발에 참여하는 세계 최
초의 오픈 랩으로 알고 있어요. 단순히 구경이 아닌 '참여'를
유도하기 위해 가장 신경 쓴 부분은 무엇인가요?**

비슷한 사례를 찾기 어려워 쉽지 않았어요. 오픈 랩이라는
주제와 방식으로 공간을 기획하는 것이 새로우면서도 두려
웠죠. 'UX스튜디오 서울'의 연구는 연구원만이 하는 것이
아니라, 고객 이야기를 듣고 다양한 UX 연구를 함께하는 것
이 중요했어요. 오픈 랩은 누구나 방문할 수 있기 때문에 더
다양한 의견을 듣는 공간으로 만들고자 했죠. 이를 위해 '자
신의 의견과 체험이 실제 연구와 개발에 반영된다'라는 점
을 체감할 수 있도록 설계하는 데 중점을 두었고요. 공간 전
반을 '참여형 UX 리서치 플랫폼'으로 구성하고, 연구 과정에
따라 고객 경험은 어떻게 만들어지고, 고객 목소리는 어떻게
반영되는지를 방문객이 자연스럽게 이해할 수 있도록 설계
했어요. 또 고객 행동 데이터와 의견이 차량 UX 개발의 중요
한 자료로 연결되도록 했고요. 방문객이 '내가 남긴 의견이
실제 차량 개발에 쓰인다'라는 참여의 가치와 몰입감을 느낄
수 있도록 한 거죠.

**여러 공간과 콘텐츠를 함께 기획하는 과정에서 가장 어려웠
던 점이나, 팀 내부에서 고민이 많았던 부분은 무엇이었나요?**

'UX스튜디오 서울'은 단순한 홍보관이나 전시관이 아니라

실제 UX 연구의 진정성을 담아내야 하는 공간이기에 고민이
많았어요. 전문적인 연구 과정을 일반인도 쉽게 이해하면서
'내가 직접 연구에 참여한다'라는 경험을 만드는 동시에, 연
구원이 필요한 데이터를 수집해야 했거든요. 단순히 일방향
전시가 아닌 지속적 연결을 만들어 내는 것은 쉽지 않은 일
이었죠. 이를 위해, 연구 공간의 전문성과 방문객 친화적 체
험 요소를 균형 있게 담아내는 데 집중했어요. 연구 과정을
단계별 스토리로 시각화하고, 각 단계를 체험형 콘텐츠와 장
치로 구현했고요.

CX스페이스그룹은 주로 상설 공간을 구축해 왔지만, 이번
'UX스튜디오 서울'은 디지털 콘텐츠 중심으로 시작되었어
요. 이번 기회로 CX스페이스그룹이 멋진 공간뿐만 아니라,
높은 퀄리티의 콘텐츠 기획까지 가능하다는 것을 증명한 프
로젝트라 생각해요.

**향후 'UX스튜디오 서울'에서 고객 경험 측면에서 새롭게 시
도해 보고 싶은 것이 있다면 무엇인가요?**

'UX스튜디오 서울'은 이제 시작이에요. 앞으로 지속적으로
업데이트되는 살아 숨 쉬는 공간으로 발전시키려 해요. 최
근 모빌리티는 단순 이동 수단을 넘어, 이동 중 경험이 점점
더 중요해지고 있어요. 개인별 체험 데이터를 정밀하게 분석
하는 시스템을 구축해, 고객 피드백이 더욱 세밀하게 연구에
반영되도록 하고 싶어요. 이렇게 되면 고객은 단순한 참여자
가 아니라 공동 연구자(Co-Creator)로서 가치를 체감할 수 있
고, 연구 측면에서도 더 깊은 인사이트를 얻을 수 있을 거라
기대해요. 또한 현대자동차는 다양한 브랜드와 협업을 진행
하고 있는데요. UX스튜디오 서울 역시 UX 관점에서 '여러
브랜드와 협업을 할 수 있는 공간'이 되었으면 해요.

'UX 스튜디오 서울' 공간을 통해 현대자동차그룹의 비전을
전달하는 영상 콘텐츠를 기획·제작

강민형 팀장
윤예은 캠페인플래너

**비전 영상을 현장에서 직접 보니 더 웅장하고 감동적이었어
요. 공간의 비전을 담기 위해 가장 중요하게 생각한 포인트
는 무엇이었나요?**

'UX스튜디오 서울'의 정의에 충실했어요. 즉, '사람을 연구
하는 공간'이자, 사람들의 소통을 기반으로 변화와 혁신에
열려 있는 공간이란 점에 집중했죠. 일단, 공간을 충분히 이
해하기 위해 기존 서초동 UX스튜디오를 직접 방문해 진행
중인 연구를 살펴보고, 새로 짓게 될 UX스튜디오 서울의 프
로그램 계획서도 찬찬히 살펴봤어요. 현대자동차그룹이 정
의하는 'User Experience'부터 SDV, 미래 모빌리티 관련
자료까지 폭넓게 스터디하며 방향을 잡았죠. 결국 '고객에
게 어떤 베네핏을 전하고 싶은지 영상에서 명확히 드러나야
한다'라는 결론을 내렸어요. 미래 고객이 UX를 통해 더 나은
모빌리티 경험을 하는 이야기를 담았고요. 또한 영상 속 UX
경험을 실제 UX스튜디오 서울에서 체험할 수 있는 요소들
로 구성해 공간과의 연결성을 강화했어요.

**'Your voice is our way'라는 카피가 인상 깊었는데요. 이
카피는 어떤 과정을 거쳐 도출되었나요?**

UX스튜디오는 고객과의 쌍방향 커뮤니케이션을 통해 고객
의 소리를 자동차에 담겠다는 취지를 가진 공간이에요. 고
객이 직접 방문하고 체험하는 공간인 만큼 이를 정의하는
한 줄 메시지를 도출하는 일은 쉽지 않았어요. 제안에 앞서,
광고주와의 워크숍을 통해 'UX스튜디오 서울'의 비전에 대
해 깊이 논의했죠. 그 과정에서 현대차의 UX는 실제 소비자
의 목소리로부터 개발된다는 점이 반복적으로 강조됐어요.
'UX스튜디오 서울'도 이러한 보이스를 가까이에서, 빠르게
담아내기 위한 공간으로 기획된 것이고요. 고객의 소리가
곧 UX가 나아가야 할 방향이라는 비전에 모두 공감하였고,
이를 가장 직관적으로 전달하는 카피로 'Your voice is our
way'를 도출했어요.

**제작 과정에서 가장 어려웠던 점이나, 기억에 남는 순간은 무
엇이었나요?**

'UX스튜디오 서울'에서 가능한 경험과 소비자 베네핏을 어
떻게 연결하고 어떤 비주얼로 보여줄지 많이 고민했어요. 단
순히 운전이 쉬워지고 이동이 편리해진다는 것은 비전보다
는 현실적인 솔루션에 가까웠어요. 그보다는 멀지도, 가깝
지도 않은 근미래에 어떤 만족감을 어떻게 제공할지 상상하
고 시나리오를 쓰는 과정이 쉽지 않았어요. 당장 적용되지
는 않아도, 'UX스튜디오 서울'의 연구가 적용되는 모빌리티
기술을 소비자 편의 관점에서 사용 사례(Use case)를 만드는
과정이 필요했죠.

어려운 과정에서도 기억에 남는 순간은 버추얼(XR) 스튜디
오에서 비전 영상을 촬영할 때였어요. 실제와 같은 배경의
스크린 앞에서 모델이 연기하는 방식이 매우 흥미로웠거든
요. 감독님 지시에 따라 스크린 속 은하수가 많았다가 줄어
들고, 창밖 도시 풍경이 바뀌는 모습이 정말 신기하더라고
요. 기술이 광고 촬영에 얼마나 큰 영향을 미치는지 직접 체
감해 보는 순간이었어요.

'UX스튜디오 서울'에서 영상을 직접 보았을 때 어땠나요?

'UX스튜디오 서울' 입구에서 보이는 스크린에서 비전 영상
이 상영된다는 이야기를 들었을 때, 첫인상과 기대감을 책임
진다는 생각이 들었어요. 실제로 보니 눈을 뗄 수 없을 정도
로 빨려 들어가는 느낌이 들더라고요. 바라던 대로 영상과
스크린 규모가 시너지를 발휘해 메시지가 더욱 효과적으로
전달된다는 확신이 들었어요. 출퇴근길에 'UX스튜디오 서
울' 앞을 지날 때면 영상이 잘 상영되는지, 사람들이 관심 있
게 보는지 확인하곤 해요. 지난번에는 길에서 사람들이 멈
춰 서서 영상을 보는 모습을 보니 뿌듯하더라고요. 더 많은
분들이 'UX스튜디오 서울'에 들어와 자신만의 'Voice'를 남
겨주시면 좋겠어요.

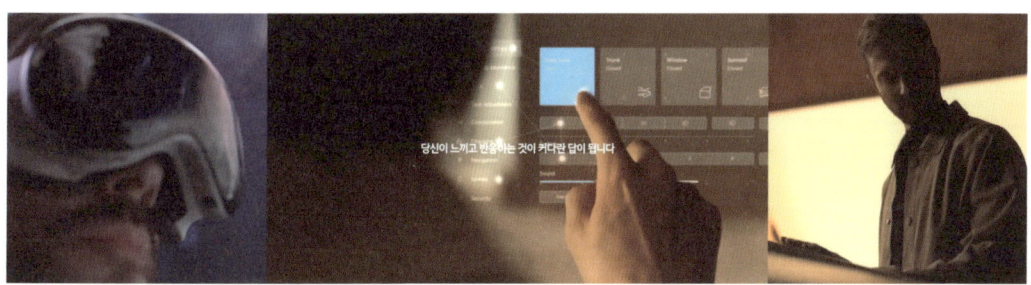

CX플레이스랩

'UX스튜디오 서울'의 공간 운영을 총괄하며
도슨트·세미나 등 다양한 프로그램을 기획·운영

차영은 매니저
김정원 매니저
윤지찬 매니저

퍼블릭 오픈 이후 'UX스튜디오 서울' 공간 운영을 맡으셨어요. 단순한 체험 공간이 아닌 '리서치 플랫폼'으로의 운영을 위해 초기 단계에서 중요하게 세운 원칙은 무엇이었나요?

'UX스튜디오 서울'은 고객 목소리를 직접 들을 수 있는 유일한 접점이기 때문에, 초기부터 '고객 의견을 최대한 많이 듣는다'를 가장 중요한 원칙으로 삼았어요. 단순히 콘텐츠를 보고 체험하는 것을 넘어, 방문객이 자연스럽게 의견을 내고 공유할 수 있도록 끊임없이 질문과 대화를 이어가는 방식을 지향했어요. 또한 'Your voice is our way'라는 슬로건이 문구로만 존재하는 것이 아닌, 실제 운영 전반에서 체감하는 경험으로 만드는 것에 중요한 가치를 두었고요.

'UX스튜디오 서울'에 방문해서 프로그램도 듣고 여러 콘텐츠를 직접 체험해 보니, 굉장히 신기하고 즐거웠어요. 방문객들이 특히 흥미로워하며 적극적으로 의견을 남기는 콘텐츠나 프로그램은 무엇인가요?

'콘셉트 벅(Buck)'에 대한 반응이 가장 좋았어요. 빠른 연구 적용을 위해 목재로 제작한 프로토타입 차량인데, 고객마다 반응이 다르더라고요. 어떤 분은 '왜 이런 형태로 만들었을까? 왜 이 공간에 배치했을까?'를 궁금해했고, 또 다른 분은 스윙 도어 구조에 기둥(B-필러)이 없는 점에 주목하며 진지하게 의견을 나누었어요. 같은 콘텐츠라도 고객의 이해도나 관심사에 따라 전혀 다른 방식으로 재미와 흥미를 느낀다는 점을 확인할 수 있었죠. '콘셉트 벅'은 전시물 이상으로 고객의 다양한 시선과 의견을 끌어내는 중요한 장치가 되었어요.

운영 과정에서 예상치 못했던 어려움이나 기억에 남는 에피소드가 있다면 무엇인가요?

'톡톡 보드'가 떠오르네요. 생각보다 너무 잘 작동해서 오히려 웃픈 상황이 발생했어요. 톡톡 보드는 방문객이 포스트잇에 의견을 직접 적어 붙이고, 이를 아카이빙하는 방식이에

요. UX가 주제인 공간이다 보니, 보드가 금세 빽빽하게 채워지더라고요. 문제는 이렇게 모인 의견을 일일이 엑셀에 입력해야 한다는 점이에요. 최첨단 모빌리티 UX를 다루는 공간에서 운영팀이 포스트잇을 붙잡고 아날로그 방식으로 데이터를 옮기는 모습이 아이러니하면서도 재미있었어요. 덕분에, 이 과정을 디지털화하는 방안을 적극 검토하게 됐고요.

앞으로 'UX스튜디오 서울' 운영과 프로그램 기획에서, 고객 의견을 더욱 효과적으로 수집·활용하기 위해 새롭게 시도해 보고 싶은 아이디어나 계획이 있다면 무엇인가요?

고객 의견을 더 효과적으로 수집·활용하기 위해 새로운 시도를 준비하고 있어요. 첫째, 음성을 그대로 녹취하는 것이 아니라 발화와 동시에 텍스트로 변환하여 개인정보는 보호하면서도 의견은 빠짐없이 기록할 수 있는 환경을 만들고자 해요. 둘째, 이렇게 축적된 데이터를 AI 기반으로 리포팅해 현장 의견을 실제 모빌리티 개발 자원으로 활용할 수 있도록 할 계획이에요. 궁극적으로는, 방문객 의견이 차량에 반영되고 그 결과가 다시 공유된다면, UX스튜디오 서울은 체험 공간을 넘어 '더 좋은 차량을 함께 만들어 가는 리서치 플랫폼'으로 자리매김할 수 있을 거라 기대해요.

현대자동차, 중동 시장을 달리다

아중동 법인 〈Champions' Choice〉,
〈Just get a Hyundai〉 캠페인

자동차 선택은 단순한 소비가 아니다. 몇 년간의 삶을 함께할 동반자를 고르는 일이다. 현대자동차는 이 선택의 무게를 가격이 아닌 '진짜 가치', 즉 TCO(Total Cost of Ownership) 캠페인으로 풀어냈다. 구매부터 유지, 재판매까지 이어지는 전 과정을 담은 이 전략은 중동 시장에서 두 편의 캠페인으로 빛을 발했다. 지금, 그 흥미로운 이야기로 들어가 보자.

Automobiles are no longer about consumption – they demand as much cautiousness and selectiveness as finding lifetime partners. Hyundai Motor Company translated the selective approach into its TCO(Total Cost of Ownership) campaign to highlight 'the true value', rather than monetary costs. The strategic approach spanning purchase, maintenance, and resale has shone through in the Middle Eastern market with two campaigns. The fascinating story is to be unraveled.

지금, 중동의 무대 위에서

중동 시장은 현재 전장의 한복판이다. 21개 중국 브랜드가 몰려와 세를 넓히는 가운데, 현대차는 다른 무기를 꺼냈다. 바로 *TCO(Total Cost of Ownership)다. 차량 구매와 유지 과정에서 드는 직·간접 비용, 재판매 가치, 품질과 내구성, 서비스 경쟁력까지 소비자가 장기적으로 체감할 수 있는 '진짜 가치'를 제시하는 전략이다.

현대차는 이 메시지를 두 개의 캠페인을 통해 구현했다. 'Champions' Choice'는 TCO의 개념을 소비자에게 알리는 데 집중하며, 자동차 소유가 가격 문제가 아닌 장기적 가치 판단임을 전했다. 'Just get a Hyundai'는 현대차만의 뛰어난 소유 가치를 보여주며 '왜 현대차를 선택해야 하는가?'라는 질문에 명확한 답을 제시한다.

챔피언의 탁월한 선택

'Champions' Choice'는 2024년 11월부터 진행했다. 현대차는 차량 소유의 경험을 마라톤에 빗대어 챔피언이 되기 위한 철저한 준비, 전략과 동일함을 강조했다. 고성능 장비 선택부터 최상의 컨디션을 유지하는 과정까지. 현대차는 소비자가 멀리, 오래 달릴 수 있도록 뒷받침한다. 이 캠페인은 '마라톤의 은유'를 통해 TCO를 알리고, 현대차를 선택하는 것이 '장기적 가치를 향한 여정의 시작'임을 보여주며 아랍에미리트, 카타르, 바레인 등 여러 중동 국가에 브랜드 메시지를 효과적으로 확산시켰다. 선수와 싼타페가 결승선을 함께 통과하는 장면은 현대차를 선택하는 순간, 합리적이고 탁월한 레이스가 시작됨을 상징한다.

어느 죽마고우의 갈림길

두 번째 캠페인 'Just get a Hyundai'의 스토리는 단짝 친구의 엇갈린 선택으로 시작된다. 평생을 함께한 친구이지만 자동차 선택 앞에서는 갈라진다. 한쪽은 불필요한 번거로움에 시달리고, 다른 한쪽은 현대차와 함께 여유를 누린다. 이 대비는 코믹하면서도 현실적이다. 현대차로 바꾸는 순간 그간의 문제들이 해결된다는 메시지를 유머와 은유로 풀어냈다. 매월 1편씩 총 8개의 에피소드가 공개되며, 소셜 미디어와 현지 소비자들 사이에서 큰 반향을 일으키고 있다. '고민하지 말고, 현대차와 함께하라'는 메시지가 강력한 설득력을 가지는 이유는 현대차만의 소유 가치와 차별성을 위트 있게 드러냈기 때문이다.

---

* TCO(Total Cost of Ownership)
  총 소유 비용. 제품 구매와 유지 과정에서 드는 직·간접 비용, 재판매 가치, 내구성, 서비스 품질까지 모두를 포함한 가치 환산 비용을 말한다.

On the Stage in the Middle East

The Middle East has become a fierce battleground, with 21 Chinese brands rushing in to expand their presence. To stand apart, Hyundai Motor Company brought out a different weapon TCO(Total Cost of Ownership)*. This strategy highlights the true value consumers can experience over time covering direct and indirect costs of purchase and maintenance, resale value, quality, durability, and service competitiveness.

Hyundai delivered this message through two campaigns. 'Champions' Choice' focused on introducing the concept of TCO, showing that car ownership is not just about price but a long-term value decision. Taking it further, 'Just get a Hyundai' demonstrated Hyundai's superior ownership value, giving a clear answer to the question 'Why choose Hyundai?'

The Champion's Choice

Launched in November 2024, the 'Champions' Choice' campaign compared the experience of owning a vehicle to running a marathon where preparation, strategy, and endurance are key to becoming a champion. From choosing the right equipment to maintaining peak condition, Hyundai supports consumers to go farther and longer.

Through this 'marathon metaphor' the campaign introduced the concept of TCO, showing that choosing Hyundai is the beginning of a journey toward long-term value. It successfully spread Hyundai's brand message across the UAE, Qatar, Bahrain, and beyond. The powerful finale of an athlete and Santa Fe crossing the finish line together symbolizes that choosing Hyundai is the start of a smart and outstanding race.

Friends at a Crossroads

The second campaign, 'Just Get a Hyundai,' launched in April, tells the story of two lifelong friends who make different choices when it comes to cars. One struggles with endless hassles, while the other enjoys ease and peace of mind with Hyundai. This contrast is both comical and realistic. It effectively conveys the message that all previous problems are resolved the moment one switches to a Hyundai, utilizing humor and metaphor.

Released as eight monthly episodes, the campaign sparked strong engagement on social media and among local consumers. Its simple but persuasive message 'Don't hesitate, just get a Hyundai' stands out because it highlights Hyundai's unique ownership value and everyday advantages with wit and charm.

---

* TCO(Total Cost of Ownership)
  A financial concept bases on estimates of the total cost of acquiring, using, and maintaining a product or service over its entire lifecycle, in addition to the upfront purchase price.

Abdo Borgi

INNOCEAN MEA | Creative Director

수많은 스포츠 중 '마라톤'이 이번 'Champions' Choice' 캠페인의 전략을 가장 잘 드러낸다고 보신 이유는 무엇일까요? 또 이런 콘셉트의 시나리오가 탄생한 배경이 궁금해요.

'Champions' Choice' 캠페인은 챔피언을 단 한 번의 승리로 정의하지 않습니다. 인내와 일관성, 품질, 서비스, 지속적인 가치에 대한 현대의 헌신으로 정의된다는 철학을 담고 있죠. 마라톤을 중심 은유로 선택한 이유도 여기에 있습니다. 단거리 질주가 아닌 마라톤은 회복력과 준비 그리고 보람찬 여정을 상징합니다. 이는 총소유비용(TCO)과 고객 신뢰라는 우리의 비전과 완벽히 맞아떨어지죠. 이러한 서사는 현대를 단순한 자동차 제조업체가 아니라, 만족스럽고 지속 가능한 여정의 파트너로 자리매김할 수 있었습니다. 이번 캠페인에서는 내레이션을 통해 TCO의 의미를 직접적이고 직관적으로 전달하며, 지역 시장에서 그 기반을 단단히 다지고자 했습니다.

CD님의 강점 중 하나가 '철저한 로컬 인사이트 기반의 크리에이티브'인데요. 이번 'Just get a Hyundai' 캠페인에서는 '아는 체하는 친구(know-it-all)' 같은 캐릭터 대비를 활용해 유머와 공감을 끌어낸 점이 눈에 띕니다. 이런 크리에이티브 장치가 구체화된 과정에 대해 들려주실 수 있을까요?

현지 인사이트는 핵심적인 역할을 했습니다. 현지 제작진과의 연구와 협업을 통해 누구나 공감할 수 있는 '아는 체하는 친구(know-it-all)' 캐릭터를 만들어낼 수 있었죠. 이러한 인사이트 덕분에 유머가 더해지고, 스토리텔링 역시 진정성을 얻었습니다. 캐스팅 역시 해당 지역의 분위기에 잘 맞는 두 캐릭터를 선택했는데, 자연스러운 케미스트리 덕분에 두 인물 간의 대비가 설득력을 얻었고, 현대차의 메시지도 더욱 명확하게 전달할 수 있었습니다.

소비자가 단순 가격이 아닌 장기적 가치를 이해하게 만드는 게 쉽지 않았을 것 같아요. 서비스센터, 유지비, 연비 등 실제 생활 비용 요소를 스토리에 자연스럽게 녹이는 과정에서 어떤 고민이 있으셨나요?

TCO는 자칫 무겁거나 지나치게 효율 중심적으로 느껴질 수 있는데요. 그래서 우리는 숫자를 나열하기보다 인간적인 이야기를 통해 단순화하는 데 집중했습니다. 각 영상은 서비스, 정비, 연료와 같은 실제 비용 요소를 토대로, 재미있고 공감할 수 있는 상황으로 담아냈습니다. 덕분에 기술적인 느낌 없이도 장기적인 가치를 자연스럽게 전달할 수 있었고, 메시지의 장점도 명확하게 연결될 수 있었어요.

끝으로, 현대자동차와 이노션이 앞으로 중동 시장에서 어떤 브랜드 스토리를 확장해 나가고 싶은지, 또 향후 어떤 방향으로 도전하고 싶은지 듣고 싶어요.

앞으로 현대차와 이노션은 진보적이고 지속 가능한 모빌리티를 중심으로 브랜드 스토리를 확장하면서, 동시에 지역과 사람 중심의 기반을 지켜 나갈 계획입니다. 아이오닉 라인업과 같은 전기차 출시, 그리고 사우디아라비아에 조성되는 새로운 제조 허브를 통해 현대자동차는 이 지역의 미래에 대한 진정한 의지를 보여주고 있어요. 이노션의 과제는 지역적으로 공감할 수 있는 창의성을 통해 이 이야기를 이끄는 것이죠. 기술 발전과 지속 가능성을 기념하면서도 문화적으로 진정성 있고 감성적으로 매력적이며, 무엇보다 현지인의 일상과 맞닿은 이야기를 들려드리고자 합니다.

What made you believe that 'marathon' best embodies the strategy of the 'Champion's Choice' campaign, above all other sports? Also, please tell us about the context and motivation behind the scenario.

The 'Champions' Choice' campaign does not define champions by a single count of victory. Rather, the campaign embodies the philosophy surrounding Hyundai's commitment to quality, service, enduring value, perseverance and consistency. This may explain why the marathon was chosen to make up the core part of the metaphor. Unlike a sprint, the marathon symbolizes resilience, preparation, and a rewarding journey. This aligns perfectly with the vision of TCO and customers' trust. The narrative has positioned Hyundai Motor Company not only as an automobile manufacturer, but also as a partner for a satisfying and sustainable journey. The latest campaign aimed to explicitly convey the meaning of TCO and intuitively through narration, while establishing a firm foundation in the markets.

One of your key strengths should be 'creative work with firm ground on insight on local markets.' For the 'Just get a Hyundai' campaign, contrasting characters such as 'know-it-all friend' to elicit humor and empathy has been noteworthy. Could you tell us more about what took these creative ideas to finally see its tangible outcome?

Indeed, insights into the local markets played a pivotal role. The research and collaboration with the local production team enabled us to create a relatable 'know-it-all' character. The insights were then added with humor and gave a layer of authenticity to the storytelling. The casting of the two heroes was perfectly relevant to the context as well. Their natural chemistry made the contrast between the two characters convincing, enabling Hyundai's message to be conveyed even more clearly.

The team must have faced challenges in convincing consumers on long-term value rather, in addition to the price. What considerations arose when weaving practical cost elements like service centers, maintenance fees, and fuel efficiency naturally into the narrative?

TCO may look, sound, and feel overtly complex or excessively efficiency oriented. Rather than listing figures, the team focused on simplification through relatable stories.

Each episode illustrates real cost elements such as service, maintenance, and fuel intricated in engaging scenarios. The approach allowed us to seamlessly convey long-term value, with clear linkage to the messages revolving around benefits.

Last but not least, please share your vision on what could be ahead of Hyundai Motor Company and INNOCEAN to share brand stories in the Middle East.

Moving forward, Hyundai Motor Company and INNOCEAN look to expand the brand narrative centered on progressive and sustainable mobility, while upholding a foundation with focus on the region and the customers. Through the launch of electric vehicles including IONIQ and the establishment of a new manufacturing hub in Saudi Arabia, Hyundai Motor Company is demonstrating its genuine commitment to the region's future. The key task for INNOCEAN is to unveil the narrative with creativity to resonate in the region. We aim to share stories that celebrate technological advancement and sustainability while remaining culturally authentic, emotionally compelling, and, most importantly, connected to the daily lives of customers in the region.

도시의 인프라가 된 공공 캠페인

Campaign
세상에서 가장 큰 라이프가드

더운 여름, 가장 먼저 생각나는 곳은 바닷가다. 매년 수천만 명이 찾는 부산 해운대는 국내 최대 규모이자 글로벌 메가 휴양지다. 찾는 사람이 많은 만큼, 더욱 필요한 것은 안전에 대한 대비. 하지만 구조대원 수는 한정적이고, 해마다 오르는 평균 기온과 늘어나는 방문객 수로 구조대원의 피로도 역시 증가한다. 이는 곧 시민 안전에 직접적인 영향을 준다. 구조대원과 해운대를 찾는 시민 모두의 안전을 위해, 해운대는 새로운 구조대원을 영입했다. 그 수는 단 하나. 하지만 그 어떤 구조대원보다도 더 높이, 더 멀리 바라보는 세상에서 가장 큰 라이프가드다.

'세상에서 가장 큰 라이프가드'는 그랜드 조선 미디어를 활용한 캠페인이다. 해운대 해수욕장 앞 그랜드 조선 부산 외벽에 설치된 곡면 디지털 사이니지로, 가로 25m, 세로 31m에 달하는 초대형 DOOH(디지털 옥외광고)다. 이 압도적인 스케일의 디스플레이에 실제 해양 구조대원이 등장해 실시간으로 안전 메시지를 전한다. 실시간 기상 정보, 파고 등의 데이터와 연동하여 구조대원이 상황에 맞는 안전 지침을 입체적이면서도 현장감 있게 안내한다. 이를 위해 여러 관련 부서와 협업해 실제 상황과 연동할 수 있는 방식으로 설계하여, 단순한 미디어 사인이 아닌 해운대 구조 시스템의 일부로 기능할 수 있었다.

부산 해운대에서 초대형 옥외 미디어를 설치할 수 있었던 이유는 해운대가 '국내 유일 비수도권 옥외광고물 자유표시 구역'이기 때문이다. 즉, 옥외광고물 자유표시 구역으로 지정된 지역에서는 크기와 모양에 제한 없이 광고물을 설치할 수 있다는 의미다. 대형 디지털 사이니지를 활용한 광고는 많지만, 이런 지역적 특수성을 고려하여 공공성을 강화하는 데에 초점을 맞추었다. 결과적으로 새로운 미디어는 흔한 광고판이 아닌, 해운대라는 특정 지역을 크리에이티브 전략의 일부로 편입하여 하나의 미디어이자 메시지가 되었다. 그 결과 이번 캠페인은 휴양지 안전의 새로운 패러다임을 제시하며, 해운대라는 장소성과 제도가 어떻게 크리에이티브 솔루션으로 작동할 수 있는지를 보여준 사례가 되었다.

부산 해운대 시민과 관광객의 안전을 지킨다는 메시지를 스마트 구조 시스템으로 풀어낸 '세상에서 가장 큰 라이프가드'. 이는 공익 캠페인 그 이상이었다. DOOH가 실제 안전 인프라의 역할을 수행하며, 어떻게 사회적 가치와 연결될 수 있는지를 보여주며, '가장 스마트한 캠페인'이 되었다. 이노션은 앞으로도 도시와 사람을 연결하고, 공익적 메시지를 생생하게 전달하는 캠페인을 통해 선한 영향력을 확산해 나갈 것이다.

특히 3D 아나모픽 기술을 활용한 비주얼은 입체적이면서도 현장감 넘치는 경험을 제공했다. 파고가 높을 때는 구조대원이 직접 통제 사인을 보내고, 평상시는 날씨 변화에 따라 영상 배경이 바뀌며 사실감을 더했다. 야간에는 CCTV를 주시하는 구조대원 모습이 송출되어 24시간 안전 메시지를 전한다. 이 과정에서 단순히 영상 소재를 송출하는 데 그치지 않고, 시간대와 날씨 조건에 따른 테스트를 수차례 반복하여 실제 현장에서 즉시 작동 가능한 안전 가이드로 완성한 점이 특징이다.

무엇보다 이번 프로젝트는 DOOH의 공익적 활용이라는 점에서 주목할 만하다. 그랜드 조선 미디어라는 초대형 옥외 매체를 통해 안전 메시지를 실시간으로 전달하면서, 관광객에게 사고 예방 효과와 경각심을 높일 수 있었다. 거대 사이즈가 주는 시각적 임팩트 덕분에, 시민들이 멀리서도 즉각적으로 안전 지시를 인식하고 행동으로 옮겼다. 또한 어디서도 볼 수 없는 초대형 미디어로 새로운 볼거리를 제공하며 방문객의 도시 경험을 확장했다.

현장 차원에서도 의미 있는 변화가 있었다. 한정된 인력 자원의 한계를 보완해 주었다는 점에서 구조대원들에게 실질적인 도움이 된 것. 구조대원들은 물리적으로 모든 구역을 동시에 커버하기 어려운 것이 현실이다. 하지만 새롭게 등장한 '세상에서 가장 큰 라이프가드'는 이들이 볼 수 없고 닿을 수 없는 곳까지 대신 신호를 전달했다. 이는 기존의 음성 방송이나 안내문이 가진 한계를 보완한 것이다. 덕분에 현장에서는 이전보다 훨씬 빠르고 명확한 지시로, 구조대원들의 업무를 보조하며 안전 관리 체계를 강화할 수 있었다. 미디어 하나가 구조대원에게는 든든한 조력자로, 시민에게는 더 직관적인 안전 안내자가 된 것이다.

방현욱 카피라이터

초대형 옥외 광고라는 매체 특성상 카피나 비주얼 구성에서 평소와 달리 중점을 둔 부분이 있나요?

거대한 사이즈 앞에서는 세밀한 문장이 잘 읽히지 않아요. 그래서 누구나, 어디서든 즉각적으로 상황을 파악할 수 있도록 단순하고 직관적인 메시지에 집중했어요. 안전 상황별 안내 문구는 최대한 간결하고 정확하게 다듬어, 시민이 한눈에 이해하고 바로 반응할 수 있도록 했죠. 비주얼 역시 시인성과 직관성을 최우선으로 했어요. 실제 구조대원의 체형을 스캔해 만든 3D 조형은 현실성과 상징성을 동시에 담았고, 초대형 아나모픽 영상은 현장에서 압도적인 몰입감을 주었어요. 특히 일반적인 영상 광고처럼 모니터에서만 확인할 수 있는 작업이 아니었기에, 현장에서 시간대별·날씨별로 직접 눈으로 확인하며 수차례 테스트와 수정을 반복해야 했어요. 이런 과정을 거쳐 현장에서 실제로 체감할 수 있는 현실적이고 생생한 경험을 완성하게 되었죠.

프로젝트 과정에서 가장 고민이 컸던 지점은 무엇이었나요?

'이 크리에이티브가 실제 안전에 어떤 실질적 효과를 낼 수 있는가?'라는 고민이었어요. 단순히 눈에 띄는 옥외 영상으로 끝나는 것이 아니라, 해운대 구조 시스템의 일부처럼 작동해야 했거든요. 이를 위해 해운대구와 해운대해수욕장 사업소, 수상 구조대와 긴밀히 협의했어요. 현장 상황에 맞춘 시뮬레이션을 반복하며 안전 메시지가 확실히 전달되는지를 검증하는 데 집중했죠. 또한 언어적 안내뿐 아니라 제스처, 사운드, 심벌, 컬러 등 비언어적 요소를 적극 활용해, 국적과 문화가 달라도 직관적으로 이해할 수 있도록 설계했어요.

실제 민간 구조대원을 모델로 기용한 것도 눈에 띄었어요.

캠페인을 준비하는 동안 구조대원들과 여러 차례 이야기를 나누었는데요. 우리의 여름을 위해 일 년 내내 준비하는 그

들의 진심이 고스란히 전해졌죠. 그 순간 '이들이야말로 진짜 주인공이 되어야 한다'라는 확신이 들었어요. 그래서 10년 차 베테랑 구조 팀장을 모델로 선정했고, 실제 근무 때 착용하는 슈트와 모자, 선글라스는 물론 구조 장비까지 그대로 반영했어요. 보여주기 위한 연출이 아니라, 현장에서 옮겨온 진짜 모습을 담고자 했죠. 세상에서 가장 큰 라이프가드는 결국 현장의 구조대원들과 함께할 때 진짜 힘을 발휘해요. 민간 구조대원을 모델로 기용하고 그들과 이질감 없이 호흡한 덕분에, 이번 캠페인은 실제 구조 시스템을 확장하는 진정성 있는 안전 프로젝트로 완성할 수 있었어요.

캠페인 온에어 이후 현장에서 느낀 반응이나 분위기는 어땠나요? 실제 안전에 대한 변화도 있었는지 궁금해요.

가장 큰 변화는 안전 지시가 '보이는 것'이 되었다는 점이에요. 이전에는 방송이 소음에 묻히거나 멀리까지 닿지 않았지만, 초대형 라이프가드가 설치된 후에는 시각적 신호에 시민들이 훨씬 더 빠르게 반응했어요. 구조대원들 역시 "믿음직한 동료가 생긴 것 같다."라고 말할 정도로 체감 효과가 컸고요. 안전을 위한 공공 캠페인이 실제 행동 변화로 이어져 정말 뿌듯해요.

이번이 그랜드 조선 미디어를 활용한 첫 번째 광고라고 들었습니다. 이후에는 또 어떤 캠페인이 진행 예정인가요?

그랜드 조선 부산 미디어는 해운대라는 장소성과 만날 때 가장 큰 힘을 발휘해요. 이번엔 안전이라는 공공 메시지를 다뤘다면, 앞으로는 부산이 가진 문화와 관광 자산, 나아가 다양한 지역적 가치와 연결될 수 있다고 생각해요. 해운대가 그저 유명한 관광지를 넘어, 새로운 메시지를 경험하는 무대로 확장될 것이라고 기대해요.

© 김효민

김효민 아트디렉터

마르크 샤갈 특별전: 비욘드 타임

어디서였는지 샤갈에 관한 이야기를 본 적이 있다. 샤갈 본인이 초현실을 그리는 게 아니라는 말. 이번 샤갈전에서 마주한 그림들은 그래서인지 그의 꿈을 보는 것 같았다. 하늘을 나는 연인, 푸른빛에 잠긴 마을, 따듯하게 스며드는 상징들은 화가의 기억과 사랑의 풍경 같다. 그의 꿈에선 행복하고 아름다운 일만 가득할 것 같다.

윤병구 CX크리에이션팀

2025 아이콘 매치

학창 시절, 노트 한편에 세계 최강 축구팀을 그리며 레전드 선수들을 포지션별로 적어 내려간 기억이 있다. 올해 두 번째로 열린 아이콘 매치는 그 상상이 현실로 펼쳐진 순간이었다. 시대를 풍미한 축구 전설들이 한자리에 모여 수비팀과 공격팀으로 나뉘어 맞붙는 모습은, 어린 시절의 낙서가 눈앞에서 살아난 듯한 짜릿함을 선사했다. 추억과 현재가 맞닿는 특별한 경기, 그 즐거운 상상을 현실로 만든 기획자들은 얼마나 설레었을까? 내년에도 열리길 바라며, 내년에 입을 레트로 유니폼을 하나 사야겠다.

© 넥슨

© 몽중다과

이기쁨 DCX기획팀

크리에이터 몽중다과 'AI 유리 과일'

한때 이세돌 9단과 알파고의 바둑 대결이 세계를 놀라게 했다면, 이제는 인간의 AI 따라잡기 콘텐츠가 활발히 이어지고 있다. 대표적인 예로 몽중다과의 '유리 과일 제작기'를 들 수 있다. AI가 구현한 유리 과일에서는 볼 수 없었던 바닥에 흩뿌려지는 유리 가루를 보다 보면, 깔끔하지는 않지만, 오히려 현실적이어서 아름다운 것들에 대해 곰곰이 생각하게 만든다.

이윤경 캠페인플래너

귀멸의 칼날

8월, 이렇다 할 흥행작이 없던 시기에 우연히 관람한 〈귀멸의 칼날〉은 나에게 뜻밖의 명작이 됐다. 어릴 적에는 〈짱구〉나 〈디지몬〉에도 관심 없던 내가, 서른이 넘어서 빠져버린 게 일본 애니메이션이라니. 등장하는 캐릭터 모두, 심지어 빌런일지라도 '각자의 서사가 치밀하게 설계되어 있다는 점'이 내가 이 콘텐츠에 빠지게 된 이유다. 기존 편들을 모두 정주행하며 내년도 개봉할 극장판만 기다리고 있다.

© ufotable

김건희 캠페인플래너

연금술사

중학교 때 인상 깊게 읽은 뒤로 1년에 한 번씩은 다시 꺼내 읽는 책이다. 어른이 된 지금 다시 보면 유치하긴 하지만, 그래도 보다 보면 '자아의 신화'를 잘 지켜가며 살고 있는지 되돌아보게 된다. 광고 일을 시작한 지 어언 10년 차가 되었고, 왠지 모르겠지만 인생의 분기점(?)을 지나고 있는 것 같아, 최근에 다시 한번 읽어보았다.

© 문학동네

신지나 Creative α

국립창극단, 심청

고전은 분명 그 자체로 의미와 가치가 있지만, 지금의 눈으로 바라보면 답답한 대목이 많다. 고구마를 먹은 듯 답답한 전개와 이해하기 어려운 인물들의 선택들. 판소리 〈심청전〉은 해피 엔딩이지만, 거기까지 가는 과정은 답답한 대목이 많다. 국립창극단의 〈심청〉은 그런 이야기를 현실 세계에 대입해 다시 펼쳐냈다. 이렇게 2025년에 소환된 〈심청〉은 지극히 현실적이고, 그래서 잔혹하기까지 했다. 하지만 다 떠나서, 우리나라 대표 소리꾼들의 소리에 영화 〈아가씨〉를 연상시키는 고혹한 미장센이라니, 이보다 더 황홀할 수 있을까?

© 국립창극단

IUS, 현지인 최고 책임자에
글로벌 광고 업계 베테랑 선임

이노션 미국법인(IUS)이 광고 업계 30년 경력의 베테랑인 레슬리 배럿(Leslie Barrett)을 현지인 최고 책임자(President)로 영입했다. 레슬리 배럿은 세계적 광고 회사 굿비 실버스타인 앤드 파트너스에서 최고 책임자 겸 공동 경영자로서 역할을 수행해 왔고, 제너럴 밀스, 사무엘 아담스, HP와 Logitech 등 글로벌 브랜드와 협업했으며, 특히 오랜 기간 BMW 마케팅을 총괄하며 폭넓은 자동차 산업 경험을 쌓아왔다. 이번에 신설된 최고 책임자 직책은 CEO 바로 아래의 최고 경영진 직위로, 배럿은 조직 운영, 신사업 및 성장 전략 구축, 클라이언트 서비스 및 AI 등 기술 혁신을 총괄하며 이노션의 글로벌 경쟁력 강화와 미국 시장 내 영향력 확대를 이끌 예정이다. 또한, IUS는 지난 5월 최고 전략 책임자(CSO)에 유수의 글로벌 광고대행사에서 리더십을 발휘해 온 리 마이콘(Lee Maicon)을 영입한 바 있다. IUS는 글로벌 광고 업계의 검증을 마친 베테랑들의 합류를 통해 조직 역량을 강화해 오고 있으며, 다양한 산업군의 브랜드와 파트너십을 맺으며 차별화된 크리에이티브로 사업 영역을 꾸준히 확장 중이다.

A Seasoned Marketer To Lead IUS

INNOCEAN USA(IUS) has recently welcomed a seasoned marketer with more than thirty years of experience, Leslie Barrett to the president, a new leadership position. Barrett formerly was a leadership figure for Goodby, Silverstein & Partners, and had worked closely with a long list of global clientele including General Mills, Samuel Adams, HP, and Logitech. In particular, the marketing expert spent many years leading marketing initiatives for BMW and acquired experience and knowledge in the automobile industry. Barrett will assume a new position to report directly to the CEO, overseeing operations, new business and growth strategy, clientele service, and technological innovation, including AI to reinforce the global competitive edge and expansion of influence in the US market. Before Leslie Barrett, IUS scouted a former leadership figure of multiple global marketing agencies, Lee Maicon as a new CSO in May this year. IUS has been strengthening its organizational capabilities by welcoming highly experienced and resourceful experts who have proven themselves in the global advertising industry and is steadily expanding its business through partnerships with different brands across diverse industries, leveraging its distinctive creative approach.

이노션,《지속가능경영보고서》발간
광고 업계 첫 '인권 영향 평가' 결과 반영

이노션이《2024 지속가능경영보고서》를 발간하여, 한 해 동안 실시한 ESG 경영 성과를 공개함으로써, 이해관계자와의 소통을 강화하고 지속 가능한 경영을 실천하겠다는 의지를 표명했다. 특히 광고 업계 최초로 인권 정책(인간의 존엄성과 자유, 평등을 실질적으로 보장하기 위해 수립하고 실행하는 정책) 이행 여부를 점검하는 '인권 영향 평가'를 실시해 해당 결과를 보고서에 반영했다. 또한 전사 차원의 인권 경영 운영 체계를 마련해 임직원들의 인권 보호를 강화한다는 방침이다. 더불어, '이중 중대성 평가'를 통해 도출한 핵심 ESG 이슈 및 이슈별 중대성 정도와 영향 등을 구체적으로 분석한 내용까지 보고서에 포함하며 글로벌 스탠더드에 부합했다는 평이다. 이노션의《2024 지속가능경영보고서》는 공식 홈페이지 및 금융감독원 전자공시시스템에서 확인할 수 있다.

* 이중 중대성 평가: 기업의 사업 활동이 환경·사회에 미치는 영향뿐만 아니라, 환경·사회적 요소가 기업의 재무에 미치는 영향도 동등한 가치를 두고 평가하는 방법을 뜻한다.

INNOCEAN Publishes 《Sustainability Report》
Keying In the First 'Human Rights Impact Assessment' in The Advertising Industry
INNOCEAN has unveiled its ESG management activities and achievement throughout the year, publishing 《Sustainability Report 2024》, to highlights its pledge to reinforce engagement with stakeholders and carry out actions for sustainable management. In particular, the marketing agency claimed to be the first in the advertising industry to conduct HRIA(Human Rights Impact Assessment) to assess human rights policies(policies formulated and executed to ensure human dignity, freedom, and equity) and thus, the achievement and outcome into the report. In addition, INNOCEAN has formulated a guideline to reinforce rights of employees with its company-wide human rights management. The report features key ESG issues, as well as in-depth analysis of materiality and impacts, drawn out from 'Double Materiality Assessment' and thus, met the global standard. INNOCEAN's latest 《Sustainability Report 2024》 is now available on the company's website and DART of Financial Supervisory Service of Republic of Korea.

* Double Materiality Assessment: this assessment is designed to measure impact of environmental and social elements, as well as business activities, to financial statements of businesses.

이노션 지속가능경영보고서
Sustainability Report 2024

INNOCEAN
이노션은 광고회사의 영역을 넘어, 새로운 기술과 데이터를 기반으로
창의적이고 혁신적인 브랜드 경험을 제공하고 있습니다.

이노션, 주요 국제 광고제 & 시상식 휩쓸며
차별화된 크리에이티브로 존재감 우뚝

이노션이 '부산국제마케팅광고제'와 '레드닷 디자인 어워드' 등 세계적 권위를 자랑하는 시상식에서 최고상을 포함한 다수의 본상을 수상하며 글로벌 무대에서 두각을 나타냈다. 특히 현대자동차 '밤낚시'는 부산국제마케팅광고제 최고상인 '그랑프리'와 레드닷 디자인 어워드의 최우수상 '베스트 오브 베스트'를 수상하는 쾌거를 달성했다. 또한 이노션 자체 사회 공헌 프로젝트 '안전목욕탕' 캠페인 역시 각각 은상과 본상을 수상, 기업의 사회적 책임과 디자인적 가치를 동시에 인정받았다. 이와 더불어 이노션은 부산국제마케팅광고제에서 신세계프라퍼티와 함께 〈AI로 진화하는 디지털 옥외 광고〉를 주제로 강연을 열고 한국 옥외 광고 시장의 글로벌 경쟁력 강화를 위한 전략적 비전도 제시했다. 해당 강연은 최근 부산 해운대 '그랜드 조선 미디어'에서 진행한 '세상에서 가장 큰 라이프가드' 캠페인 사례와 함께 옥외 매체가 AI 기술과 결합해 공공적 매개체로 확장될 수 있음을 강조하며 업계의 주목을 받았다.

INNOCEAN Sweeps Prizes from Multiple International Awards,
Making Presence with Unparalleled Creativity
INNOCEAN has won multiple prizes from globally renowned awards, including 'MAD STARS' and 'Red Dot Design Award' to make its presence in the global stage. Hyundai Motor Company's 'Night Fishing' reached its pinnacle of achievement, claiming 'Grand Prix' from MAD STAR and 'Best of the Best' from Red Dot Design Award. INNOCEAN's social responsibility project, 'Life-Saving Bathhouse' was recognized for the company's social responsibility and significance in design, winning Silver Prize and Main Prize from the respective awards. In parallel, INNOCEAN co-hosted a lecture seminar, 〈AI-Powered Digital OOH〉 with Shinsegae Property and shared its insights and outlook on strategy for reinforcement of global competitiveness with the Korean outdoor advertising industry. The lecture event highlighted the case of 'The Biggest Lifeguard in the World' campaign for 'Grand Josun Media' in Haeundae, Busan to underline the potential of marriage between outdoor media and AI technology for expansion to public media and thus, drew public attention.

Contributor

Social

INNOCEAN
강민형 Kang, Min-Hyung
구민지 Koo, Min-Ji
김건희 Kim, Geon-Hui
김보경 Kim, Bo-Kyung
김세진 Kim, Se-Jin
김효민 Kim, Hyo-Min
박상준 Park, Sang-Jun
방현욱 Bang, Hyun-Wook
신지나 Shin, Ji-Na
안설   Ahn, Seol
양도유 Yang, Do-Yu
오원택 Oh, Won-Taek
오은하 Oh, Eun-Ha
윤병구 Yoon, Byung-Ku
이기쁨 Lee, Gi-Bbeum
이다은 Lee, Da-Eun
이승하 Rhee, Seung-Ha
이윤경 Lee, Yoon-Kyung
이지은 Lee, Ji-Eun
임예술 Lim, Ye-Sul
임현철 Lim, Hyun-Chul
조재형 Cho, Jae-Hyeong
주연수 Joo, Yun-Sue
채우리 Chae, Woo-Ri
최광희 Choi, Kwang-Hee
최유나 Choi, Yu-Na
CX크리에이션팀 CX Creation Team
글로벌현대2팀 Global Hyundai Team 2
CX플레이스랩 CX Place Lab
Abdo Borgi

Ideas
변사범 Byun, Sa-Bum

Cover
윤다솜 Yun, Da-Som

LIFE IS ORANGE
ISSUE NO.59
2025 AUTUMN

Publishing
주식회사 이노션
INNOCEAN INC

Publisher
이용우 Lee, Yong-Woo

Address
308, Gangnam-daero,
Gangnam-gu, Seoul, 06253,
Korea, Tel 02 2016 2300

Registration Number
강남, 바00197

Registration Date
2016년 10월 21일

Planning & PR
주식회사 이노션
INNOCEAN INC 커뮤니케이션팀
Tel 02 2016 3898

Production & Editing
어라운드 AROUND

 Blog

innosight.innocean.com
이노션의 최신 뉴스와 캠페인 등
주요 소식과 이노시안의 인사이트가 담긴
사보 《LIFE IS ORANGE》를 온라인으로
만나보세요.

 Instagram

@innocean_worldwide_official
이노션의 신규 캠페인과 기획 의도 등
캠페인의 숨겨진 마케팅 전략을
확인할 수 있어요.

 Youtube

INNOCEAN Worldwide
크리에이티브한 광고 영상부터
이노시안이 직접 알려주는 캠페인
비하인드까지 이노션이 펼치는 다양한
활동을 확인하세요.

 Facebook

@innocean
브랜드 이슈 기사부터
인스타그램 콘텐츠의 티저까지
이노션의 주요 소식을 만날 수 있어요.

Global Map

❶ IHQ
INNOCEAN Headquarters
Seoul

❷ IUS
INNOCEAN USA
Huntington Beach, CA

❸ D&G
David&Goliath
LA / Brooklyn, New York

❹ CWW
Canvas Worldwide
LA/New York

❺ Wellcom US
LA

❻ Dippin Sauce
New York

❼ thelab
New York

❽ SSP
Swing Set Productions

❾ ICA
INNOCEAN Canada
Toronto

❿ IBR
INNOCEAN Brazil
São Paulo

⓫ IMX
INNOCEAN Mexico
Mexico City

⓬ IEU
INNOCEAN Europe
Frankfurt / Berlin

⓭ IX
INNOCEAN X
Frankfurt

⓮ IUK
INNOCEAN UK
London

⓯ Wellcom UK
London

⓰ IES
INNOCEAN Spain
Madrid

⓱ IFR
INNOCEAN France
Paris

⓲ IIT
INNOCEAN Italy
Milano

⓳ ITR
INNOCEAN Türkiye
Istanbul

⓴ IRU
INNOCEAN Russia
Moscow

㉑ ISH
INNOCEAN Shanghai
Shanghai

㉒ IBJ
INNOCEAN Beijing
Beijing

㉓ ICBAC
INNOCEAN_CBAC
Beijing

㉔ IAU
INNOCEAN Australia
Sydney

㉕ Wellcom Australia
Melbourne

㉖ IIN
INNOCEAN India
New Delhi

㉗ BrandSystems India
Bengaluru

㉘ ISG
INNOCEAN Singapore
Singapore

㉙ IID
INNOCEAN Indonesia
Jakarta

㉚ Wellcom Hong Kong
Hong Kong

㉛ IMEA
INNOCEAN MEA
Dubai

㉜ IMY
INNOCEAN Malaysia
Kuala Lumpur

㉝ Wellcom Malaysia
Kuala Lumpur

㉞ ITH
INNOCEAN Thailand
Bangkok

INNOCEAN S	Seoul
STUDIO abit	Seoul
STUDIO LENNON	Seoul
DPLAN360	Seoul
D.PURPLE	Seoul